国 家 社 科 基 金 青 年 项 目

西南交通大学马克思主义研究文库

马克思幸福思想研究

颜军◎著

中国社会科学出版社

图书在版编目(CIP)数据

马克思幸福思想研究/颜军著.—北京：中国社会科学出版社，
2019.12 (2022.10重印)

ISBN 978 - 7 - 5203 - 5440 - 0

Ⅰ.①马…　Ⅱ.①颜…　Ⅲ.①马克思主义—幸福—研究
Ⅳ.①A811.63

中国版本图书馆 CIP 数据核字 (2019) 第 245502 号

出 版 人	赵剑英
责任编辑	刘　艳
责任校对	陈　晨
责任印制	戴　宽

出　　版	中国社会科学出版社
社　　址	北京鼓楼西大街甲 158 号
邮　　编	100720
网　　址	http://www.csspw.cn
发 行 部	010 - 84083685
门 市 部	010 - 84029450
经　　销	新华书店及其他书店

印　　刷	北京明恒达印务有限公司
装　　订	廊坊市广阳区广增装订厂
版　　次	2019 年 12 月第 1 版
印　　次	2022 年 10 月第 3 次印刷

开　　本	710 × 1000　1/16
印　　张	17.5
插　　页	2
字　　数	253 千字
定　　价	96.00 元

凡购买中国社会科学出版社图书，如有质量问题请与本社营销中心联系调换
电话：010 - 84083683

编委名单

主　　任　王顺洪

副 主 任　林伯海　刘占祥

编　　委（按姓氏笔画排序）

王炳林　田永秀　田雪梅　冯　刚

苏志宏　杨先农　何云庵　郑永廷

胡子祥　鲜于浩

总　序

从《共产党宣言》的发表、马克思主义诞生至今已达169年，在历史长河中，这虽然十分短暂，但历史和现实都已经证明且将继续证明马克思主义有着强大生命力。马克思主义深刻揭示了自然界、人类社会、人类思维发展的普遍规律，为人类社会发展进步指明了方向；马克思主义关注劳动阶级的解放、维护普罗大众利益的立场，以实现人的自由而全面的发展和全人类解放为己任，描绘出了一副人类对理想社会——共产主义的美好图景；马克思主义的世界观与方法论，是"伟大的认识工具"，是人们观察世界、分析问题的有力思想武器；马克思主义具有鲜明的实践品格，不仅致力于深刻地"解释世界"，而且致力于积极而彻底地"改变世界"。美国学者海尔布隆纳在他的著作《马克思主义：赞成与反对》一书中一针见血地指出，要探索人类社会发展前景，必须向马克思求教，因为人类社会至今仍然生活在马克思所阐明的发展规律之中。实践也证明，无论科学如何发展、社会如何进步、时代如何变迁，马克思主义依然显示出它的科学性、实践性和真理性，依然占据着道义的制高点。

习近平总书记在2016年哲学社会科学工作座谈会上指出："马克思主义中国化取得了重大成果，但还远未结束。我国哲学社会科学的一项重要任务就是继续推进马克思主义中国化、时代化、大众化，继续发展21世纪马克思主义、当代中国马克思主义。"他要求广大哲学社会科学工作者要把坚持马克思主义和发展马克思主义统一起来，结合新的实践不断作出新的理论创造，并认为"这是马克思主义永葆生机活力的奥妙所在"。他说："坚持问题导向是马克思主义的鲜明特点。问题是创新的起点，也是创新的动力源。只有聆听时代的声音，回应时代的呼唤，认真研究解决重大而紧迫的问题，才能真正把握住历史脉络、找到发展规律，推动理论创新。"他在 2016 年 12 月全国高校思想政治工作会上也说："你们登泰山，只登到半中央，没有登顶难道泰山就不存在吗？小平同志说过，社会主义初级阶段要经过几代、十几代和几十代人的努力才能完成。孔夫子时期到现在也就 70 多代。要看到社会发展的历史规律，急不得，要有历史耐心。共产主义虽然遥远，但不等于不存在。她是人类追求真善美的目标。难道因为遥远，就觉得渺茫，因为渺茫，就可以不信吗？我们要做好我们现阶段的事情。"他的这一系列有关要坚持和发展马克思主义，要看到社会发展的历史规律，要有历史耐心，要做好我们现阶段的事情，要不断繁荣和发展中国特色社会主义道路、理论、制度、文化等等一系列新思想新论述，无疑为广大哲学社会科学工作者指明了未来开展马克思主义理论研究与建设的目标、任务与方向。

西南交通大学有着悠久的马克思主义理论教学与研究的历史和传统。作为一所以工科见长的大学，1952 年在院系调整基础上建立马克思主义教研室，通过教育部分配从中共中央党校、北京大学、中国人民大学等校招收毕业生和学员组建起了第一批马克思主义理论课教师队伍。1978 年招收马列主义师资班，既培养了一批学生，为马克思主义理论学科专业人才队伍建设打下基础，又教学相长，促使一批教师成为名师，享誉西南乃至全国，如 1990 年朱铃教授荣获国家级优秀教学成果特等奖，开了全国高校思想政治理论课教师获最高奖项的先河，为全国高校的思想政治教育工作者竖起了标杆。1984 年学校在马列教研室基础上建立了社会科学系，进一步扩展了队伍、壮大了实力。1987 年起开始招收思想政治教育本科专业。1991 年率先获得马克思主义理论硕士学位授权点，系在川高校最早；1996 年又在社会科学系基础上成立了人文社会科学学院，增办了相关的学科与专业，推动了学校人文社会科学的发展，提升了工科人才的人文素养和马克思主义理论水平。2006 年初获得马克思主义基本原理和思想政治教育两个二级学科博士学位授权点，实现了学校百余年建校史上真正意义上的人文社会科学博士点的突破。2007 年获批建立国家教育部辅导员培训与研修基地。2008 年建立政治学院，主要负责马克思主义理论学科建设和思想政治理论课教育教学的任务；2015 年调整更名为马克思主义学院，全面达到了一个机构、一支队伍和一个学科的要求，形成了从本科、硕士到博士教育完备的人才培养体系。

西南交通大学一贯重视马克思主义理论教育与研究的专职队伍建设，汇聚了一批致力于马克思主义理论研究和思想政治理论课教育教学的高素质人才。在思想政治理论课程与团队建设方面，拥有国家级教学团队 1 个，国家级精品课 2 门，国家级资源共享课 2 门。在人才队伍方面，有国家马克思主义理论研究与建设工程专家 2 名；教育部思想政治理论课教学指导委员会委员 1 人；教育部新世纪人才 1 人；全国高校优秀中青年思想政治理论课教师择优资助计划获得者 2 人；思想政治教育中青年杰出人才支持计划培育对象 1 人；全国高校思想政治教育研究会学术委员会委员 1 人；全国高校思想政治理论课教师年度影响力人物 1 人、提名人物 1 人。在教育教学方面，获得教育部思想政治理论课"精彩一章"、"优秀教学案例"、"优秀教案"、"优秀课件"、"疑难解答"、"教学方法"等立项者 10 余人。正因为如此，在 2011 年底召开的西南片区思想政治理论课教师座谈会上，时任教育部副部长李卫红特别举例指出："西南交大成果丰硕，这是与他们长期重视抓队伍建设、重视抓学科建设、重视抓课堂教学，突出教学中的'三贴近'分不开的，……是当之无愧的，是长期积淀下来的。"

近年来，全校哲学社会科学工作者，尤其是马克思主义学院的教师们认真学习贯彻习近平总书记系列重要讲话精神，深入探索马克思主义中国化和中国化马克思主义理论与实践，特别是以习近平总书记为核心的新一届党中央治国理政的新理念新思想新战略，取得了大量卓有成效的理论研究与教育教学成果。鲜于浩教授担任国家马克思主义理论研究与建设工程教材的编写专家；何云庵教授担任了马克思主义理论研究与建设工程重大项目子项目负责人，同时他还是四川省社科规划重大招标项目主持人；林伯海教授主持了教育部"高校示范马克思主义学院重点选题"项目。管中窥豹,可见一斑,这些都从一个侧面展现了我校马克思主义理论研究的实力与水平,也体现了交大马列人为繁荣和发展我国哲学社会科学所做的贡献与担当。

总之,这些年来西南交大在马克思主义理论研究与教育教学领域推出了一批相当有见地和影响的学术成果。我们挑选了其中有代表性的成果,形成了这一研究文库,集结出版。这批学术著作有的是国家社科基金的结项成果,有的是基于博士学位论文修缮后的成果,都与马克思主义研究与建设有着相当密切的联系。所有成果入选和出版前都经过了多位马克思主义理论学科专家的评审和把关。西南交通大学马克思主义研究文库的编纂的原则是,以问题为导向,坚持用马克思主义基本原理,特别是贯穿其中的立场、观点、方法来研究中国问题和中国实践,坚持道路自信、制度自信、理论自信和文化自信,说"中国话语"、讲"中国故事"、展"中国气派"。我们真诚地希望,这套"马克思主义研究文库"能帮助和引导读者加深对新时期、新阶段马克思主义理论的学习与认知,能够回应时代的呼唤、推动理论创新,能够为扎根中国办大学、繁荣中国哲学社会科学事业尽绵薄之力!

王顺洪

2017 年 3 月 21 日

目　　录

前　言

　　幸福，这是一个古老的命题，"幸福是什么，怎样才能幸福"是人类不变的思考题，从人类开始思考人的生存价值和意义时就有了对这一问题的思考，人类正是在对幸福的永恒追求中实现对自己的不断超越，推动社会进步与发展的。在亚里士多德看来，幸福是一个具有终极意义的命题，幸福作为最高的善是最高的目的且自有价值，幸福是人的一切行为的终极的、自足的目的。① 显然，在亚里士多德眼中幸福是合乎伦理德性和理智德性的生活。黑格尔则这样谈论幸福："幸福是这样一个大字眼，任何一个人听了，就会挺起胸腔，昂起头，大步向前。"② 幸福无疑又是一个极具现实意义的命题，生活条件日益改善的同时，对幸福的思考和渴望也日渐成为人们讨论的热点，幸福作为目标，每个人都渴望拥有它，却仿佛又没有人能够完全拥有它。

　　2012 年《新闻联播》中曾播放央视记者街头采访："你幸福吗？"许多人对此依然记忆犹新，人们对此话题也曾广泛热议。这也从侧面反映出随着经济的发展，社会的进步，人们对幸福的期盼与渴望更为强烈。人们生活水平日益提高，物质财富日益丰富，人们的幸福指数理应日益提高，然而，两者之间并非简单地呈现出正比关系，人们在日益关注生活质量的同时，对幸福的渴求也日益强烈。如何避免"有

---

　　① 参见〔古希腊〕亚里士多德《尼各马科伦理学》，苗力田译，中国人民大学出版社2003 年版，第 10—11 页。

　　② 转引自曹祖明《论幸福是痛苦后》，载许春玲、周树智主编《幸福社会价值论》，社会科学文献出版社 2013 年版，第 38—39 页。

发展无幸福"难题,是我们面临的重大民生问题。早在"十二五"规划中就释放出淡化 GDP 指标的信号,也使得 GNH（Gross National Happiness,国民幸福总值）这一概念的引入引起广泛关注。幸福也已越来越成为各级政府乃至国家发展的行为目的与重要指标。"十三五"规划中也提出,把增进人民福祉、促进人的全面发展作为发展的出发点和落脚点。

习近平总书记上任伊始就庄严承诺:"人们对美好生活的向往,就是我们奋斗的目标。"[①] 这既是新时代中国共产党人的价值追求,也是习近平总书记"以人民为中心"发展思想的主旨要求。让人民过上美好幸福的生活是以习近平同志为核心的党中央的责任担当。党的十八大以来,习近平总书记在各类讲话、演讲、答问、批示及贺信中多次谈及"人民幸福"。习近平总书记在党的十九大报告中也再次强调:"中国共产党人的初心和使命,就是为中国人民谋幸福,为中华民族谋复兴。"[②] 随着新时代我国社会主要矛盾的转化,人民对幸福的渴求也日益强烈。幸福不仅是人民日益关注的现实生活问题,也成为学术界日益关注的一个理论问题。

"为人民谋幸福"作为中国共产党人的责任担当同时也成为国家发展的价值主旨。新时代,各级政府部门也都以坚持、落实"以人民为中心"发展理念为要求,在注重发展手段的同时更注重发展的目标与价值,在注重经济发展的同时也注重人的发展与人民幸福的实现。让人民过上美好幸福的生活是各级政府发展的价值目标。

对美好生活的向往期盼,对幸福的渴望与追求是每个人发展的内在动力。幸福作为每个人的人生追求,它不仅是人的主观感受状态,而且是人的价值目标,它与世界观、人生观、价值观有密切联系。坚持正确的价值导向,对于人们科学地认识和理解幸福有重要意义,坚持正确的价值导向,对于人们提升幸福感也具有积极作用。马克思幸

---

① 《习近平谈治国理政》第 1 卷,外文出版社 2014 年版,第 4 页。
② 习近平:《决胜全面建成小康社会　夺取新时代中国特色社会主义伟大胜利——在中国共产党第十九次全国代表大会上的报告》,《人民日报》2017 年 10 月 28 日第 1 版。

福思想不仅科学地诠释了幸福的内涵，而且给我们指出了一条实现人生幸福的现实道路。深入挖掘马克思幸福思想的内涵有利于增强马克思主义在广大群众中的认同感和感召力，对于帮助我们确证马克思主义理论的旺盛生命力具有重要的理论意义；对于我们建设中国特色社会主义，全面建成小康社会，追求和创造幸福生活，也具有重要的实践意义。准确把握马克思关于幸福的阐释能促进人们对幸福的深刻理解，帮助我们确立一种更合理、更科学、更符合人性的幸福观，有利于引领当代人的幸福观，改革我们的生产方式和生活方式，增强人们创造幸福生活的信心及实现美好生活的决心。

导　　论

一　马克思幸福思想体现马克思革命实践的奋斗主旨

"幸福"是一个古老而永恒的命题，并已成为人类历史长河中的一个经典命题，古往今来人们一直思考并探寻。自古希腊到当代，不同时期的思想家都在思考。从东方到西方，不同文化背景的哲人都尝试对此进行解答。

众所周知，马克思始终对人的全面发展和普遍幸福表示景仰，马克思在青年时期就树立了要为人类的幸福而工作的崇高理想，为全人类的利益而斗争，并树立了为争取人类幸福和自由而不懈努力的宏伟愿望。马克思在中学作文中就曾写道："在选择职业时，我们应该遵循的主要指针是人类的幸福和我们自身的完美。不应认为，这两种利益会彼此敌对、互相冲突，一种利益必定消灭另一种利益；相反，人的本性是这样的：人只有为同时代人的完美、为他们的幸福而工作，自己才能达到完美。如果一个人只为自己劳动，他也许能够成为著名的学者、伟大的哲人、卓越的诗人，然而他永远不能成为完美的、真正伟大的人物。"[1] 在马克思的人生哲学中，为了人类的幸福而工作是高尚的，也是幸福的。在马克思看来，幸福需要个体为了自己的理想和目标努力奋斗，个体自我实现和价值创造无疑能给人带来幸福，但是，如果个体能为了全社会和全人类的理想和目标努力奋斗，个体自我实现和价值创造无疑能得到最大程度的体现，给个体带来的幸福无疑会更深刻和更久远。最高的幸福价值就是为人类的幸福服务并奉

---

[1] 《马克思恩格斯全集》第 1 卷，人民出版社 1995 年版，第 459 页。

献自己的一切，这是幸福的最高境界，因为，为人类的幸福努力奋斗、全力以赴的人必定能得到人们的广泛认可与高度赞扬，个人价值能得到最大程度的实现，无疑能产生超越个人利益满足而实现的快乐，产生无比崇高的幸福感和满足感。

马克思对幸福的理解是"斗争"，对不幸的理解是"屈服"，马克思毕生都在同人的异化生存作斗争，与人的不幸命运作斗争，追求全人类的解放。马克思把人的自由全面发展和普遍幸福作为自己的终身目标，不管遇到多大困难，始终没有放弃自己的理想和目标。马克思是一个充满革命乐观主义情怀的革命者，他把自己置身于实现全人类的解放和普遍幸福的斗争中，并把这一理想的实现当作自己最大的幸福，始终追求着为人类谋幸福的宏大目标，不管生活多么艰辛、多么贫困，也没有成为阻止他前进的障碍。

马克思的一生是充满信念的一生，是实践理想的一生，马克思用自己一生积极的革命斗争实践对"什么是幸福""什么是自己所要追求的幸福"等问题做了最好的诠释。马克思一生致力于为世界无产阶级和劳苦大众的解放事业而奋斗，倡导通过包括"宗教解放""政治解放""劳动解放"在内的一系列自身的解放实现人的自由、全面发展，把为全人类谋求幸福当作自己的终身职业。马克思毕生的研究和实践都始终体现他坚定地追求人类解放、人类幸福的伟大理想。

马克思对旧世界的批判及对人的异化状态的否定都是为了谋求人类解放和普遍幸福。马克思对资本主义制度的运行机制和内在矛盾进行了深刻批判并揭示了人类社会的发展规律和历史趋势，其实，马克思并非仅仅基于经济发展规律而批判资本主义，马克思更多的是基于资本主义社会中人的异化危机及幸福缺失或异化的现实与人的自由全面发展及人的普遍幸福的理想之间的矛盾而展开对资本主义的批判。马克思对自古希腊以来的幸福思想进行了积极的扬弃，继承了西方以往幸福思想的精华，用辩证唯物主义和历史唯物主义的世界观来审视幸福问题，凸显了幸福的至上性、主体性、阶级性、实践性、社会历史性。

"幸福"无疑集中体现了马克思理论出场的价值旨趣。毋庸置疑，马克思所有的思想都关乎人，关乎人的平等、自由、解放和全面发展及人的幸福，这一系列问题也成为了马克思一生的理论视域与实践范围。实现全人类的解放和普遍幸福是马克思全部理论的最高命题，也是马克思全部理论的最高主旨。

二 马克思幸福思想彰显马克思整体学说的价值旨趣

马克思幸福思想是无产阶级获得幸福的思想理论，是马克思学说体系的有机组成部分，也集中体现了马克思对幸福的理解与思考。马克思幸福思想植根于马克思的整体学说。马克思的整体学说也成为马克思幸福思想生发的根基与内生源泉。马克思整体学说的理论特质与言说风格也成为马克思幸福思想的内在依据与叙述范式。马克思幸福思想的理论特质与叙述范式同样也是其整体学说的外显与延展。历史唯物主义为马克思幸福思想提供了世界观与方法论基础，马克思人学理论是这一思想的直接理论依据。

马克思从历史唯物主义的基本原理出发，在人类发展的历史规律中找寻幸福的答案。因此，历史唯物主义无疑为马克思的幸福思想提供了宏观叙述线索。一方面，历史唯物主义本身也具有明确的幸福意蕴，可以说，幸福是历史唯物主义最直接的价值诉求。马克思创立的历史唯物主义具有"真""善""美"的品性特征。马克思的高明之处在于发现了社会发展客观规律的"真"，马克思的崇高之处在于坚持了价值的"善"，马克思的伟大之处就在于科学地描绘了人类社会的"美"。马克思的历史唯物主义以人性基本特征为现实依据，以人类社会发展的客观规律为基本内容，以实现共产主义的最高目标为最终方向，以人的全面发展和普遍幸福为价值目标，揭示了人的现实命运。另一方面，历史唯物主义成为马克思幸福思想的世界观和方法论基础，同时，马克思的历史唯物主义直接研究对象是社会发展规律，而深层研究对象依然是"人"，马克思高度关注现实的人的生存境遇及其前途命运，追求人类的解放和自由、全面发展以至人的普遍幸福是马克思理论的根本出发点，也是马克思创立历史唯物主义的根本用意。马克思创立历史唯物主义的根本现实目标就是让人从商品生产、经济需要乃至社会发展的压迫中解脱出来，复归人的完整性，恢复人的主体性，实现其对其完整的人性的占有，找到人的解放和全面发展的现实途径。马克思关注社会发展规律的深层主旨是关注人，关注人的发展，马克思最主要关心的是人如何全面占有人的本质，如何得到解放，如何克服异化，如何获得幸福。在马克思看来，人的解放和自由全面发展是人的幸福的必要内涵和客观标志。

马克思在人类发展的历史规律中揭示了生产力是实现人民幸福的物质力量。关注幸福问题既体现了马克思作为理想主义者的深切人文关怀，同时也体现了他作为一名伟大的实践主义者的深刻理性思考，马克思对幸福的思考早已超越了传统的感觉主义的思维定式，突破了心理视角的思维刻板。马克思在历史唯物主义的视野中审视幸福范畴，反对一切空洞的、抽象的幸福许诺。马克思从来不是抽象地、空洞地思考人的幸福问题，总是在现有的生产力的发展范围内来谈及人的幸福问题。马克思认为，幸福并不是脱离物质条件而由纯粹的主观抽象生成，幸福总有其实现的客观要素，总有其判断的客观尺度。幸福这种人的主观感受必然依赖生产力这一物质力量，这是因为，物质生活是幸福的基础和条件，人的生存和发展总是离不开必要的物质生活资料，人也只能在物质生活资料所提供的条件下满足自己的吃、穿、住等基本需要，一方面，人在基本的物质需求得到满足后才能更好地发展自己、完善自己和丰富自己，另一方面，人的物质生活的状态总是会影响和制约人的精神生活。马克思强调生产力作为客观的物质力量或客观基础对于幸福的作用，无疑打破了对于幸福理解的一种纯主观预设。当然，马克思也为人类孜孜不倦地发展生产力，努力创造社会财富，积极地改造对象世界等一系列人类行为注入了情感要素和价值动力。在马克思看来，幸福需要客观的物质条件，幸福的实现离不开社会的文明、进步和发展，离不开社会经济的发展和社会制度的完善。

马克思在人类发展的历史规律中揭示了无产阶级是实现人民幸福的主体力量。马克思揭示的唯物史观向我们证明了："至今的全部历史都是在阶级对立和阶级斗争中发展的；统治阶级和被统治阶级，剥削阶级和被剥削阶级是一直存在的；大多数人总是注定要从事艰苦的劳动而很少能得到享受。"① 马克思在历史唯物主义的视野下从生产力和生产关系的基本矛盾规律出发，指出不同社会制度及在此基础上形成的不同经济制度及其不同分配制度必然决定社会生活主体的生活水平及其幸福实现的程度。马克思曾经谈道，"哲学把无产阶级当做自己的物质武器，同样，无产阶级也把哲学当做自己的精神武器"②。马克思在历史唯物主义的视野中进而阐明了实现无产阶级幸福的社会历史条件，明确指出只有在对旧世界批判的基础上才能实现，否则无产阶级及全人类的解放和幸福只能是空洞的口号和苍白的标语。马克思从幸福的现实可能性入手，立足于批判幸福的现实障碍，找到了实现人民幸福的主体力量——无产阶级，揭示了实现幸福的现实路径——"斗争"。马克思认为，无产阶级在资本主义私有制中无疑感受到自己的非人的生存现实和不幸的现实命运，必须坚定地否定这一切非人的生存现实，决然地同这种不幸的生活状态作斗争，消灭剥削，消除私有制，消除不公正，争取人的解放和普遍幸福。

马克思在人类发展的历史规律中揭示了幸福是个历史范畴。马克思对于幸福的考察不局限于从个体主观角度研究幸福，既不把幸福归结为禁欲主义的结果，也不把幸福归结为享乐主义的实践，而是在历史唯物主义的视野下，从人类社会关系的角度出发，在科学地解读了人类社会生活实质的基础上来认知幸福。马克思眼中的幸福是指处于一种既定历史环境中的人们，在社会实践中，由于感受目标和理想的实现而得到的满足，处于不同社会生活条件下的人们，对人生目的和意义的理解也不同。马克思认为幸福是个历史范畴，是人类历史发展的结果和产物，幸福是社会生活条件在人的思想和情感中的积极反映，由于人的需要的多样性和社会生活的发展性，幸福的具体内容和表现形式也有差异。马克思对于"幸福是个历史范畴"的判断根源于马克思对于人的需要的丰富性和拓展性的理解，根源于马克思对于

---

① 《马克思恩格斯文集》第3卷，人民出版社2009年版，第459页。
② 《马克思恩格斯文集》第1卷，人民出版社2009年版，第17页。

人的发展的过程性和无限性的理解，根源于对于社会发展的具体性和历史性的理解。

马克思认为，人是历史的产物，幸福显然不能离开社会历史来考察和理解。幸福并不是一个永恒的、不变的范畴，幸福在人类整个历史进程中并不始终具有同样的特征及表现。幸福内涵会在社会历史的发展中变更，幸福意蕴会在社会历史的发展尺度内变化，一方面，实现人的幸福是社会发展的价值旨趣，另一方面，由于人类社会历史的不断发展，人类社会生活也不断丰富，人类实践活动和需要也呈现出新的特点，幸福范畴的具体内容和表现形式也不断发展变化。人们对幸福的理解也必然随着社会的发展变化而不断更新。幸福必然是在特定的经济发展阶段上实现，与经济发展水平决定的具体的生活条件相关。随着社会历史的进步和发展，社会生产力水平的提高，人们的幸福内涵将不断得到丰富和充实，人们的幸福质量将不断得到提升和发展。在马克思看来，随着社会的进步和发展，人的幸福境域也不断得到拓展。

马克思人学理论体现了马克思思想的人文关怀和价值维度，也成为了马克思幸福思想的直接理论依据。人文关怀始终是马克思研究幸福的情愫原则，"以人为本"始终是马克思幸福思想的立足点。马克思人学理论为马克思幸福思想提供了一种全新的人文视野及必要的价值尺度。马克思一生始终切实关注人的现实命运及其自身解放，关注人的存在与发展。马克思人学理论是马克思从哲学层面对人所做的系统的、全面的、深刻的思考，是以人的存在和发展为线索，以人的需要为主题，以人的全面发展为主旨的理论体系。马克思人学理论体现了马克思思想的人文关怀和价值维度，也成为马克思幸福思想的人文视野。

马克思人学理论以"现实的人"为其理论的逻辑起点，以现实的、具体的、活生生的、有血有肉的人作为研究对象。"现实的人"的逻辑起点也决定了马克思幸福思想具有生动的实践性，具有积极行动哲学的意义。马克思人学理论以"人的需要"为主题，充分尊重和发展人的需要，并揭示人的需要的层次性和丰富性。"人的需要"

成为马克思理解幸福的主题内容，马克思既克服了把幸福与人的需要的满足对立起来的局限性，又克服了把幸福与对物质资料的占有相等同的狭隘性，指出物质需要的满足只是人的存在和发展的手段，只是实现幸福的手段不是幸福的目的。马克思人学理论以"人的全面发展"为价值主旨，以实现"人的自由全面发展"为归宿点。马克思将人的自由全面发展视为人的最终事实目标，而人的普遍幸福则是基于这一事实目标基础上的价值目标，人的全面发展诉求内在地包含人的幸福价值。

在马克思看来，主体的空场是幸福空场的根本原因，人的主体空场导致人的幸福缺失，人的主体性日益缺失，人日益沦为"工具"，日益被操纵。人仅仅成为了器官的组合，人的世界仅仅成为了器官直接感知的对象世界，而非人主体感知的具体对象性世界，从而人的主体幸福感日益消散。马克思认为，幸福的本质不在"占有"，而在"存在"，幸福一定是在拥有自主选择的基础上而获得的，在主体性缺失的条件下，人们只能享受逆来顺受的愚昧幻觉，而无法感受幸福实现的真实体会。马克思认为，人是人的依据，人是人的内在目的，人只有真正摆脱工具化的手段性存在，才能全面占有自己的本质；只有摆脱被支配的规定性存在，才能从"非人"的境遇中解救出来；只有摆脱"物性"的主体逻辑的束缚，才能真正获得"属人"的幸福。幸福的生成逻辑在于人以"人"的全面的方式"存在"，人从各种依赖性的关系中解放出来，从盲目的命运的力量中解放出来，摆脱异化的境况，扬弃异己的命运。在马克思看来，"存在"是幸福的主体样态，扬弃了对"对象性"占有的"存在"体现了人的全面性特征和人的能动性意义。对于一个整体的人来讲，所有让人幸福的要素都只能是幸福得以实现的条件，只是人能否获得幸福的对象性因素。幸福问题首先根源于人对自身及其与外部世界关系审视的态度、立场及主体体验结论，它与人的自我主体意识生长息息相关，是人的主体意识觉醒后的积极感受。

我们可以发现，马克思人学理论的内涵规定了幸福是一个具有整体性特征和全面性意义的综合范畴，即幸福的基本内涵是全面占有人的本质。同时，也揭示了幸福的主体是一个体现全面性特征和主体能动性意义的主体，幸福的主体生存样态是"存在"。应该说，历史唯物主义为马克思幸福思想的科学性奠定了"客观"基础，人学理论为马克思幸福思想的人本特征奠定了"主观"基础。

三　马克思幸福思想呈现独特的叙述范式

马克思幸福思想有其特有的叙述范式，即：在叙述理路上，将哲学思辨性叙述敞显本质与事实性叙述旨归现实相结合；在叙述向度上，将肯定性叙述正面阐释与否定性叙述反面澄明相结合；在叙述方式上，将批判性叙述间接隐喻与建构性叙述直接陈述相结合。

马克思以思辨性语言揭示了幸福所有本质意义的内涵。哲学的思辨叙述中，马克思基于辩证思维的特点给我们揭示了幸福是人的主观体验和精神满足，具有直接具体性、社会历史性。不同阶段、不同时期的人对幸福的理解不同，不同理想追求、不同生活经历的人对幸福的理解也不同。马克思用哲学的思辨性力量重塑了人的主体性，恢复了人的主体意义，用思辨性语言强调了"对人的本质的真正占有"是幸福的最高抽象本质，人的自由全面发展既是人类幸福实现的客观标准，同时也是人类幸福实现的重要保障。思辨性叙述无疑暗合幸福的形而上学意蕴，也表达了马克思对幸福至上性的肯定及对幸福本质的探寻。

马克思对于幸福思想的阐述既具有哲学思辨的沉思性与超越性，也具有现实描绘的具体性与针对性。马克思并没有满足于对幸福的"共性"理解与阐释，也并没有陶醉于对幸福的一般价值感知与判断，马克思希望能立足现实社会得到幸福的"个性"把握与解读，希望揭示幸福的具体认知与实现。作为伟大的革命家和无产阶级的精神领袖，马克思始终高度关注人的现实生活世界，关注无产阶级的生存命运，从来都不曾忘记哲学的重要使命是解析社会问题，不曾忘记自己的主要目标是改变世界，改变无产阶级的生存命运。马克思始终致力于对资本主义社会的现实批判与解构，揭示无产阶级在资本主义社会中的悲惨命运的实质及其原因，并指明无产阶级以至全人类幸福的现实道路。对于幸福的叙述与解读除了哲学的思辨性叙述外，马克思还用事实陈述性诉说来表达对于幸福的理解与期待。马克思立足人的现实性，立足资本主义社会的现实制度，立足无产阶级的现实生存命运，揭示资本主义社会中人的普遍异化及与幸福的疏离。事实性叙述无疑暗合了幸福的人学归宿，在事实性叙述中我们能看到马克思幸福思想的现实旨趣，马克思并没有满足于对幸福的理论抽象，而指向了现实的幸福及其实现。

马克思既正面阐述人的应然幸福状态，同时，马克思很多时候是在批判人的不幸的实然状态中表达自己对幸福的诉求。在马克思看来，幸福和不幸就是生活的状态及体验的两端，不幸福的状态和体验作为幸福的对立面在某种意义上就成为了幸福的一种反向折射，一个人的不幸福感受是他的自身幸福感受与他最远离的一种极端表现。肯定意义的"幸福"是我们追求幸福道路上有待实现的目标，否定意义的"痛苦""不幸"是我们追求幸福道路上需要消除的障碍，幸福往往是在它毁灭后所复归的对象中显现和生成的，在被异化的不幸的事实中更能让我们窥见幸福的本质和要求。因此，马克思除了用肯定性叙述从正面阐释幸福之外，还用"异化""痛苦""不幸"等这样的否定性叙述从反面澄明幸福的应然，从幸福的幻灭对象入手，从不幸的视角向我们揭示幸福的样貌。另外，"不幸""痛苦""贫困"是19世纪中叶大多数人的生存命运的真实写照。马克思是在当时的条件下，从否定资本主义制度中劳动人民的不幸事实出发，在揭示无产阶级的痛苦现实的境遇中展开其对幸福的向往和描绘。马克思幸福思想的否定性叙述的根本立意在于让人摆脱痛苦，扬弃异化，恢复人追求幸福和全面发展的自由，以幸福的名义实现人的真正解放即从被剥削、被压迫的生存状态中解放出来，摆脱异化的命运，这无疑体现了马克思对人的主体性的积极弘扬，人的价值的高度肯定及人的自由、全面发展的无限向往，这也折射出马克思对人乃至人类幸福的积极渴望和执着追求。马克思这样的双重叙述特征也决定了马克思话语中的幸福概念既是个具有否定意义的概念，同时也是个具有肯定意义的概念：根据它否定的状态，指明了幸福的异化状态；根据它肯定的结果，揭示了幸福的真实状态。

马克思对于幸福的叙述常用批判性叙述方式来言说幸福。马克思在批判资本主义社会中人的异化的基础上也揭示了异化是幸福的障碍。在马克思看来，资本主义社会就是一个"以物为本"的社会，是死的物统治活的人的社会，在资本主义社会异化无处不在，在以资本无限扩张和增殖为内在需求的链条中，资本作为主体力量代替了人的主体力量，资本成为了一切的主宰，具有了统治一切的力量，人在资本的主宰下发生了异化，人成为了资本运动中的工具和环节。马克思对资本主义社会中的异化进行了深刻的批判，揭示无产阶级和资产阶级都不可避免会异化，都难逃"苦恼"的命运。马克思还以独到的视角对资产阶级由于自身的狭隘性和自私性而导致的异化命运进行了深刻批判，马克思揭示了在资本主义社会中即便是资产阶级的自我满足状态也只是幸福的假象而已，这种幸福假象掩盖了全面异化了的生活实质，粉饰了受资本利益所操纵的奴性生活的不幸本质。在马克思看来，资本主义社会中，资本家也远离真正的幸福，在资本不断增殖的本性中，他们的目的和追求只是为了实现资本的增殖即财富的积累。马克思批判资本主义以少数人幸福为价值追求的现实制度，表达出对以全人类解放和普遍幸福为价值理念的未来理想社会的无限向往及对幸福社会的执着追求。马克思以批判旧世界中人的"非人"的生存状态为起点，以寻求人的解放和自由全面发展的社会为路径来探索人获得幸福的途径。

马克思除在批判旧世界的基础上来表达自己建立新世界的思想外，时常也会直接陈述对新世界的设想。马克思幸福思想也在对资本主义制度的批判基础上及对未来理想社会的建构中不断生成。直接建构虽然并不是马克思幸福思想的主要叙述方式，但是，我们也依然能清晰地看到马克思用直接构建的叙述方式来阐述如何实现幸福的一些相关表达。当然，马克思对于幸福思想的建构更多是在对资本主义批判基础上的反思。马克思旨在建立一个新世界，并认为只有在新世界中人的自由全面发展和普遍幸福才能真正实现。马克思对于幸福的诉求就是要消除一切使人受奴役、受压迫、受剥削及异化的束缚，在恢复人的本质的基础上实现。马克思深信被压迫和受剥削的人是不幸的，饥饿和贫困的人是不幸的，自由和民主缺失的人是不幸的，异化和片面化的人是不幸的。我们能发现即便是用建构性叙述方式来陈述自己的幸福思想，马克思也从来没有正面地、直接地给幸福下过定义，这是因为，马克思知道无须给幸福下一个固定的定义，幸福的讨论更应该在一个开放的话语体系中。马克思更多时候是在一种开放的语境中讨论人的幸福条件及如何才能获得幸福。马克思甚至并不执着于对幸福内涵的直接论述，往往从幸福的外延来探讨幸福。在马克思看来，幸福是一个具有综合意义的范畴，它与许多范畴都有相关性，在马克思的言说体系中，自由、平等、财富、需要、道德、劳动、斗争、社会制度及人的本质等范畴都是幸福的相关性范畴。在对这些范畴的论述中分明也体现了马克思对幸福的理解和追求。

四　马克思幸福思想蕴含丰富的思想内涵

马克思对于幸福的思考是建立在对人的全面思考及人类社会的深刻思考基础上的，马克思幸福思想体现了马克思对人的本质解读及对人类社会规律的深刻揭示，它具有丰富的思想内涵。科学的逻辑结构既是其丰富思想的结构性前提，也是其丰富思想的内在要求。马克思幸福思想具有科学的逻辑结构表现在这一思想体系内嵌一种系统论形态并显示出一定的生态结构。应该说，马克思幸福思想在显示系统论形态的同时也显示其丰富内涵，马克思幸福思想既揭示出幸福生成的内在逻辑，也揭示出幸福的表现形式；既阐明了幸福的本质，也阐明了幸福的实现路径；既体现了静态的逻辑结构，又体现了动态的逻辑过程；既呈示出结构的立体性与合理性，也呈示出内容的丰富性与多维性。

马克思认为，幸福具有主观性，存在主体差异性，是人的主观体验和精神满足。不同阶段、不同时期的人的幸福观不同，不同理想追求、不同生活经历的人的幸福观存在差异。同时，马克思也认为，幸福具有客观性，人们需求的产生与满足，人们理想愿望的产生和实现也具有客观性，是社会历史发展的结果。幸福的满足离不开客观的物质条件，幸福的实现离不开社会的文明、进步和发展，社会经济的发展和社会制度的完善都能促进幸福的生成。马克思克服了抛弃欲望和需求的禁欲主义的幸福观，否定了把人的幸福与人的需要的满足对立起来的观点。马克思指出，幸福虽然是人的主观感受，却与人的需求得到满足有关联。马克思克服了中世纪的把人的幸福建立在彼岸世界的宗教幸福观的局限性，拒绝了谈论虚幻幸福的可能性，把幸福投向了现实生活，立足于现实世界，以现实的人为出发点，主张现实的人是唯一的实在主体，现实生活是人的幸福的真实场域，将现实的人的幸福视为最高的奋斗目标与价值主旨。马克思克服了资产阶级的狭隘立场，克服了资产阶级的个人主义的狭隘性和自私性的局限性，否认了追求幸福就是使自己利益最大化的观点。马克思认为人的幸福不只是个体幸福的孤立生成，而必然是社会幸福的集体涌现，个人幸福的实现必须符合道德规范。马克思克服了把幸福理解为享乐主义的局限性，拒绝把幸福简单地理解为纯粹的个人享受，甚至是个人的感官体验。马克思指出，劳动具有人的主体力量的确证意义，劳动对于人来讲具有生存的意义、发展的意义和享受的意义，劳动是生命的乐趣，是创造幸福的源泉。马克思克服了唯心主义幸福观的局限性，否认幸福只是人的纯粹精神体验，与人的现实生活及人的物质生活没有关系的观点。马克思站在历史唯物主义的高度，从人的经济生活出发，指出幸福是一个多元的概念，是一定社会经济生活的产物，不仅与主体体验相关，同时也与客观要素有关。马克思克服了以对财富的占有为幸福的物质主义幸福观的局限性，马克思认为财富只是人发展的手段，是人实现其价值的形式，是人实现其幸福的工具。马克思重塑了人的主体性，恢复了人的主体意义，强调"对人的本质的真正占有"是幸福的最高抽象本质，对人的本质的占有是人的幸福的基本前提。人的自由全面发展既是幸福实现的客观标准，同时也是幸福实现的重要保障。马克思克服了费尔巴哈把人仅仅当作自然存在物，以"自然主义"的态度对待人的幸福，离开人的社会性即离开了人的社会经济关系和阶级利益而抽象地、机械地、片面地谈论人的幸福的局限性。马克思以"人的社会属性"为视角，从感性的人、实践的人出发，立足于人的社会经济关系和阶级属性具体地、辩证地、全面地探讨人的幸福问题。指出自由自觉的活动是人类获得幸福的现实基础，社会实践是实现幸福的途径。马克思克服了空想社会主义幸福思想的"理想性"局限性，指出共产主义之所以是人类真正获得普遍幸福的社会形式，是因为共产主义为实现人的自我异化的积极扬弃，回归自己的本质提供了充分的条件。马克思正是在对以往传统幸福思想的积极扬弃中构建了自己特有的，也是一种全新的幸福思想体系。

马克思幸福思想既有对幸福形而上的沉思，也有对幸福形而下的审视；既有对幸福实现形式的判断，也有对幸福实现手段的思考；既有对幸福工具的理性反思，也有对幸福源泉的哲学省思；既有对幸福生成逻辑的探析，也有对幸福实现路径的探索。具体来说，马克思幸福思想深刻地揭示了：自由是幸福的实现形式；劳动是幸福的源泉；财富是服务于幸福目的的工具；社会协同是幸福生成的逻辑；共产主义是幸福的必由之路。不难发现，马克思幸福思想具有丰富的思想内涵，既蕴含有人的自由意蕴，也蕴含有社会发展的诉求；既包含有马克思对人的个体思考，也包含有马克思对人类的主体思考；既体现了马克思对实然生存状态的批判性否定，也体现了马克思对理想生活状态的向往与憧憬；既彰显了马克思对人类命运的深切关怀，也彰显了马克思对人类社会历史规律的高度关注。

五 马克思幸福思想凸显鲜明的理论特质

马克思幸福思想凸显鲜明的阶级性，马克思立足改变无产阶级不幸的事实，旨在实现无产阶级以至全人类的幸福。马克思幸福思想凸显强烈的斗争性，是无产阶级的积极行动哲学，旨在摧毁一切束缚人的枷锁。马克思幸福思想凸显明确的现实性，内含有生动的实践意蕴，旨在摆脱虚幻的幸福臆想，以现实的实践活动实现幸福。

马克思的理论及其思想具有鲜明的阶级性，马克思的幸福思想同样具有鲜明的阶级特征，马克思对无产阶级在资本主义社会普遍不幸福的生存状况表示同情。马克思把幸福看作是人类历史和文化的产物，人们追求幸福的欲望及其实现要受制于他所从属的阶级。以往的幸福思想往往都是维护统治阶级的利益，往往是在幸福的普遍性和永恒性的外衣下掩盖了其狭隘的阶级性。马克思、恩格斯在《共产党宣言》中就曾谈道，"过去的一切运动都是少数人的，或者为少数人谋利益的运动。无产阶级的运动是绝大多数人的，为绝大多数人谋利益的独立的运动"①，提出无产阶级运动的根本主旨是实现绝大多数人即广大人民群众的切身利益和普遍幸福，而非少数人的利益和幸福，并把它当作无产阶级运动和其他运动的根本区别。在马克思看来，在以往的剥削社会中，统治阶级的幸福往往依赖于对被统治阶级的剥削，倚仗对财富的绝对占有，贪婪也就成为了幸福追求过程中的必然衍生物，扭曲和异化也就成为了幸福追求的本质特征，因此，只有消灭私有制，消灭剥削，人的幸福才能以人的主体形式出现，才能以幸福的本来模样出现。马克思认为，无产阶级只有解放全人类，才能最后彻底解放自己，无产阶级的解放是伴随着全人类的解放这一基本事实的。"而无产阶级由于自己的整个社会地位，只有完全消灭一切阶级统治、一切奴役和一切剥削，才能解放自己。"② 因此，无产阶级的幸福是在人类彻底解放的现实路径中实现的，无产阶级幸福的实现必然伴随着人的自由全面发展和全人类的解放，只有全面实现了人类的彻底解放，才能真正获得幸福。不难发现，无产阶级的先进性、超越性让马克思的幸福思想具有鲜明的阶级特征的同时又具有普遍幸福的价值旨趣。马克思追求的幸福所体现出的博大胸怀和广阔胸襟，超越了一切以往统治阶级的狭隘性和自私性。马克思学说的最终目标是人的解放、人的自由全面发展和人的幸福，不是特定的人或阶级的解放、自由全面发展和幸福，而是作为自由联合体的"共同体"的普遍幸福。马克思既关注无产阶级、受苦受难的穷人及一切受压迫、受剥削的民族和人民的幸福，又着眼于全人类的自由全面发展的普遍幸福。马克思幸福思想的最终愿景是全人类的普遍幸福，马克思要实现的幸福理想是在无产阶级解放的基础上，实现全人类的解放，实现全

---

① 《马克思恩格斯文集》第 2 卷，人民出版社 2009 年版，第 42 页。
② 《马克思恩格斯文集》第 3 卷，人民出版社 2009 年版，第 460 页。

人类的普遍幸福。

马克思幸福思想具有鲜明的斗争性。斗争性的根源来自资产阶级对无产阶级的残酷剥削。马克思深刻地揭示了 19 世纪中叶资本主义世界弱肉强食的不公平的生存境遇，资本家的幸福和发展是建立在无产阶级的痛苦和受压抑的基础上的。马克思揭示了在资本主义制度下，资本家和工人之间处于一种对立关系，工人在资本家的剥削下生存，资本家所获得的自由时间、生活条件、财富乃至享受都是工人以丧失自己的自由时间、生活条件、财富乃至幸福为代价换来的。马克思谈到的斗争不仅仅是对资产阶级的抗争，马克思所理解的斗争其实质还包括一切对不自由的抗争、对异己力量的抗争、对人类不幸的抗争。马克思认为幸福植根于人类反对压迫、反对奴役、反对异化、反对剥削、反对贫困的一切形式的斗争中，幸福是人类在实现解放自身、克服异化、摆脱贫困和剥削，追求美好社会的斗争中实现。马克思幸福思想斗争性的价值旨趣是摧毁一切束缚人的"枷锁"。一方面，马克思认为人要获得幸福必须摆脱人的异化命运，消解人被奴役的生存情境，跳脱人的不幸事实，在全面占有自己的本质的基础上获得自由、全面的发展，实现人的解放，然而，在马克思看来并没有超人的力量能实现人对本质的占有和人之个性的解放，必须以斗争的形式从人的狭隘性和片面性中解放出来，因此，幸福的获得必然要以斗争的手段获得。另一方面，马克思立足于无产阶级不幸福的种种社会根源，认为无产阶级要获得幸福必须摆脱被压迫、被剥削的链条。马克思幸福思想的斗争性实质上宣示了马克思的幸福观是为无产阶级和一切被压迫、被剥削阶级谋求解放和幸福的。马克思强调无产阶级斗争的意义在于消灭剥削和压迫，废除不合理的私有制度，摆脱人类的异化命运，斗争的现实目标便是争取无产阶级乃至全人类的普遍幸福。

马克思幸福思想具有鲜明的现实性。马克思曾谈道，"对宗教的批判是其他一切批判的前提"[①]。马克思其根本用意是批判这个世界的一切颠倒现象，旨在强调对一切不合理的、异化的世界的批判与改

---

① 《马克思恩格斯文集》第 1 卷，人民出版社 2009 年版，第 3 页。

造。马克思批判宗教的直接目的是主张用人民现实的幸福取代虚幻的幸福。在宗教批判中，马克思深刻指出了人以神的绝对存在否定自身主体性存在，以及以神的绝对圆满否定自身不圆满存在的双重荒谬逻辑，进而揭示了在这样的双重逻辑中，"人"与"幸福"的双重异化，即人异化为缺失幸福创造能力的主体，幸福异化为疏离主体的异己幻想。应该说，宗教批判是马克思幸福思想的现实性生成的直接理论根源。

马克思正是在宗教批判的展开中实现了对虚幻幸福的批判，在宗教批判中，马克思在幸福主体、幸福场域及幸福的实现手段三个方面完成了"虚幻"至"现实"的超越，进而也生成了其幸福思想的现实性。在马克思看来，幸福不是对象自身的本性，更不是来自神的恩赐或上帝的启示，幸福是人的主体感受，幸福的生成伴随着人的主体性生成，幸福的体验与人的主体性确证是同步的。对幸福主体的论证，马克思不但实现了从"神"到"人"的超越，而且，实现了从"抽象的人"到"现实的人"的超越。对于"现实的人"的幸福，马克思总是立足于人的实践关系具体地、历史地来讨论这一问题。马克思克服了中世纪的把人的幸福建立在彼岸世界的宗教幸福思想的局限性，拒绝了谈论虚幻幸福的可能性，把幸福直接投向了现实生活，立足于现实生活世界，以现实的人为出发点，追求现实世界人的现实解放和现实幸福。在马克思看来，幸福具有直接性、具体性和真实性，它并不来源于对虚幻世界的抽象臆想。马克思认为，幸福的实现手段是"人的实践活动"而非"神的救赎"，在马克思看来，生活来自人的实践，离开了实践的生活就成了空洞的对象。

马克思让人恢复了改造现实生活和超越自我的勇气，把人从非理性主义的奴性囚笼中解救出来，让人放弃了对虚幻幸福的期许及对虚幻幸福承诺的迷恋。马克思幸福思想的现实性生成从根本上否定了人在受奴役状态下人的需要被动满足的消极状态，强调了幸福是来自主体的积极实践和能动创造。马克思幸福思想无疑具有积极的行动哲学意蕴，让我们明确了对幸福的向往和追求是人的社会实践的情感动因和价值旨归，痛苦或受苦并不是宗教语义背景中的人的逆来顺受的应然状态，而是现实生活中的人应该以主体力量跳脱的远离状态，幸福不是彼岸世界中的人的"完美理想"，而是现实生活世界中人的现实目标，从而坚定追求现实幸福的决心，增强创造幸福生活的勇气。

六　马克思幸福思想具有深刻的当代意蕴

马克思幸福思想的完整性和科学性也决定了它具有重要的理论与实践价值，内含深刻的当代意蕴，这也能帮助我们确证马克思主义的当代在场。马克思幸福思想能促进人们对幸福的深刻理解和正确把握，帮助我们确立一种更合理、更科学、更符合人性的幸福观。对于引领当代人的幸福观，改革我们的生产方式和生活方式，实现人民幸福具有重要的指导意义。

马克思幸福思想为我们走出幸福悖论提供了理论指导。不能否认，现代性的一个重要表现就是人们拥有越来越多的财富，并且，一切都趋于廉价化和便捷化，它使整个社会的商品变得越来越廉价和容易获得，然而，现代社会所提供的大量廉价商品甚至廉价快乐并无助于增加人们的幸福，反而越来越提高了人们体验幸福的门槛。"有发展无幸福"是当代人努力想走出的一个现实困境，"幸福悖论"是当代人极力想摆脱的一种现实迷茫，"幸福乱象"是当代人需要克服的种种现实表象。当代人面临的幸福悖论虽然带有强烈的现代性特征，具体表现也早已超出了马克思当时所能预见的范围，但是，我们依然能从马克思的幸福思想中找到现代幸福悖论的深刻理论原因及其现实破解可能。幸福悖论的实质是扭曲了财富等一切要素对于幸福的工具属性和消费等一切行为对于幸福的过程意义，夸大了一切手段性要素的工具价值和一切过程性行为的意义属性，颠倒了人的主体性地位与对象的客体性关系及过程和目标的关系，忽视了人的主体价值及人的存在意义。在马克思看来，人沉迷于财富幻象中，拜倒在商品的面前，把幸福的主体体验让渡于客体的对象占有，人越来越习惯于幸福来自对财富的占有及消费的刺激，并把它颠倒为幸福至上性目的，却忘却了财富及消费本身对于幸福只是手段意义，于是，人们越痴迷于财富越忘记了幸福本身的意义。马克思幸福思想为我们清晰地揭示了财富对于幸福的工具价值及幸福对于人的至上意义。马克思幸福思想为我们破解"有发展无幸福"难题，走出"幸福悖论"困境提供了明确的价值牵引与理论指向。

马克思幸福思想为我们阐述了劳动幸福观、集体主义幸福观、辩证幸福观、现实幸福观等一系列正确幸福观。在马克思看来，人在劳动中确证自己的主体力量，我们只有在充分尊重和维护劳动是人的根本属性的基础上才能真正认识和真实体会幸福的内涵。当然，劳动要真正成为人的生活方式，成为人的幸福源泉，就必须要摆脱异化劳动，摆脱片面的、不自由的社会分工。因此，我们必须摆脱异化劳动的束缚，让劳动成为人的自主的、自觉的选择，树立崇高的职业理想，让劳动符合自身的特性，并处理好劳动与休闲的关系，让劳动和休闲共同成为生活的形态。在"真正的共同体"中，个人的发展和幸福是社会整体的目标和追求，每一个人的幸福构成了整个社会的幸福，每一个幸福的人组成了整体幸福社会的主体，因此，个人幸福的实现必须符合道德规范，个人幸福的实现必须确立"他者立场"并树立集体主义观念。幸福是一个历史范畴，因此，我们应该明确幸福具有具体性、相对性和发展性。现实生活是幸福的唯一真实场域，实践是人的根本属性和本质特征，是人创造自我价值的活动，也是人创造幸福的物质形式，因此，必须立足于人的现实生活世界，在实践中创造并获得幸福。这一系列观点对于澄清人们关于幸福的错误观念，帮助人们走出认识误区，科学理解幸福的实质，树立正确的幸福观，实现幸福生活提供了坚实的理论基础与价值规范。

马克思幸福思想为我们揭示了生产力是实现人民幸福的物质力量、人民是幸福的现实主体、社会主义是幸福的必由之路、个人与社会协同是幸福的生成逻辑等一系列内容。在马克思幸福思想的指导下，我们进一步明确了实现人民幸福必须大力发展生产力，坚持和完善社会主义，全面推进民生工程建设，推动社会综合发展与全面进步。

第一章　幸福：马克思毕生的追求

幸福，这是一个众说纷纭的命题，幸福作为概念，每个人都渴望认识它，却仿佛又不曾真正认识并理解它。几乎我们每个人都知道如何使用"幸福"和"不幸"这两个词语，知道在什么条件下或哪种情况下使用"幸福"和"不幸"的概念，但如果我们被问及"幸福"和"不幸"的含义，我们往往会不知所措，因为，我们往往会很难明确地指出这一概念的内涵，我们所说的"我是幸福的"，或"我是不幸的"只是我们叙述了对幸福体验的解释，并没有揭示幸福的含义。在不同人的体验中幸福也许具有同一的感觉意义，但这并不意味着幸福仅仅与同一的事态相关联。也许正是由于感情和传递感情的词汇之间缺乏一一对应的精准匹配，因此，每一个时代，幸福问题一直都激励着不同的思想家去思考。[1] 康德甚至这样说道："不幸的是幸福的概念是如此模糊，以至虽然人人都想得到它，但是却谁也不能对自己所决定追求或选择的东西，说得清楚明白，条理一贯。"[2] 从古希腊时期到当代，不同的思想家对于幸福有不同的理解和阐释。

第一节　马克思幸福思想的理论溯源

古希腊时期的哲学家便开始了对幸福的思考和探索，他们普遍表

---

① 参见［英］齐格蒙特·鲍曼《被围困的社会》，郇建立译，江苏人民出版社 2005 年版，第 115—117 页。

② 周辅成编：《西方伦理学名著选辑》（下卷），商务印书馆 1987 年版，第 366 页。

现出奴隶主民主派的积极人生态度。不难发现，这一时期的幸福思想主要体现简单的幸福主义旨趣。赫拉克利特认为，人生的根本目的就在于追求幸福，幸福并不是简单的肉体享受和刺激，"如果幸福在于肉体的快感，那末就应当说，牛找到草料吃的时候，是幸福的"①。他认为幸福有低级和高级之分，物质的、肉体的快乐属于低级的幸福，而理想的、精神的快乐属于高级的幸福。德谟克利特讲，"幸福不在于占有畜群，也不在于占有黄金，它的居处是我们的灵魂之中"②，"生活的目的是灵魂的安宁"③，他把幸福理解为灵魂安宁的一种生活状态，并把高尚的道德看作获得幸福的重要前提，"给人幸福的不是身体上的好处，也不是财富，而是正直和谨慎"④。苏格拉底把追求善和美德作为人生的最高价值目标，并把它们视为真正的幸福。苏格拉底强调知性在幸福中的作用，甚至主张物质与精神分离，苏格拉底的幸福思想带有明显的禁欲主义的倾向，对后世的犬儒学派、斯多葛学派及中世纪的宗教伦理产生了一定影响。柏拉图认为，幸福不会存在于自然界，真正的幸福来自理念，现实世界中的人只有超脱现实生活，摆脱现实生活的世俗束缚，摆脱肉体的欲望才能让灵魂获得自由，只有在"理念世界"中才能获得真实的幸福。"幸福只是精神上的满足，而不是物质上的快乐，而最大的幸福就是对善的理念的追求"⑤，幸福来自精神上的享受，人要幸福就要摒弃肉体上的快乐和物质上的享受，这一点与原始宗教的禁欲主义很相似。亚里士多德认为，生活的目的就在"幸福"，但不能离开人的特性而独立讨论幸福，亚里士多德强调的人的特性即人的理性，主张要以哲学的深刻和反思来考察幸福，应当从人的道德要求来审视幸福。"对每一事物是本己的东西，自然就是最强大、最使其快乐的东西。对人来说这

① 周辅成编：《西方伦理学名著选辑》（上卷），商务印书馆 1964 年版，第 13 页。
② 转引自罗国杰《马克思主义伦理学》，人民出版社 1982 年版，第 342 页。
③ 北京大学哲学系外国哲学史教研室编译：《古希腊罗马哲学》，生活·读书·新知三联书店 1957 年版，第 97 页。
④ 转引自罗国杰《马克思主义伦理学》，人民出版社 1982 年版，第 342 页。
⑤ 罗国杰：《马克思主义伦理学》，人民出版社 1982 年版，第 28 页。

就是合于理智的生命。如若人以理智为主宰，那么，理智的生命就是最高的幸福。"① 亚里士多德认为，一个人的幸福本质上来讲就在于人自身特有性质的实现。然而，在亚里士多德看来，建立在人的特有性质实现的基础上的幸福并不局限于肉体的快乐和物质的享受，而在于一种充满理性和德性的生活。② 所以，"幸福的生活乃是一种不受阻碍而符合美德的生活"③，幸福本身就是美德的直接回报，美德能带给你实现了你的自身特性的幸福。伊壁鸠鲁则把快乐、幸福和善统一起来，指出："幸福生活是我们天生的最高的善，我们的一切取舍都从快乐出发；我们的最终目的乃是得到快乐。"④ 快乐就是"身体的无痛苦和灵魂的无纷扰"⑤。斯多葛学派认为，只有德性才能让人幸福，而德性来自善良的意志，来自对欲望的节制。

欧洲中世纪神学背景下，人们对于幸福的探索往往寄托于对上帝的向往，普遍认为幸福不在人间而在天堂，并认为人生的幸福在于趋近"完美的上帝"，追求最高的、绝对的善才能过上天国的"完美的生活"即享受幸福，然而，要实现这样的目标就要以清教徒式的生活方式来对待人生，才能得到上帝的恩赐。不难发现，在中世纪神学背景下的宗教幸福思想的现实表现就是禁欲主义，普遍认为唯有禁欲才是通往获得幸福的必由之路。例如，阿奎那认为，人的幸福不是感性的物质欲望的满足，而是理性的实现，并且，在一切理性幸福中，唯有信仰上帝才能获得最大的幸福。"只有上帝才能满足那种存在于人类心中的欲望并使人幸福。"⑥ 阿奎那虽然承认有人的幸福，但认为人的尘世幸福是微不足道的，它还要服务于更高的目的即来世的天堂

---

① ［古希腊］亚里士多德：《尼各马科伦理学》，苗力田译，中国人民大学出版社2003年版，第225页。

② 参见罗国杰《马克思主义伦理学》，人民出版社1982年版，第30页。

③ 北京大学哲学系外国哲学史教研室编译：《古希腊罗马哲学》，生活·读书·新知三联书店1957年版，第328—329页。

④ 周辅成编：《西方伦理学名著选辑》（上卷），商务印书馆1964年版，第103页。

⑤ 北京大学哲学系外国哲学史教研室编译：《古希腊罗马哲学》，生活·读书·新知三联书店1957年版，第368页。

⑥ 转引自罗国杰《马克思主义伦理学》，人民出版社1982年版，第33页。

幸福，"人在尘世的生活之后还另有命运；这就是他在死后所等待的上帝的最后幸福和快乐"①。

欧洲文艺复兴运动提倡"人学"反对"神学"，在反对中世纪宗教神学的基础上让幸福从天国回到人间，从彼岸回到此岸，主张抛弃禁欲主义的精神束缚，摆脱封建道德的等级规定，倡导人道主义的思想，提出自由、平等和博爱的原则，肯定人的地位、人的价值、人的尊严及人的权利，主张关注人的现实生活和现实幸福。不难发现，欧洲文艺复兴时期的幸福思想具有强烈的人文主义情怀，把追求现实的、现世的幸福当作是人与生俱来的权利，把追求个人的自由和个人幸福当作最高的目标。例如，彼得拉克就宣布："我自己是凡人，我只要求凡人的幸福。"② 主张对幸福的向往和追求来自人的天性，追求幸福是人的天赋权利，每个人都有享受人间幸福的权利，每个人都可以也应该为他的个人利益和个人幸福而努力。

近代西方哲学家更加强调理性和经验，但也凸显了人的功利性。他们普遍认为，凡是阻碍个人获得幸福的障碍都应该铲除，虽然他们也谈论社会幸福，但是，他们普遍认为社会幸福只是一个抽象的概念，个人的幸福才是唯一真实的、现实的和值得追求的幸福。斯宾诺莎认为，自我保存是人获得幸福的首要前提。爱尔维修认为，趋乐避苦是永恒不变的人性原则，爱是获得幸福的前提和基础，自爱是基础的人性。然而，只有自爱，没有对他人的爱是很难获得更多的幸福的，也只有使自己和别人同时获得幸福的行为才是道德的行为。霍尔巴赫谈道，"人从本性上说既不善也不恶。他一生之中时时刻刻都在寻求幸福，他的一切能力都用在取得快乐和规避痛苦上面"③。

---

① ［意］托马斯·阿奎那：《阿奎那政治著作选》，马清槐译，商务印书馆1963年版，第84页。

② 转引自北京大学《欧洲哲学史》编写组编《欧洲哲学史》，商务印书馆1977年版，第225页。

③ ［法］霍尔巴赫：《社会体系》，载北京大学哲学系外国哲学史教研室编译《西方哲学原著选读》（下卷），商务印书馆1986年版，第227页。

康德认为人是理性的存在，人是人的最高目的，每个人都是自己的目的，而不应该是别人的工具或手段，并从先验出发，把"绝对命令"看作是道德的最高原则和普遍法则，人的道德意志在"绝对命令"的支配下体现出绝对自由性和至高无上性，道德的目标不在于获得幸福，道德的价值不在于体验幸福，道德具有最高的独立自主性，连幸福也必须服从"绝对命令"，服从人的道德意志，真正的道德不容顾及幸福，也不该顾及幸福，虽然幸福往往会成为道德的衍生体验。在康德看来，最高的善应该是德性与幸福的统一。① 康德一方面制造了道德和幸福的鸿沟，把道德悬置于幸福之上，"把个人幸福原理作为意志的动机，那是直接违反道德原理的"②。在康德看来，道德法则作为纯粹理性具有普遍必然性和约束力，是任何人在任何条件下都应该服从的"绝对命令"，如果把这样的道德原则置于幸福原则之下，把具有这样的道德作为配享幸福的条件显然违背了道德规律的"绝对命令"原则。另一方面康德又制造了道德和幸福和黏合剂，认为最高的善应该是德性与幸福的统一。然而，康德又认为，道德与幸福依然体现"二律背反"定律，由于人的有限性和相对性，在人的世界中，理性的德性与感性的幸福无法现实地实现统一。"我们纵然极其严格地遵行道德法则，也不能因此就期望，幸福与德性能够在尘世上必然地结合起来，合乎我们所谓至善。"③ 人必须让位给上帝，让位给一个超越有限和相对的绝对最高主体，上帝依靠绝对的意志力量才能把道德和幸福统一起来，于是，康德给上帝留下地盘的同时又不可避免地陷入了唯心主义的泥潭。康德早就预见了自由与幸福之间的可能性内在冲突，并致力于探索和建立解决两者间冲突的理论体系和实践体系，在康德看来，自由法则对于人类应该是具有最高约束力的法则，幸福的至上性具有相对的意义，幸福的至上性要屈从于自由的无条件性，任何人都不能代替

---

① 参见罗国杰《马克思主义伦理学》，人民出版社 1982 年版，第 37 页。
② ［德］康德：《实践理性批判》，关文运译，商务印书馆 1960 年版，第 35 页。
③ 同上书，第 116—117 页。

他人自由，不能以牺牲自我行使自由的选择为代价促进个体的幸福。并明确地指出自由的无条件性必定超越于幸福的至上性从而具有绝对的优先权。① 自由对于幸福具有绝对的意义，不管由于什么原因，人都不应该在任何条件下接受甚至选择奴役的命运，因为选择奴役并不是人的自由选择，更不是人的真正选择，哪怕是在选择了奴役之后获得了幸福，那也只是幸福的假象，在这假象的背后隐藏着不幸的真实，自由原则具有最优先的前提性，不自由和不自由的选择就是不幸。② 康德对自由的尊重其实质是对理性的尊重，康德认为，理性是在无限范围内的具有绝对力量的通用准则，理性具有选择幸福的能动力量，因此，康德主张幸福需从"他律"境域转向"自律"境域，摆脱个体在主体之外的力量的支配和控制下，在不自由的情境中以极其有限的、相对的方式追求幸福的"他律"境域，构建以理性的手段，在主体自由的情境中以无限的、绝对的方式追求幸福的"自律"境域。

费尔巴哈反对脱离生命抽象地谈论幸福，认为"所有一切属于生活的东西都属于幸福，因为生活（自然是无匮乏的生活、健康的和正常的生活）和幸福原来就是这样一种东西"③，"生命本身就是幸福"④，追求幸福是人的本性，一切阻碍自我追求幸福愿望实现的障碍都应铲除，并且"只有回到自然，才是幸福的源泉"⑤。"幸福不是别的，只是某一生物的正常的状态，在这种状态下，生物能够无阻碍地满足为它本身所特别具有的、并关系到它的本质和自下而上的特殊需要和追求。"⑥ 费尔巴哈着重强调，人的幸福是生命的原始需求，因此，费尔巴哈认为幸福就要切实关注生命的直观存在，充分尊重生

---

① 参见［匈］阿格妮丝·赫勒《现代性能够幸存吗?》，王秀敏译，黑龙江大学出版社 2012 年版，第 151 页。

② 同上书，第 162 页。

③ ［德］费尔巴哈：《费尔巴哈哲学著作选集》（上卷），荣震华、李金山等译，商务印书馆 1984 年版，第 543 页。

④ 同上书，第 545 页。

⑤ 同上书，第 83—84 页。

⑥ 同上书，第 535—536 页。

命的直观感官感受，极力维护生命存在的物质利益。费尔巴哈并没有区分人和动物的生命特征的本质区别，而是简单地以生命的自然本性为前提，从人的等同于动物的趋乐避苦的自然本性出发，认为感官的享受就是幸福的源泉，并把享乐当作幸福的真谛，并从人的自然性出发认为人的自然欲望的满足、感官的感受是幸福的一切内容和根本源泉。"假如你们若想使人们幸福，那么请到一切幸福、一切快乐的源泉——感官那里去吧。否定感官是一切堕落、仇恨、人类生活中的一切病态的源泉，肯定感官是生理上、道德上和理论上健康的源泉。"① 尽管费尔巴哈在考察人这一对象时力图用人的"感性"来跳脱黑格尔的"思辨"的局限性，但他却把建立在感官上的直接"感性"概括为人的本质，在直观唯物主义的视域中，费尔巴哈却不自觉地以一种生动、具体的方式把人的本质"形象地抽象化"了。② 费尔巴哈终究不是以现实的处于具体社会实践中的人为出发点，没能以人的感性的活动、以人的社会性本质为现实基础，仅仅从生命的本性即自然欲望角度来谈论幸福，没能从社会因素来考察幸福。

空想社会主义的幸福思想是在对资本主义批判的基础上形成的，空想社会主义者主张人民的幸福是社会组织的目的，个人追求自己的幸福要同整个人类的幸福统一起来。傅立叶认为，出自人的普遍善心和无限博爱的"统一欲"也必然要求个体把自己的幸福和自己周围一切人的幸福乃至全人类的幸福协调起来。摩莱里认为："人始终不渝地谋求幸福；他的软弱无力不断提醒他：没有他人的帮助，无法得到幸福。他也知道，怀有同样希望的人是无穷无尽的。他每时每刻都相信，他的幸福依赖别人的幸福。"③

马克思对自古希腊以来的幸福思想进行了积极的扬弃，继承了

---

① ［德］费尔巴哈：《费尔巴哈哲学著作选集》（上卷），荣震华、李金山等译，商务印书馆1984年版，第213页。

② 参见俞吾金《后现代视野中的理论形象实践维度的优先性何以可能》，载俞吾金《被遮蔽的马克思》，人民出版社2012年版，第367页。

③ ［法］摩莱里：《自然法典》，黄建华、姜亚洲译，商务印书馆1982年版，第90—91页。

西方以往幸福思想的精华，用辩证唯物主义和历史唯物主义的世界观来审视幸福问题，凸显了幸福的至上性、主体性、阶级性、实践性、社会历史性。马克思克服了以伊壁鸠鲁为代表的感性主义幸福观的局限性，充分肯定了追求幸福是人们一切活动的根本出发点和价值归宿，强调幸福是人类生活的目的，是人类的特性，具有至上性意义。马克思认为，幸福具有主观性，存在主体差异性，是人的主观体验和精神满足。不同阶段、不同时期的人的幸福观不同，不同理想追求、不同生活经历的人的幸福观存在差异。同时，马克思也认为，幸福具有客观性，人们需求的产生与满足，人们理想愿望的产生和实现也具有客观性，是社会历史发展的结果。幸福的满足离不开客观的物质条件，幸福的实现离不开社会的文明、进步和发展，社会经济的发展和社会制度的完善都能促进幸福的生成。马克思克服了抛弃欲望和需求的禁欲主义的幸福观，否定了把人的幸福与人的需要的满足对立起来的观点。马克思指出，幸福虽然是人的主观感受，却与人的需求得到满足有关联。马克思克服了中世纪的把人的幸福建立在彼岸世界的宗教幸福观的局限性，拒绝了谈论虚幻幸福的可能性，把幸福投向了现实生活，立足于现实世界，以现实的人为出发点，主张现实的人是唯一的实在主体，现实生活是人的幸福的真实场域，将现实的人的幸福视为最高的奋斗目标与价值主旨。马克思克服了资产阶级的狭隘立场，克服了资产阶级的个人主义的狭隘性和自私性的局限性，否认了追求幸福就是使自己利益最大化的观点。马克思认为人的幸福不只是个体幸福的孤立生成，而必然是社会幸福的集体涌现，个人幸福的实现必须符合道德规范。马克思克服了把幸福理解为享乐主义的局限性，拒绝把幸福简单地理解为纯粹的个人享受，甚至是个人的感官体验。马克思指出，劳动具有人的主体力量的确证意义，劳动对于人来讲具有生存的意义、发展的意义和享受的意义，劳动是生命的乐趣，是创造幸福的源泉。马克思克服了唯心主义幸福观的局限性，否认幸福只是人的纯粹精神体验，与人的现实生活及人的物质生活没有关系的观点。马克思站在历史唯物主义的高度，从人的经济生活出发，指出幸福是一个多元的概念，是一定社会经济生活的产物，不仅与主体体验相关，同时也与客观要素有关。马克思克服了以对财富的占有为幸福的物质主义幸福观的局限性，马克思认为财富只是人发展的手段，是人实现其价值的形式，是人实现其幸福的工具。马克思重塑了人的主体性，恢复了人的主体意义，强调"对人的本质的真正占有"是幸福的最高抽象本质，对人的本质占有是人的幸福的基本前提。人的自由全面发展既是幸福实现的客观标准，同时也是幸福实现的重要保障。马克思克服了费尔巴哈把人仅仅当作自然存在物，以"自然主义"的态度对待人的幸福，离开人的社会性即离开了人的社会经济关系和阶级利益而抽象地、机械地、片面地谈论人的幸福的局限性。马克思以"人的社会属性"为视角，从感性的人、实践的人出发，立足于人的社会经济关系和阶级属性具体地、辩证地、全面地探讨人的幸福问题。马克思指出自由自觉的活动是人类获得幸福的现实基础，社会实践是实现幸福的途径，共产主义之所以是人类真正获得普遍幸福的社会形式，是因为共产主义为实现人的自我异化的积极扬弃，回归自己的本质提供了充分的条件。马克思正是在对以往传统幸福思想的积极扬弃中构建了自己特有的，也是一种全新的幸福思想体系。

第二节　幸福：马克思理论的价值主旨

一　幸福：马克思理论出场的价值旨趣

正如，当代人不能没有马克思的思想，德里达就曾讲道："不能没有马克思，没有马克思，没有对马克思的记忆，没有马克思的遗产，也就没有将来：无论如何得有某个马克思，得有他的才华，至少得有他的某种精神……"[1]尽管时代在变迁，社会在变革，马克思的思想却依然是指导人类走向自由、平等，实现人类解放和幸福的重要

---

① ［法］德里达：《马克思的幽灵》，何一译，中国人民大学出版社1999年版，第21页。

理论。对于幸福的理解我们依然需要从马克思那里获取线索①。

众所周知，马克思哲学的"斗争性"或"批判性"曾经让马克思的哲学在很长一段时间被人误解甚至推向了一个"人学空场"的极端，把马克思对于人的自由、全面发展，人的解放，人的幸福的关注都抹去了，人们习惯把马克思哲学当作一种与人文关怀绝缘的"斗争哲学""无情哲学"②。然而，"马克思一生的全部著作都是以人和人的实践为前提的，他从来也不对人以外的纯粹自然感兴趣，他关心的是人世间的事情"③。"人"始终是马克思学说的根本出场，马克思始终宣扬人的哲学，马克思甚至谈道："所谓彻底，就是抓住事物的根本。而人的根本就是人本身。"④"马克思通过对现实资本主义社会和物的依赖基础上的人的独立的分析，着重关注以下具有根本性的问题：一是现实人的生存境遇与发展命运；二是资本（物）奴役劳动（人）；三是劳动异化及其解放。"⑤ 马克思始终对人的全面发展和普遍幸福表示景仰，马克思对旧世界的批判及对人的异化状态的否定的目的都是谋求人类解放和普遍幸福。马克思对资本主义制度的运行机制和内在矛盾进行了深刻批判并揭示了人类社会的发展规律和历史趋势，其实，马克思并非仅仅基于经济发展规律而批判资本主义，更多的是基于资本主义社会中人的异化危机及幸福缺失或异化的现实与人的自由全面发展及人的普遍幸福的理想之间的矛盾而展开对资本主义的批判。正如，马克思《1844 年经济学哲学手稿》论述的核心虽然是

---

① 正如特里·伊格尔顿在其著作《马克思为什么是对的》中这样写道：女权运动诞生之初，一些出于善意却弄巧成拙的男性作家曾经写道："当我提到'人'（men）这个词的时候，我指的是'男人和女人'（men and women）。"在此，我也想以同样的方式声明，当我提到马克思的时候，我指的是马克思和恩格斯。（引自［英］特里·伊格尔顿《马克思为什么是对的》，李杨、任文科、郑义译，新星出版社 2011 年版，第 4 页。）"马克思"有些时候是指的马克思和恩格斯。

② 参见俞吾金《人道主义思想传统的继承者》，载俞吾金《被遮蔽的马克思》，人民出版社 2012 年版，第 417 页。

③ 孙承叔：《真正的马克思》，人民出版社 2009 年版，第 20 页。

④ 《马克思恩格斯文集》第 1 卷，人民出版社 2009 年版，第 11 页。

⑤ 韩庆祥：《回到马克思哲学本性的基地上探寻哲学发展之路》，《哲学动态》2008 年第 5 期。

异化劳动，但是，马克思批判资本主义社会中人的异化劳动及否定人的异化存在的本意是主张人的主体性存在和价值性存在，肯定人的自由全面发展的必要性和本质性，这无疑体现了马克思对人的自主性的高度关注和对人生幸福的深切关怀。1860 年，他的朋友查理·安·德纳（《纽约论坛报》的副主编）在给他的信中就谈道："您在所有经过我手的您的文章中，对劳动阶级的幸福和进步一直表示最深切的关怀，您的许多文章都是直接论述这个目标的。"① 始终关注人，关注人的现实生活，关注人的价值，关注人的发展，关注人的幸福是马克思毕生工作的永恒追求。列斐伏尔甚至认为："马克思主义似乎不是有阶级斗争的需要产生的，而是强烈渴望自由、幸福和繁荣的结果。"②

"幸福"是马克思理论出场的价值旨趣。毋庸置疑，马克思的思想蕴含着深刻的人文价值，马克思所有的思想都关乎人，对人的平等、自由、解放和全面发展及人的幸福等一系列问题的思考决定了马克思一生的理论视野及实践范围，这也成为了马克思研究社会发展理论的原动力。③ 马克思从小就具有普罗米修斯情结，人文关怀贯穿马克思的一生，马克思在青年时期又受到康德的影响，较早地便确立了自己"实践哲学"的志向，从人的自由和幸福的人文维度关注一切社会道德、宗教和政治问题。④ 把实现人的自由、全面发展及全人类的解放作为自己毕生的理想和追求。"重视人，关心人的前途和命运，关注人的个性的全面发展，一切为了人的解放和人的幸福构成了马克思哲学价值的根本内容"⑤，实现全人类的解放和普遍幸福是马克思全部理论的最高命题，也是马克思全部理论的最高主旨。

---

① 《马克思恩格斯全集》第 19 卷，人民出版社 2006 年版，第 423 页。

② ［苏］B. H. 别索诺夫：《在新马克思主义旗帜下的反马克思主义》，德礼译，中国人民大学出版社 1983 年版，第 127 页。

③ 参见韦定广《"世界历史"语境中的人类解放主题》，人民出版社 2004 年版，第 126 页。

④ 参见关锋《实践的理性和理性的实践——马克思实践理性思想探析》，人民出版社 2009 年版，第 137 页。

⑤ 衣俊卿：《人道主义批判理论——东欧新马克思主义评述》，中国人民大学出版社 2005 年版，第 237 页。

二 幸福：马克思理论中具有至上性意义的概念

马克思认为，"幸福"是一个具有至上性意义的概念，它处于所有价值的顶端，人的所有价值都要达致它，它位于所有意义的中心，人的全部意义都要指向它。追求幸福是每个人与生俱来的权利和愿望，是不需要辩护就自然拥有的权利，是人们生活的目的，也是人类生存的最高理想和价值目标。马克思甚至谈道，"人的一切情欲都是正在结束或正在开始的机械运动。追求的对象就是我们谓之幸福的东西。人和自然都服从于同样的规律。强力和自由是同一的"①。马克思暗喻了幸福是一个关于人的具有至上性意义的本体论存在的问题。在马克思看来，人始终是按照幸福的价值来改造人周围的世界，人在历史进程中的一切行为的手段及目的是具体的、多样的，诸如，实现价值、娱乐休闲、创造财富、享受生活等，但是所有行为都只是幸福的手段，都是来自于对幸福实现的渴求。

关于这一点，霍尔巴赫也曾谈道，"人从本性上说既不善也不恶。他一生之中时时刻刻都在寻求幸福，他的一切能力都用在取得快乐和规避痛苦上面"②。费尔巴哈则认为，人既是自然的产物，也是自然的一部分，人同自然具有直接同一性，自然性也是人的本性，本能就是人的本质，人的一切本能活动是人与生俱来的，本能的满足就是至高无上的目的，本能需求满足后所带来的快感和幸福就是人至高无上的诉求。恩格斯更是鲜明地指出："在每一个人的意识或感觉中都存在着这样的原理，它们是颠扑不破的原则，是整个历史发展的结果，是无须加以论证的。……例如，每个人都追求幸福。"③ 恩格斯在1875 年11 月12 日给拉甫罗夫的回信中就曾谈道，"人类的生产在一

---

① 《马克思恩格斯全集》第 2 卷，人民出版社 1957 年版，第 164 页。不过，新版文集中，此处的翻译为："人的一切激情都是有始有终的机械运动。欲求的对象是所谓的善。人和自然都服从于同样的规律。强力和自由是同一的。"引自《马克思恩格斯文集》第 3 卷，人民出版社 2009 年版，第 504 页。应该说更接近柏拉图意义的幸福概念。

② 转引自黄克剑《人韵——一种对马克思的读解》，东方出版社 1996 年版，第 4 页。

③ 《马克思恩格斯全集》第 42 卷，人民出版社 1979 年版，第 373—374 页。

定的阶段上会达到这样的高度：能够不仅生产生活必需品，而且生产奢侈品，即使最初只是为少数人生产。这样，生存斗争——我们暂时假定这个范畴在这里是有效的——就变成为享受而斗争，不再是单纯为生存资料而斗争，而是为发展资料，为社会地生产出来的发展资料而斗争，对于这个阶段，来自动物界的范畴就不再适用了"①。恩格斯也认为，在人类社会的早期，人们被迫为了生存而斗争，同自然斗争，同他人斗争从而获得基本的生产生活的条件和必需品，可是，随着人类社会的发展，社会生产力的提高，人们生活水平的提高，人们的需求会发生变化。虽然在此处恩格斯还用了既往的"生产""斗争"这样的表达逻辑，但是，很显然恩格斯表达的重点并不是强调生产奢侈品，恩格斯用人们对奢侈品生产的需求象征一种更高的生活需求来表达对基本生存需求的超越，强调发展对于"存在"的超越，生活对于生存的超越，因为，生产生活必需品只是人生存的基本物质基础，生存发展资料是满足人的发展和享受的需要，生存是具有本能属性的存在，生活是具有发展意义的存在，具有享受的意义。显然，在恩格斯看来，本能属性的生存不具有幸福的价值含义，发展意义的生活才具有幸福的价值含义。另外，不难看出，恩格斯在此对"斗争"这一词的运用并没有表现出一贯的坚定和强烈，显然，恩格斯其实最想表达的是在未来的社会人们会为了享受而努力，为了幸福而争取，追求幸福应该代替人类早期的追求必需品这样的低级追求。

第三节　人类幸福：马克思一生的理想追求

一　马克思在青年时期就已树立要为人类的幸福而工作的崇高理想

马克思在青年时期就树立了要为人类的幸福而工作的崇高理想，为全人类的利益而斗争，并树立了为争取人类幸福和自由而不懈努力的宏伟愿望。马克思在中学作文中就曾写道，"在选择职业时，我们

---

① 《马克思恩格斯文集》第10卷，人民出版社2009年版，第412页。

应该遵循的主要指针是人类的幸福和我们自身的完美。不应认为，这两种利益会彼此敌对、互相冲突，一种利益必定消灭另一种利益；相反，人的本性是这样的：人只有为同时代人的完美、为他们的幸福而工作，自己才能达到完美。如果一个人只为自己劳动，他也许能够成为著名的学者、伟大的哲人、卓越的诗人，然而他永远不能成为完美的、真正伟大的人物"①。为了人类的幸福而工作是高尚的，也是幸福的。"如果我们选择了最能为人类而工作的职业，那么，重担就不能把我们压倒，因为这是为大家作出的牺牲；那时我们所享受的就不是可怜的、有限的、自私的乐趣，我们的幸福将属于千百万人，我们的事业将悄然无声地存在下去，但是它会永远发挥作用，而面对我们的骨灰，高尚的人们将洒下热泪。"② 并且，"历史把那些为共同目标工作因而自己变得高尚的人称为最伟大的人物；经验赞美那些为大多数人带来幸福的人是最幸福的人；宗教本身也教诲我们，人人敬仰的典范，就曾为人类而牺牲自己——有谁敢否定这类教诲呢？"③

在马克思看来，幸福需要个体为了自己的理想和目标努力奋斗，个体自我实现和价值创造无疑能给人带来幸福，但是，如果个体能为了全社会和全人类的理想和目标努力奋斗，个体自我实现和价值创造无疑能得到最大程度的体现，给个体带来的幸福无疑会更深刻和更久远。在马克思看来，最高的幸福价值就是为人类的幸福服务并奉献自己的一切，这是幸福的最高境界，因为，为人类的幸福努力奋斗，全力以赴的人必定能得到人们的广泛认可与高度赞扬，个人价值能得到最大程度的实现，无疑能产生超越个人利益满足而实现的快乐，产生无比崇高的幸福感和满足感。

二　人类解放的斗争：马克思追求人类幸福的实践诠释

马克思对幸福的理解是"斗争"，对不幸的理解是"屈服"，马

---

① 《马克思恩格斯全集》第 1 卷，人民出版社 1995 年版，第 459 页。
② 同上书，第 459—460 页。
③ 同上书，第 459 页。

克思毕生都在同人的异化、人的不幸作斗争，并追求全人类的解放。马克思把人的自由全面发展和普遍幸福作为自己的终身目标，不管遇到多大困难，始终没有放弃自己的理想和目标。"我必须不惜任何代价走向自己的目标，不允许资产阶级社会把我变成制造金钱的机器……"① 马克思认为自己最大的特点就是"目标始终如一"，并把自己对目标的坚持看作一种美德，并以此作为自己的幸福。应该说，马克思的一生都在为获得幸福而斗争，马克思选择了一条充满斗争艰辛的人生道路，并坚信这是作为一个真正勇敢的战士最幸福的人生道路。② 当然，马克思理解的具有幸福意蕴的斗争并不局限于对自我穷困生活处境的斗争，而是投身于同一切不平等、不合理的现象的斗争。

马克思所理解的幸福生活的主体首先是具有一种积极的生活热情和敢于创造新生活的人，在马克思看来，"最先朝气蓬勃地投入新生活的人，是令人羡慕的"③。马克思是一个充满革命乐观主义情怀的革命者，他把自己置身于实现全人类的解放和普遍幸福的斗争中，并把这一理想的实现当作自己最大的幸福，始终追求着为人类谋幸福的宏大目标，不管生活多么艰辛，多么贫困，也没有成为阻止他前进的障碍。对马克思来讲，再也没有什么比受剥削、受奴役地生存更让人觉得屈辱和难以接受的情形了。④ 应该说，马克思的一生是充满信念的一生，是实践理想的一生，马克思用自己一生积极的革命斗争实践对"什么是幸福""什么是自己所要追求的幸福"等问题做了最好的诠释。正如恩格斯曾说的："马克思首先是一个革命者。他采取各种方式参加推翻资本主义社会及其所建立的国家制度事业，参加现代无产阶级的解放事业；他第一个使无产阶级意识到本身的地位和要求，

---

① 《马克思恩格斯全集》第29卷，人民出版社1972年版，第550—551页。

② 参见［苏］瓦·奇金《马克思的自白》，蔡兴文、孙维韬、柏森、寒薇译，中央编译出版社2011年版，第51—52页。

③ 《马克思恩格斯全集》第47卷，人民出版社2004年版，第56页。

④ 参见［日］柳田谦十郎《马克思早期思想和人道主义》，载中国社会科学院哲学研究所《哲学译丛》编辑部编译《关于马克思主义人道主义问题的论争（译文集）》，生活·读书·新知三联书店1981年版，第323页。

意识到本身解放的条件。这一切实际上就是他毕生的使命。斗争就是他的本分。能像他那样热情、顽强而卓有成效地斗争的人是不多的。"① 可以说，马克思的一生就是为无产阶级乃至全人类谋求解放，谋求幸福的一生。不难理解，恩格斯会在马克思墓前的讲话中这样说道："斗争是他的生命要素。很少有人像他那样满腔热情、坚忍不拔和卓有成效地进行斗争。"

马克思一生致力于为世界无产阶级和劳苦大众的解放事业而奋斗，倡导通过包括"宗教解放""政治解放""劳动解放"在内的一系列自身的解放实现人的自由、全面发展，把为全人类谋求幸福当作自己的终身职业。"从中学毕业到大学毕业，虽然马克思的思想发生了深刻的变化，走过了从康德、费希特一直到黑格尔的心路历程，但其致力于为人类幸福而奋斗的'理论期望'没有发生任何改变，改变的仅仅是表达理想或志向的方式。"② 马克思尽管早年是一个青年黑格尔派，在其中学作文和博士论文中只能是感性地、抽象地表达了为人类解放和幸福而工作的伟大志向，但是，经过在《莱茵报》工作时期的革命实践的洗礼，随着对社会现实的日益关注和社会制度的深刻洞察，马克思后来已经从黑格尔哲学的纯粹思辨概念中觉醒，从黑格尔绝对精神世界的抽象对象性跳脱出来，回归到现实的此岸世界的具体实践并完成了对黑格尔的系统批判，开始理性地、具体地实践着这一伟大理想，并开始意识到这样的价值理想必须依靠无产阶级这一"物质武器"来实现。马克思明确表示：人生的根本目的就在于为全人类的解放、自由和幸福而斗争。③

马克思毕生的研究和实践都始终体现他坚定地追求人类解放、人类幸福的伟大理想。"在马克思奋斗的一生中，始终没有放弃对实

① ［德］梅林：《马克思传》，樊集译，生活·读书·新知三联书店1965年版，第657页。

② 李兵：《生存与解放——马克思关于人类解放的哲学主题》，人民出版社2008年版，第56页。

③ 参见张之沧、龚廷泰《从马克思到德里达：当代西方马克思主义研究》，人民出版社2002年版，第4页。

现人类解放、谋求人类幸福的人道主义追求，也没有改变其火热奔放的个性，不管条件多么艰苦，环境多么恶劣，共产主义理想始终是他心中的灯塔。"① "马克思不惜献出了自己的毕生精力和生命。众所周知，他一生在物质上和经济上是多么地清贫。虽然他是一个唯物主义者，然而他既不是什么利己主义者，也不是什么唯物质主义者。以他拥有的非凡才能，在他面前摆着许多条道路，满可以使他在物质上更加充裕，在社会上更加幸福地生活。然而，他并没有朝这样的路上迈出一步，甚至在梦中都没有想过要这样做。他的孩子死了，连一口棺木都无钱购买，就是在这种清贫的生活中，马克思为完成《资本论》，倾注了自己全部的心血与精力。"② 马克思把自己的幸福定位于为了无产阶级的解放，人类的幸福而奋斗，甘愿忍受贫穷的困苦和折磨，不顾被反动势力迫害和追捕，始终坚持自己的崇高理想，"马克思在完成《资本论》的过程中遭受了失眠、疾病和重新负债的痛苦"③，马克思深深地热爱自己的事业，并为之奋斗终生，献出了自己全部的热情，并作出了巨大的牺牲。在马克思看来，幸福并不简单来自物质生活的改善，在他把《政治经济学的批判》定稿的消息通知恩格斯的时候，他还调侃自己道："未必有人会在这样缺货币的情况下来写关于'货币'的文章！写这个问题的大多数作者都同自己研究的对象有最好的关系。"④ 马克思从没计较过自己的得失，马克思对于幸福的理解早已摆脱了个人立场的自私原则，坚信人生的最大幸福将在为全人类的彻底解放和普遍幸福的奋斗中实现。

---

① 张敏：《超越人本主义：马克思与费尔巴哈关系新论》，人民出版社2011年版，第95页。

② ［日］柳田谦十郎：《马克思早期思想和人道主义》，载中国社会科学院哲学研究所《哲学译丛》编辑部编译《关于马克思主义人道主义问题的论争（译文集）》，生活·读书·新知三联书店1981年版，第311页。

③ ［英］戴维·麦克莱伦：《马克思思想导论》，郑一明、陈喜贵译，中国人民大学出版社2008年版，第85页。

④ 《马克思恩格斯全集》第29卷，人民出版社1972年版，第370—371页。

小　结

　　幸福，这是一个永恒的命题，是人类社会的永恒价值追求，对幸福的追求是人类生活的不变情结，它牵动着历史长河中的每一个人的心弦，成为所有人的目标和追求。马克思作为一位伟大的思想家，也对幸福展开了深入的思考，幸福是马克思理论的价值旨趣，也成为马克思理论的鲜明价值主旨。马克思作为一位伟大的马克思主义者，无产阶级乃至人类的幸福是马克思一生的理想追求，马克思为人类解放而进行的斗争也是他追求人类幸福的伟大实践。马克思早在青年时期就树立了要为人类的幸福而工作的崇高理想，一生致力于无产阶级及人类的解放事业，追求人的自由、全面发展，把为无产阶级谋求幸福当作自己的终身职业。

第二章 马克思幸福思想的基础理论

马克思幸福思想是指马克思学说体系中揭示幸福内涵及其实现规律的思想，它体现了马克思对幸福的理解与思考，是无产阶级获得幸福的思想理论，是马克思学说体系的有机组成部分。找到马克思幸福思想的基础理论是我们对此进行研究的首要前提，我们有必要认真考察马克思幸福思想的"源理论"即马克思幸福思想的理论生长源泉。历史唯物主义为马克思幸福思想提供了世界观与方法论基础，马克思人学理论是这一思想的直接理论依据。

第一节 历史唯物主义：马克思幸福思想的世界观与方法论基础

一 历史唯物主义的幸福意蕴

马克思创立了历史唯物主义即揭示了唯物史观。众所周知，历史唯物主义是关于社会历史发展过程及其规律的科学。马克思在唯物史观中为我们揭示了人类社会发展的一般规律及资本主义必然被社会主义替代的历史规律。不可否认，马克思的历史唯物主义曾一度遭到部分人的误解，这些人认为：历史唯物主义只是研究社会制度和社会发展规律，而忽略了对"人"这一历史主体的研究，是见物不见人的"无人历史观"，根本不涉及人性、人的价值、人的利益和人的幸福等基本问题，因而历史唯物主义陷入了"人学空场"。不可否认，马克思重视社会发展的生产力的基础作用，然而，并非说明马克思只关注生产和经济基础，而不在意人的精神和人的发展。马克思绝对不是唯生产力论者，马克思从来都没有否认过促进人的全面发展，实现人的普遍幸福是发展生产力及促进社会发展的现实目标。[①] 马克思的历史唯物主义直接研究对象是社会发展规律，而深层研究对象依然是"人"，马克思高度关注现实的人的生存境遇及其前途命运，追求人类的解放和自由、全面发展以至人的普遍幸福是马克思理论的根本出发点，也是马克思创立历史唯物主义的根本用意。马克思创立历史唯物主义的根本现实目标就是让人从经济需要的压迫中解脱出来，恢复人对其完整的人性的占有，找到人的解放和全面发展的现实途径。马克思最主要关心的是人如何全面占有人的本质，如何得到解放，如何克服异化，如何获得幸福。[②] 在马克思看来，人的解放和自由全面发展是人的幸福的必要内涵和客观标志，因此，历史唯物主义具有明确的幸福意蕴，幸福是历史唯物主义最直接的价值诉求。不难理解，弗洛姆为何坚定地宣称"用世俗的语言来说，马克思的哲学是一种精神的存在主义"[③]。

马克思创立的历史唯物主义是建立在唯物主义的基础上，同时又是用辩证法的利器改造过的具有科学意义的哲学世界观，它以一种超越了必然王国的行动中的哲学取代了在自我意识的行动中的哲学。"马克思哲学的本质是历史唯物主义，而不是辩证唯物主义。换而言之，成熟时期的马克思的哲学就是历史唯物主义，这个时期的马克思没有提出过历史唯物主义以外的任何其他哲学学说。"[④] 既然，马克思哲学的本质是历史唯物主义，成熟时期的马克思的哲学是历史唯物主义，那么，马克思的幸福思想作为马克思哲学领域的研究对象必然是在历史唯物主义的历史线索内展开的，马克思的幸福思想很多时候

---

① 参见［英］肖恩·塞耶斯《马克思主义与人性》，冯颜利译，东方出版社 2008 年版，第 16 页。

② 参见陈学明主编《二十世纪哲学经典文本》（西方马克思主义卷），复旦大学出版社 1999 年版，第 320 页。

③ 转引自陈学明主编《二十世纪哲学经典文本》（西方马克思主义卷），复旦大学出版社 1999 年版，第 321 页。

④ 俞吾金：《提出"社会主体"新概念》，载俞吾金《被遮蔽的马克思》，人民出版社 2012 年版，第 324 页。

自然是马克思用历史唯物主义的语境来表达、陈述和暗喻的。马克思在解答幸福是什么及怎样实现幸福的问题时总是避免用一种带有很强修辞色彩的话语来描述答案，避免用先入为主的观念或是用人的一厢情愿的主观愿望当作结论，然后"证明"自己的愿望。马克思从历史唯物主义的基本原理出发，在人类发展的历史规律中找寻幸福的答案。因此，历史唯物主义无疑为马克思的幸福思想提供了宏观叙述线索。

毋庸置疑，马克思的幸福思想具有浓烈的人道主义的色彩，然而不难发现，马克思早已超越了抽象的人道主义的价值逻辑，不再局限于抽象地、泛化地讨论幸福及其实现，而是立足于唯物史观的事实前提，秉承具体的科学历史逻辑具体地、现实地谈论这一问题。马克思指出："历史什么事情也没有做，它'不拥有任何惊人的丰富性'，它'没有进行任何战斗'！其实，正是人，现实的、活生生的人在创造这一切，拥有这一切并且进行战斗。并不是'历史'把人当做手段来达到自己——仿佛历史是一个独具魅力的人——的目的。历史不过是追求着自己目的的人的活动而已。"① 在马克思看来，历史并不是把人当作实现自己特殊目的的工具的人格主体，而是人的主体人格的现实表现，人才是社会生活的主体力量，历史的创造者和见证者，幸福的创造者和享受者。人的解放和幸福是人类历史的最高价值目标，一部人类史就是人们不断争取解放和追求幸福的历史。尤其是人类真正的社会发展史②必然是人类追求和实现幸福的历史。那种只见"社会"不见"人"，忽视"人"的主体力量和主体人格，而将"社会"主体化的观点显然违背了马克思唯物史观的观点。"人"始终是马克思全部学说的核心问题和本质中心，也是马克思全部理论的根本

---

① 《马克思恩格斯文集》第 1 卷，人民出版社 2009 年版，第 295 页。
② 即马克思谈到的"人类史"，区别于马克思所讲的"史前史"，在马克思看来，直到资本主义社会人类社会依然没有摆脱人对人或人对物的依赖，依然没有从自然的分工中摆脱出来。马克思在《〈政治经济学批判〉序言》中也指出，人类真正的历史是从资本主义社会被共产主义社会取代以后才开始的。因此，马克思把"人类史"之前的人类历史阶段都称为"史前史"。

事实关注对象。马克思始终把追求人的解放、人的自由全面发展和人的幸福作为自己毕生的事业。

马克思创立的历史唯物主义具有"真""善""美"的品性特征。马克思在历史唯物主义中揭示了人类社会发展的基本动力是生产力与生产关系的基本矛盾，指出生产力是这一矛盾中最革命、最活跃的要素，并在此基础上揭示了人类社会发展具有内在客观规律性，揭示了社会发展规律的"真"。马克思创立历史唯物主义旨在实现人的解放、幸福和自由全面发展，这既是马克思毕生的追求，也是马克思创立的科学社会主义理论的价值目标。马克思对社会历史的研究始终是以"现实的人"为根本出场，对"人"这一历史主体的理论关注体现马克思关注社会历史的真正用心，也体现了历史唯物主义的人文关怀，马克思揭示了资本主义制度的"非人"的生存境遇，主张建立一种全新的、合乎人性的、理想的共产主义。因此，历史唯物主义也具有了为了人的解放和自由全面发展的价值的"善"。正是由于有了体现规律的"真"与体现价值的"善"的结合与交融，从而铸就了历史唯物主义"美"的特征。① 历史唯物主义的"美"就在于一方面它既是科学的社会发展理论体系，另一方面它又是一种充分发展的具有典型人道主义特征的理论体系。对此，沙夫也认为，每一种充分发展的人道主义体系都应该包含有自己的幸福理论，甚至，从某种意义上说，每一种人道主义本身就是一种具体的幸福理论。因为，任何对人和社会的思考都必然会回到创造人的幸福条件或实现人的幸福这一主题上来。② 马克思的历史唯物主义的人道主义情怀却又与传统的、资产阶级的人道主义不同，他具有了更宽广的眼界和更广阔的视野，不是以肯定资本主义制度的合理性和永恒性为预设前提，倡导在资本主义制度内实现人的解放、全面发展，而是以资本主义制度内在的矛盾为前提指出资本主义制度必然要被超越，倡导在新的社会制度内追

---

① 参见王学俭、高璐《试论对马克思休闲思想的研究范式》，《甘肃社会科学》2010年第4期。

② 参见张之沧、龚廷泰《从马克思到德里达：当代西方马克思主义研究》，人民出版社2002年版，第125页。

求人类的解放和幸福，并提出了人类解放的现实途径。马克思对唯物史观的研究始终体现了马克思对人类社会历史发展规律的高度关注及对全人类生存命运的深切关怀，唯物史观既表明了马克思的理性执着又体现彰显了马克思的人道主义的真诚。

对于社会发展客观规律"真"的发现使马克思超越了费尔巴哈思辨地、抽象地讨论人的局限性，从而找到了人的解放和自由全面发展的"善"的实现的现实路径、根本动力及实现主体，不再满足于良心的发现或是道德的说教，"善"也由以往的可能性转化为现实性。唯物史观"善"的直接现实性成就了历史唯物主义的美学特征，马克思在历史唯物主义的视域中描绘的全人类普遍幸福的现实图景就是历史唯物主义"美"的生动表现。马克思创立的历史唯物主义的"真""善""美"就生动地体现在：始终以人为本，深切关注人的生存状况与现实命运，关心个人幸福和社会正义的实现。通过对现实世界的反思、解构和批判，找到揭示人类社会发展规律的钥匙，立足消除资本主义制度内不可避免的人的异化，旨在超越资本主义的"旧世界"，建设一个更合乎人性的理想"新世界"，追求在人类解放的历史进程中实现人的自由、全面发展和普遍幸福。[①] 应该说，马克思的高明之处在于发现了社会发展客观规律的"真"，马克思的崇高之处在于坚持了价值的"善"，马克思的伟大之处就在于科学地描绘了人类社会的"美"。马克思的历史唯物主义以人性基本特征为现实依据，以人类社会发展的客观规律为基本内容，以实现共产主义的最高目标为最终方向，以人的全面发展和普遍幸福为价值目标，揭示了人的现实命运。"真""善""美"的品性特征也就决定了历史唯物主义具有了幸福意蕴。

二　生产力：实现人民幸福的物质力量

马尔库塞在《哲学与批判理论》中谈道，历史唯物主义有两个基

---

① 参见孙伟平《作为价值哲学的马克思哲学》，载任平、陈忠主编《当代视野中的马克思主义哲学》，人民出版社 2010 年版，第 1082 页。

本成分："一是对人的幸福的关注，一是深信这种幸福只有通过变革生存的物质条件才能达到。"① 马克思关注幸福问题既体现了他作为理想主义者的深切人文关怀，同时也体现了他作为一名伟大的实践主义者的深刻理性思考，马克思对幸福的思考早已超越了传统的感觉主义的思维定式，突破了心理视角的思维刻板。马克思显然不赞同把幸福简单地归结于人的主体感觉的独立自存，马克思在历史唯物主义的视野中审视幸福范畴，反对一切空洞的、抽象的幸福许诺。马克思从来不是抽象地、空洞地思考人的幸福问题，总是在现有的生产力的发展范围内来谈及人的幸福问题，这一点就像马克思谈论人的自由一样，马克思认为，人们从来都不是只在他们关于人的理想所决定和容许的范围之内获得自由，而是在现有的生产力所决定和所容许的范围之内获得自由。同样，不顾生产力的发展程度而抽象地谈论人的自由和幸福的实现是不现实的。马克思站在历史唯物主义的高度将视域转移至社会制度与社会关系上，将重心放在了社会的物质基础的决定力量即经济基础和经济关系上。② 马克思认为，幸福并不是脱离物质条件而由纯粹的主观抽象生成，幸福总有其实现的客观要素，总有其判断的客观尺度。幸福这种人的主观感受必然依赖生产力这一物质力量，这是因为，物质生活是幸福的基础和条件，人的生存和发展总是离不开必要的物质生活资料，人也只能在物质生活资料所提供的条件下满足自己的吃、穿、住等基本需要，一方面，人在基本的物质需求得到满足后才能更好地发展自己、完善自己和丰富自己，另一方面，人的物质生活的状态总是会影响和制约人的精神生活。在马克思看来，要想让一个缺乏基本物质生活资料的人获得幸福是不现实的，因为，一个基本的需求都无法满足的人很难有体验美等积极精神生活的心境，也缺少了体验幸福的主观可能。幸福作为一种主观感受是与客观条件相结合的产物，不谈社会存在和社会经济关系，忽视社会生产

---

① ［德］马尔库塞：《现代文明与人的困境——马尔库塞文集》，张小兵等译，上海三联书店 1989 年版，第 174 页。

② 参见杨楹《马克思哲学的最高价值诉求："人民的现实幸福"》，《哲学研究》2012 年第 2 期。

力的充分发展，脱离生产力的物质力量去抽象地、空洞地谈论人的幸福是不切实际的，将不可避免地陷入空洞的道德说教。马克思始终避免抽象地、机械地、教条地讨论幸福问题，而总是具体地、辩证地、现实地看待幸福，立足于现实的生产力发展和具体的物质力量来讨论幸福问题。"人类社会拥有极其丰富的生产力，这些生产力只要合理地组织起来，妥善地加以调配，就可以给一切人带来最大的利益。"①弗洛姆也曾表达过更具体的观点："个人对实现自身具有的可能性的渴求，现代工业生产能力增长的客观事实，都是构成对幸福和自由的不断增长的要求的基础的动力。"②"马克思发现了人类历史的发展规律，即历来为繁芜丛杂的意识形态所掩盖着的一个简单事实：人们首先必须吃、喝、住、穿，然后才能从事政治、科学、艺术、宗教等等；所以，直接的物质的生活资料的生产，从而一个民族或一个时代的一定的经济发展阶段，便构成基础，人们的国家设施、法的观点、艺术以至宗教观念，就是从这个基础上发展起来的，因而，也必须由这个基础来解释，而不是像过去那样做得相反。"③"在马克思实践唯物主义视域里，幸福是一种主客观的统一。这种统一的基础即是人的实践。""人的实践是一种主体客体化与客体主体化的双向活动……因此任何幸福的获得不是无条件的，而是有条件的，它离不开追求幸福的'所欲'所指向的对象的刺激或满足。"④马克思认为，人们只有在社会生产实践的基础上满足人的基本生存需要，才能进一步满足人的更高层次的生活需要，进而实现过上幸福生活的愿望，"物质生活的生产方式制约着整个社会生活、政治生活和精神生活的过程。不是人们的意识决定人们的存在，相反，是人们的社会存在决定人们的意识"⑤。因此，马克思在阐述共产主义社会中个人将享受的最高幸

---

① 《马克思恩格斯全集》第 2 卷，人民出版社 1957 年版，第 612 页。

② 转引自［南斯拉夫］普雷德腊格·弗兰尼茨基《马克思主义史》（Ⅲ），胡文建等译，人民出版社 1992 年版，第 103 页。

③ 《马克思恩格斯文集》第 3 卷，人民出版社 2009 年版，第 601 页。

④ 转引自李兰芬、倪黎《财富、幸福与德性——读亚里士多德〈尼各马可伦理学〉》，《哲学动态》2006 年第 10 期。

⑤ 《马克思恩格斯文集》第 2 卷，人民出版社 2009 年版，第 591 页。

福概念时立足于物质资料的极大丰富、生产力的高度发达等事实前提。马克思把对幸福的思考置于唯物史观的视野中，强调社会存在决定社会意识，社会经济的发展和社会物质条件是实现人民幸福的重要物质力量。马尔库塞后来也谈道："历史唯物主义最初在资本主义社会是作为一个普遍存在的唯物主义的宣言而出现。在这一点上，这个唯物主义的原则，是揭露使人受物质生产盲目结构奴役的社会批判工具。个体幸福的自由和普遍实现的思想相反，则包括了一个肯定的唯物主义，也就是说，包含一个人类物质满足的肯定。"[①] 弗洛姆更是直接谈道："历史唯物主义完全不是一种心理学理论，人们的生产方式决定人们的思想和欲望。"[②] 马克思对幸福的思考始终是在科学把握人类历史发展的规律和命运的基础上进行的，体现了坚定的唯物主义历史观精神。[③] 马克思强调生产力作为客观的物质力量或客观基础对于幸福的作用，无疑打破了对于幸福理解的一种纯主观预设。当然，马克思也为人类孜孜不倦地发展生产力，努力创造社会财富，积极地改造对象世界等一系列人类行为注入了情感要素和价值动力。在马克思看来，幸福需要客观的物质条件，幸福的实现离不开社会的文明、进步和发展，离不开社会经济的发展和社会制度的完善。

"在有些人看来，仿佛马克思认为人的最主要的心理动机是希望获得金钱与享受，这种为获得最大利润而作出的努力，构成个人生活和人类生活中的主要动力。马克思对人的精神既不重视，也不了解；马克思的'理想人物'是那种吃得好、穿得好然而'没有灵魂的'人。"[④] 马克思承认生产力作为物质力量对于幸福的基础作用，但是，这并不意味着马克思仅仅把个人幸福等同于经济的发展或生产力的提高，并不意味着马克思只是片面地强调物质生活就是幸福生活的唯一

---

① 陈学明主编：《二十世纪哲学经典文本》（西方马克思主义卷），复旦大学出版社1999年版，第254页。

② 同上书，第327页。

③ 参见高建军、史殿武《人的本质和人的幸福》，载《关于人的学说的哲学探讨》，人民出版社1982年版，第31页。

④ 陈学明主编：《二十世纪哲学经典文本》（西方马克思主义卷），复旦大学出版社1999年版，第320页。

决定力量，而只是把生产力高度发展基础上的经济因素作为幸福的物质基础。因为，人的现实生活不仅包括物质生活的内容也包括精神生活的内容。马克思认为："动物和自己的生命活动是直接同一的。动物不把自己同自己的生命活动区别开来。它就是自己的生命活动。人则使自己的生命活动本身变成自己意志的和自己意识的对象。他具有有意识的生命活动。这不是人与之直接融为一体的那种规定性。有意识的生命活动把人同动物的生命活动直接区别开来。"① 马克思一方面承认"吃、喝、生殖等等，固然也是真正的人的机能"②，一方面又强调："如果加以抽象，使这些机能脱离人的其他活动领域并成为最后的和唯一的终极目的，那它们就是动物的机能。"③ 人区别于动物是因为人不仅有自然属性也有精神属性，人不仅有物质需求也有精神需求，人不是本能的存在，人会构建自己的精神世界，赋予生命以意义，会给自身设定目标和追求并自身界定价值。精神需求的满足往往能给我们带来更大的幸福和更高级的享受，"如果音乐很好，听者也懂音乐，那么消费音乐就比消费香槟酒高尚"④。人如果仅仅把物质需求的满足作为唯一的终极目标，那么人的具体丰富性就还原为动物的本能，人的生活存在也就沦为了动物的本能存在，幸福就成为了人的异己感受。

三 无产阶级：实现人民幸福的主体力量

马克思揭示的唯物史观向我们证明了："至今的全部历史都是在阶级对立和阶级斗争中发展的；统治阶级和被统治阶级，剥削阶级和被剥削阶级是一直存在的；大多数人总是注定要从事艰苦的劳动而很少能得到享受。"⑤ 马克思在历史唯物主义的视野下从生产力和生产关系的基本矛盾规律出发，指出，不同社会制度及在此基础上

① 《马克思恩格斯文集》第 1 卷，人民出版社 2009 年版，第 162 页。
② 同上书，第 160 页。
③ 《马克思恩格斯选集》第 1 卷，人民出版社 2012 年版，第 54 页。
④ 《马克思恩格斯全集》第 33 卷，人民出版社 2004 年版，第 361 页。
⑤ 《马克思恩格斯文集》第 3 卷，人民出版社 2009 年版，第 459 页。

形成的不同经济制度及其不同分配制度必然决定社会生活主体的生活水平及其幸福实现的程度。在以私有制为基础的社会，生产和分配的不公决定了社会生活的主体实现幸福生活可能条件的不公，人人幸福的光鲜承诺下掩盖不了无产阶级被压迫和被剥削的残酷事实，少数剥削者的幸福往往是建立在多数被剥削者的不幸生活基础之上的。而在资本主义社会，"享乐哲学一直只是享有享乐特权的社会知名人士的巧妙说法。至于他们享乐的方式和内容始终是由社会的整个制度决定的，而且要受社会的一切矛盾的影响，则已经不用说了；一旦享乐哲学开始妄图具有普遍意义并且宣布自己是整个社会的人生观，它就变成了空话"①。"马克思认为无产阶级是'工作最繁重和生活最悲惨的阶级'。"② 在马克思看来，工人阶级处于被剥削被压迫的阶级当然是注定要从事艰苦劳动，在资本主义社会里享乐也只是资产阶级的特权。恩格斯也曾经这样描述工人阶级，认为他们是"一个付出了艰辛劳动却只能得到极少报酬和最低限度的感官享受的阶级"，"一个自身教育无人关心，自身命运受各种偶然事件支配，自己的生活朝不保夕的阶级"，"一个忍受了社会秩序的一切害处却享受不到它的好处的阶级"③。

马克思在批判费尔巴哈"既承认现存的东西同时又不了解现存的东西"时谈道："费尔巴哈在那里阐述道：某物或某人的存在同时也就是某物或某人的本质；一个动物或一个人的一定生存条件、生活方式和活动，就是使这个动物或这个人的'本质'感到满意的东西。任何例外在这里都被肯定地看做是不幸的偶然事件，是不能改变的反常现象。这样说来，如果千百万无产者根本不满意他们的生活条件，如果他们的'存在'同他们的'本质'完全不符合，那么，根据上述论点，这是不可避免的不幸，应当平心静气地忍受这种不幸。"④

---

① 《马克思恩格斯全集》第 3 卷，人民出版社 1960 年版，第 489 页。
② ［美］奥尔曼：《异化：马克思论资本主义社会中人的概念》，王贵贤译，北京师范大学出版社 2011 年版，第 54 页。
③ 《马克思恩格斯文集》第 1 卷，人民出版社 2009 年版，第 442 页。
④ 同上书，第 549 页。

马克思指出费尔巴哈的错误在于直观地认为人的"存在"反映人的"本质"，人的"存在"就是人的"本质"，任何的例外都被看作是违背既有本质的不幸的偶然事件，是不能改变的反常现象。马克思否定了费尔巴哈把人的本质抽象地设定在共同性之中，把人的本质机械地等同于人的存在的错误观念，否定了费尔巴哈把对人的本质的理解局限于单纯直观的简单想法。马克思认为，人是对象性的存在物，人不仅是"感性对象"，而且是"感性主体"，拥有对现实世界的感性评价和价值反馈。另一方面，马克思在批判费尔巴哈抽象人的本质观时，批判了费尔巴哈本质观的逻辑错误及消极意义，指出费尔巴哈的错误还在于把人的实然存在当作人的本质表现和要求，把人的"存在"等同于人的"本质"即把人的特定生存条件、具体生活方式及活动本身视为人的"本质"的具体要求和表现，把它看作是人的本质的自然的、一致的内容，甚至是积极的、满意的表达对象。马克思认为人的"存在"并不一定能符合人的"本质"，更不是人的"本质"的直接对象性存在。人的现实生存条件、存在状态并不一定是人的"本质"的显现，人的生存条件并不一定能符合主体的要求和期望，人的生存状态并不一定能让人满意并感到幸福。无产阶级现实的不幸生活条件、生存状态等并不是无产阶级自身"存在"本质的内在规定和先在赋予，更不是他们不可避免的不幸和不可更改的现象。无产阶级自身的生存状态、生活条件和生活环境要在自身的实践和斗争中实现，敢于赋予自身"本质"新的内容，新的"本质"决定新的"存在"。无产阶级改变自身不幸的内在需求和对幸福的向往本身就是自身本质的要求和必然，马克思暗喻了幸福并非在先天的内在规定性中获得，而是在自身的创造和改变中获得的思想，无产阶级无须平心静气地忍受不幸，不要幻想幸福来自人的本质规定而自然获得，而应该以现实的力量改变"存在"并赋予自身"存在"幸福的本质含义，争取自身的幸福。"马克思把人的自我意识与无产阶级存在（雇佣工人的存在方式）的实现的物化与异化这二者之间的日益尖锐的张力视为促进行动的苦痛之源；因而，这样一种彻底的、触及人类存在之源的苦痛，也只能通过一场彻底的、消除整个异化的现实并使之人性化的革命来克服。"①

马克思曾经谈道:"哲学把无产阶级当做自己的物质武器,同样,无产阶级也把哲学当做自己的精神武器。"② 马克思在历史唯物主义的视野中进而阐明了实现无产阶级幸福的社会历史条件,明确指出只有在对旧世界批判的基础上才能实现,"必须推翻使人成为被侮辱、被奴役、被遗弃和被蔑视的东西的一切关系"③,否则无产阶级及全人类的解放和幸福只能是空洞的口号和苍白的标语。马克思从幸福的现实可能性入手,立足于批判幸福的现实障碍,找到了实现人民幸福的主体力量——无产阶级,揭示了实现幸福的现实路径——"斗争"④。"无论为了使这种共产主义意识普遍地产生还是为了实现事业本身,使人们普遍地发生变化是必需的,这种变化只有在实际运动中,在革命中才有可能实现;因此,革命之所以必需,不仅是因为没有任何其他的办法能够推翻统治阶级,而且还因为推翻统治阶级的那个阶级,只有在革命中才能抛掉自己身上的一切陈旧的肮脏东西,才能胜任重建社会的工作。"⑤ 马克思认为,无产阶级在资本主义私有制中无疑感受到自己的非人的生存现实和不幸的现实命运,必须坚定地否定这一切非人的生存现实,决然地同这种不幸的生活状态作斗争,消灭剥削,消除私有制,消除不公正,争取人的解放和普遍幸福。马克思坚决反对"工人应该像虔诚的基督徒那样,相信牧师的话:抛弃一切尘世的幸福,一心一意渴求升入天堂"⑥。马克思坚信无产阶级的幸福必须以现实的革命手段才能实现。

马克思认为,无产阶级在现实的教育之下也逐渐意识到了自身不幸的根源并不在于机器,而在于不合理的资本主义制度,自身不幸的根源并不在于个人,而在于不合理的社会条件,因此,为了谋

① [德] 费彻尔:《马克思与马克思主义:从经济学批判到世界观》,赵玉兰译,北京师范大学出版社 2009 年版,第 176 页。

② 《马克思恩格斯文集》第 1 卷,人民出版社 2009 年版,第 17 页。

③ 同上书,第 11 页。

④ 更具体地来讲是无产阶级的革命斗争。

⑤ 《马克思恩格斯文集》第 1 卷,人民出版社 2009 年版,第 543 页。

⑥ 《马克思恩格斯文集》第 3 卷,人民出版社 2009 年版,第 340 页。

求大多数人乃至全人类的幸福，就必须摆脱剥削阶级的统治，摆脱不公正的社会制度，摆脱人类的异化命运，摆脱人类的不幸生存状态。马克思所倡导的幸福以消除剥削现象，消除私有制度，消除无产阶级的不幸事实为前提。格雷曾谈道，资本主义制度"使人类的天性服从于跟它相矛盾的法律、规章和习惯的企图，纵然不是使人类遭受灾难的唯一的根源，但也是主要的根源。在这方面没有进行彻底改革以前，促使人类幸福的任何尝试都不会有什么结果"①。欧文也曾谈道："如果只对社会制度进行局部改革，那就不能消除灾祸，人也不能达到愉快地享受合理而幸福的生活境地。现行的社会制度及其全部机构、社会划分和个人奖惩办法，不是同它所造成的痛苦、灾难、争夺、堕落、无数的惊恐和混乱继续存在下去，就得完全废除，以便让位于具有真理性的原则和良好作用的新制度。"②欧文无疑也揭示了这样的道理：要想改变资本主义制度下的大量的痛苦、贫困、灾难和堕落等现象就必须完全地、彻底地废除资本主义制度。当然，他不理解革命实践的意义，不理解无产阶级的历史地位，因此，他并没能指出无产阶级必须依靠自身的革命斗争才能获得合理的社会制度，才能获得幸福，他寄希望于剥削阶级自身来实现社会改造的目的，认为只要按照争取的原则就可以实现幸福的目标，并认为这是"简而易行的事情"③，然而，在马克思看来，所有这些成为人们获得幸福的障碍并不会自动消除，不合理的社会制度的改造也不会自动解决，实现生活普遍幸福的社会条件也不会自动生成，只有通过无产阶级的革命和斗争才能创造幸福生活的社会条件并彻底地消灭不平等的社会制度，才能建立以公有制为基础的社会生产关系和社会制度，才能获得真正的全面的、普遍的幸福。马克思也指明了斗争的根本价值旨向即无产阶级的幸福是在与资产

---

① 参见［英］约翰·格雷《人类幸福论》，张草纫译，商务印书馆2013年版，第4页。

② 转引自王永江《社会主义思想史新论》，人民出版社1989年版，第171页。

③ ［英］欧文：《欧文选集》第3卷，马清槐、吴忆萱、黄惟新译，商务印书馆1984年版，第230页。

阶级的斗争中获得的，"有人会问，为什么我们对党派感到兴趣，为什么我们不去考虑民主运动的目的，人民的福利和所有人的幸福呢？这是斗争的法则和惯例。在观点、利益和目的不一致的情况下，新时代的幸福是不能用假想的合理妥协和虚伪的合作办法来达到的，这种幸福只有经过各个党派的斗争才能达到"①。

四 幸福是个历史范畴

马克思对于幸福的考察不局限于从个体主观角度研究幸福，既不把幸福归结为禁欲主义的结果，也不把幸福归结为享乐主义的实践，而是在历史唯物主义的视野下，从人类社会关系的角度出发，在科学地解读了人类社会生活实质的基础上来认知幸福。马克思眼中的幸福是指处于一种既定历史环境中的人们，在社会实践中，由于感受目标和理想的实现而得到的满足，处于不同社会生活条件的人们，对人生目的和意义的理解也不同。马克思认为幸福是个历史范畴，是人类历史发展的结果和产物，幸福是社会生活条件在人的思想和情感中的积极反映，由于人的需要的多样性和社会生活的发展性，幸福范畴的具体内容和表现形式也有差异。② 马克思认为，"幸福是人们在创造物质生活条件和精神生活条件的实践中，由于感受和理解到目标和理想的实现而得到的精神上的满足。它同义务、良心、荣誉等道德范畴一样，归根到底是由一定社会的经济关系和社会生活条件决定的"③。马克思对于"幸福是个历史范畴"的判断根源于马克思对于人的需要的丰富性和拓展性的理解，根源于马克思对于人的发展的过程性和无限性的理解，根源于社会发展的具体性和历史性的理解。

"马克思认为，人类满足不仅仅在于现有需求的实现（当然需求的实现会满足），还在于新的需求的产生与发展。人类满足不是所有

---

① 《马克思恩格斯全集》第 5 卷，人民出版社 1958 年版，第 25 页。

② 参见孔润年《简论幸福》，载许春玲、周树智主编《幸福社会价值论》，社会科学文献出版社 2013 年版，第 55 页。

③ 罗国杰：《马克思主义伦理学》，人民出版社 1982 年版，第 345 页。

需求停滞的条件，而是新需求与欲望的不断产生发展的过程。人的幸福就在于拥有'众多的需求'"①。马克思说，"他们的需要即他们的本性"②。这也是我们理解马克思幸福思想的一个重要理论入口，在马克思看来，需要是人类生存的前提，是人的本质的表现，是人的本性使然。马克思认为人的存在首先是"作为内在的必然性、作为需要而存在"③。人的需要的具体性、丰富性、全面性和完整性支配着生活的具体性、丰富性、全面性和完整性。人的需要的表现及满足是人的能力、人的个性及人的发展水平的现实展开。人的需要作为一种本性意义的内在的必然性必然全面地规定着人的活动，人的需要必然成为人追求幸福的动力，需要的内容决定幸福的要素，马克思甚至讲道："他的每一种本质活动和特性，他的每一种生命欲望都会成为一种需要。"④ 需要是生活的需要，需要也是生活的表现，幸福也不例外，幸福本身就是人的一种需要。人的需要的表现是人追求幸福诉求的具体表达，人的需要的满足促成幸福的实现。马克思说过："一切人类生存的第一个前提，也就是一切历史的第一个前提，这个前提是：人们为了能够'创造历史'必须能够生活。但是为了生活，首先就需要吃喝住穿以及其他一些东西。因此第一个历史活动就是生产满足这些需要的资料，即生产物质生活本身。"⑤ 从马克思的论述中，我们可以看到人的需要与人的幸福有着紧密的关系，人的需要的满足是人的幸福实现的重要条件，英国空想社会主义者格雷也曾谈道："幸福——人类一切企求的最终目的——在我们的自然需求没有得到满足以前，是无法达到的。因此我们首先要研究后者的本质。"⑥ 马克思讲，"你自己的本质即你的需要"⑦，马克思甚至把人的需要放置

---

① 转引自［英］肖恩·塞耶斯《马克思主义与人性》，冯颜利译，东方出版社 2008 年版，第 212 页。
② 《马克思恩格斯全集》第 3 卷，人民出版社 1960 年版，第 514 页。
③ 《马克思恩格斯文集》第 1 卷，人民出版社 2009 年版，第 194 页。
④ 同上书，第 321—322 页。
⑤ 同上书，第 531 页。
⑥ ［英］约翰·格雷：《人类幸福论》，张草纫译，商务印书馆 2013 年版，第 10 页。
⑦ 《马克思恩格斯全集》第 42 卷，人民出版社 1979 年版，第 34 页。

于与人的本质相一致的高度，在马克思看来，需要作为人的本性必然会成为人们追求幸福不能跨越的对象，如果离开人的需要及其满足，人的幸福也成为了无源之水无本之木，成为了空洞的抽象概念。对人的需要的悬置、摒弃和剥夺，就是对人的本性的弃离及人的生命本质的割裂，也就是对人的幸福的摒弃和剥夺。① 马克思曾谈道，"当人们还不能使自己的吃喝住穿在质和量方面得到充分保证的时候，人们就根本不能获得解放。'解放'是一种历史活动，不是思想活动，'解放'是由历史的关系，是由工业状况、商业状况、农业状况、交往状况促成的"②。在马克思看来，人的需求的增长和满足是人的主体力量增长的体现和主体能力发挥的结果，人的需求具有历史性，并不断发生变化，随着经济的发展，生产力的发展及社会的进步，人的需求和欲望也不断发展和变化，让人感觉幸福的客观条件和主观评价也随着社会的发展和变化而发生变化。"我们的需要和享受是由社会产生的；因此，我们在衡量需要和享受时是以社会为尺度，而不是以满足它们的物品为尺度的。因为我们的需要和享受具有社会性质，所以它们具有相对的性质。"③ 就马克思而言，人的欲望、需求和幸福都是一个历史范畴，人的需要的不断拓展和丰富也不断开拓着人的幸福境域。

马克思认为，要研究人的幸福就有必要考察人，考察人性，考察人的本质，马克思曾经指出："假如我们想知道什么东西对狗有用，我们就必须探究狗的本性……如果我们想把这一原则运用到人身上来……就首先要研究人的一般本性，然后要研究存在每个时代历史地发生了变化的人的本性。"④ 马克思指出，历史的主体并不是有着固定不变的本质，人在历史的过程中必定是变化发展的，在历史的过程中人创造了自己，发展了自己，改造了自己。从这一关系

---

① 参见高建军、史殿武《人的本质和人的幸福》，载《关于人的学说的哲学探讨》，人民出版社1982年版，第300页。
② 《马克思恩格斯文集》第1卷，人民出版社2009年版，第527页。
③ 同上书，第729页。
④ 《马克思恩格斯文集》第5卷，人民出版社2009年版，第704页。

看，历史就是人自我实现的历史，人创造了自己的历史，人也是历史的产物，是他自己的产物。① 在马克思的世界观里，"幸福"显然不仅是一个具有感觉主义倾向性的心理学范畴，更是一个具有历史唯物主义特质的重要范畴。在马克思历史唯物主义视域中的"幸福"概念就是人对人的本质力量在现实生活中的（完全）实现的满足状态。马克思认为，幸福不仅仅具有人的直观感受或心理感觉的表象属性特征，同时更具有标定特定历史发展阶段中人的本质力量的现实实现程度的内在本质特征。② 涂尔干也曾谈道，"最简单的动物和最复杂的动物，如果他们同样都认识到他们自己本质的话，所体验的幸福就会相同。一般原始的人与正常的文明人，可能具有相同的幸福"③。涂尔干显然和马克思的观点一致，也认为人的幸福来自对自身本质的认同和确证。在马克思看来，人的本质受社会生产力和生产关系的影响和制约，是一个不断生成、丰富、完善和发展的动态系统，人的本质力量的实现是一个渐进的过程，人的内在尺度具有不断拓展的属性，人必须不断地超越自我才能体会持续的幸福感受，因此，人的幸福的实现也就具有了不断生成、变化、完善和发展的过程特性，人的幸福境域也随着人的本质的不断丰富和发展而不断拓展。

马克思认为，人是历史的产物，幸福显然不能离开社会历史来考察和理解。幸福并不是一个永恒的、不变的范畴，幸福范畴在人类整个历史进程中并不始终具有同样的特征及表现。幸福内涵会在社会历史的发展中变更，幸福意蕴会在社会历史的发展尺度内变化，一方面，实现人的幸福是社会发展的价值旨趣，另一方面，由于人类社会历史不断发展，人类社会生活也不断丰富，人类实践活动和需要也呈

① 参见陈学明主编《二十世纪哲学经典文本》（西方马克思主义卷），复旦大学出版社 1999 年版，第 333—334 页。

② 参见杨楹《马克思哲学的最高价值诉求："人民的现实幸福"》，《哲学研究》2012年第 2 期。

③ 转引自［英］肖恩·塞耶斯《马克思主义与人性》，冯颜利译，东方出版社 2008年版，第 173 页。

现出新的特点，幸福的具体内容和表现形式也不断发展变化。人们对幸福的理解也必然随着社会的发展变化而不断更新。对此，恩格斯也曾引用费尔巴哈的那句名言："当人最初从自然界产生的时候，他也只是一个纯粹的自然物，而不是人。人是人、文化、历史的产物。"①恩格斯进一步谈道，"历史从来就有权而且将来也永远有权安排单个人的生活、幸福和自由，因为历史是全人类的事，是种族的生命，所以它本身是起主宰作用的；谁都不能对抗历史，因为历史是绝对权力。谁也不能抱怨历史，因为历史既然这样安排了他，他就可以享受到生活的乐趣或者参与人类的发展，而这是最大的乐趣"②。人的生活、幸福和自由也必定在历史的发展中不断实现和发展，必定受人类自身发展历史的"主宰"，不能在历史的范围外去寻找超现实的生活和现实的幸福。在历史的"绝对权力"面前，人的生活、幸福和自由必定是具体的、历史的，人在创造历史的同时也享受生活的乐趣，创造自身的幸福。马克思认为，不同历史时期、不同发展阶段的人的幸福的感觉要素是不尽相同的，它们由所处时代的历史条件所决定，特定历史时期的生产力的发展水平、生产关系的具体形式都是影响每个人获得幸福的重要条件和因素。因此，幸福必然是在特定的经济发展阶段上实现，与经济发展水平决定的具体的生活条件相关。随着社会历史的进步和发展，社会生产力水平的提高，人们的幸福内涵将不断得到丰富和充实，人们的幸福质量将不断得到提升和发展。在马克思看来，随着社会的进步和发展，人的幸福境域也不断得到拓展。

第二节　马克思人学理论：马克思　　　幸福思想的直接理论依据

一　马克思人学理论的幸福意蕴

众所周知，马克思一生始终切实关注人的现实命运及其自身解

---

① 《马克思恩格斯文集》第4卷，人民出版社2009年版，第291页。
② 《马克思恩格斯全集》第41卷，人民出版社1982年版，第394页。

放，关注人的存在与发展。马克思人学理论是马克思从哲学层面对人所做的系统的、全面的、深刻的思考，是以人的存在和发展为线索，以人的需要为主题，以人的全面发展为主旨的理论体系。马克思人学理论体现了马克思思想的人文关怀和价值维度，也成为马克思幸福思想的人文视野。

马克思人学理论以"现实的人"为其理论的逻辑起点，以现实的、具体的、活生生的、有血有肉的人作为研究对象。"现实的人"成为了马克思批判一切以抽象的、虚幻的人为前提研究人的可能性；"现实的人"成为了马克思批判宗教的直接前提；"现实的人"成为了马克思理解幸福的主体对象，成为了马克思幸福思想的根本出场。马克思对宗教的批判的直接用意就是主张用人民现实的幸福取代一切虚幻的幸福，以"现实的人"作为体验幸福的唯一实在主体，以"现实的生活"作为幸福的真实场域，以"现实的主体力量"来创造主体自身的幸福生活。"现实的人"的逻辑起点也决定了马克思幸福思想具有生动的实践性，具有积极行动哲学的意义。

马克思人学理论以"人的需要"为主题，充分尊重和发展人的需要，并揭示人的需要的层次性和丰富性。马克思不仅根据人的不同属性把人的需要分成物质需要和精神需要，还根据需要的不同层次把人的需要分为生存性需要、享受性需要和发展性需要。马克思认为，人的自然属性要求人需要衣食住行及自身生产所需要的各种物质生活资料，人的社会属性要求人需要精神需求，需要在社会交往及自身发展过程中获得必要的归属感、认同感和荣誉感等心理需求的满足。"人的需要"成为马克思理解幸福的主题内容，马克思既克服了把幸福与人的需要的满足对立起来的局限性，又克服了把幸福与对物质资料的占有相等同的狭隘性，指出物质需要的满足只是人的存在和发展的手段，只是实现幸福的手段而不是幸福的目的。

马克思人学理论以"人的全面发展"为价值主旨，以实现"人的自由全面发展"为归宿点。马克思将人的自由全面发展视为人的最终事实目标，而人的普遍幸福则是在这一事实目标基础上的价值目标，人的全面发展诉求内在地包含人的幸福价值。马克思认为人的全面发展是以"每个人"为主体范围，以人的主体性发挥为首要前提，以全面占有人的本质为核心内容。马克思谈到的人的自由全面发展，所指的"人"不只是"单个的人"，而是具有普遍意义的具有"类"属性的"每个人"。马克思并揭示出"每个人"的全面发展与"单个的人"的全面发展的相互关系，"一个人的发展取决于和他直接或间接进行交往的其他一切人的发展；彼此发生关系的个人的世世代代是相互联系的"①。在马克思看来，一方面，"每个人"的全面发展为"单个人"的全面发展提供条件和可能，"单个人"的全面发展体现"每个人"的全面发展；另一方面，"每个人"的全面发展必定包含"单个人"的全面发展。"单个人"的全面发展为"每个人"的全面发展提供动力和支撑。"每个人"也成为马克思理解幸福的"类"视野，马克思的幸福思想也具有明显的"类"属性和社会属性。马克思认为，"单个人"的幸福与"每个人"的幸福即社会幸福具有整体协同性。人的幸福不只是个体幸福的孤立生成，而是社会幸福的集体涌现，社会幸福也为个人幸福的实现提供更大程度的可能性。另外，基于人的"类"视野，马克思的幸福思想既强调阶级性，又超越了阶级性，既立足无产阶级的幸福，又放眼于全人类的幸福。

在马克思看来，人的自由全面发展的首要前提是人的主体性发挥，马克思一再指出："人始终是主体。"② 在马克思看来，人的主体性不是抽象的而是具体的，不是空洞的而是实在的。人的主体性是人在创造自己历史的过程中表现出来的自主性、能动性和创造性。马克思坚决反对蔑视人的主体地位及其作用，坚决反对仅仅把人当作"手段"来看待，主张人不仅是"手段"，更是"目的"。人的主体性存在既是人的自由全面发展的首要前提，也是人的幸福实现的首要前提，人的主体性存在一旦让渡，人的异化也就出现了，幸福也就成为

---

① 《马克思恩格斯全集》第 3 卷，人民出版社 1960 年版，第 515 页。
② 《马克思恩格斯文集》第 1 卷，人民出版社 2009 年版，第 195—196 页。

了异己的感受。马克思认为，劳动是人的主体性活动，更是人的主体性存在的意义所在，也是人实现自由全面发展的实践前提。作为人的自由活动的劳动具有人的主体性确证的意义，同时也具有幸福意义的价值旨趣。

马克思认为，人的全面发展的核心内容是对人的本质的全面占有，人只有能真正占有自己的本质、真正自由支配自己才能真正实现人的全面发展。马克思揭示了在资本主义社会中人的异化的生存状态，并指出在消灭私有制的前提下，摆脱人的异化命运，全面占有人的本质，实现人的自由全面发展。在马克思看来，人不断走向全面发展的过程就是渐进地乃至完全地掌握人的本质的过程，就是人不断复归自己、解放自己的过程。

马克思关于人的自由全面发展思想的阐释内蕴着马克思对人的幸福问题的思考。马克思话语体系中的人的解放和自由全面发展的直接表现就在于人挣脱了一切束缚人、剥削人、奴役人的链条，摆脱了一切使人异化的枷锁，全面占有人的本质，人真正由"必然王国"进入"自由王国"，人在"自由王国"中将能充分地拥有创造幸福、实现幸福、享受幸福的条件和机会。马克思认为，人的自由全面发展与人的幸福实现是协同发展的，人追求自由全面发展的过程也是追求幸福的过程，人的自由全面发展能力的不断提升，也必将带来人的创造幸福的能力的不断提升，人的自由全面发展程度与幸福的实现程度是一致的。马克思人学理论是马克思幸福思想的一个重要基础理论，应该说，马克思人学理论为马克思幸福思想提供了一种全新的人文视野及必要的价值尺度。马克思人学理论的内涵规定了幸福是一个具有整体性特征和全面性意义的综合范畴。

二　全面占有人的本质：幸福的基本内涵

马克思把人理解为一种本质，一种对象性的本质，这种本质的内涵就是人具有自我占有的本质，一种自我实现的本质，一种使人成之为人的本质。在马克思看来，这种本质的内在要求就是把人塑造成具有人的本质特征的主体，并且，让人的本质在人身上完全实现之前，必须首先使自己对象化。① 因此，马克思谈道，"人有现实的、感性的对象作为自己本质的即自己生命表现的对象；或者说，人只有凭借现实的、感性的对象才能表现自己的生命"②。对于马克思来说，幸福不是纯粹的思辨，它来自人性的实现，幸福是人的本质现实化的主观量度。"幸福"本质上就意味着人对人的本质全面占有，人对人的一切异化状态的远离，对人的一切压迫性的生存境遇的消解，真正地推翻"使人成为被侮辱、被奴役、被遗弃和被蔑视的东西的一切关系"③，使人成为自己的主人。马克思视"真正的幸福"为"人的本质的自由表现"。④ 对于马克思来说，作为自身本质尚未被主体完全占有甚至尚未被完全展开的"人"应该只是处于人的"史前史"时期，在这样的历史中人自身的本质历史尚未真正开始，人的本质在异己的对抗性关系中被异化或缺失，并无法真正实现人的自由全面发展，因此，生活在"史前史"的人整体上来说是不幸福的。

马克思孜孜追求的幸福是人的自我发展和自我实现。在马克思看来，幸福的实现就是人的解放的实现，人的幸福的实现过程就是人的彻底解放的过程，人要实现幸福就要实现从人对私有财产的依附关系中解放出来，从人的异化中解放出来，真正实现和占有人的本质。马克思认为，人应该以一种全面的方式占有自己的全面的本质⑤，占有人的丰富性。人只有占有人的本质，才能让人的一切感觉和特性得到彻底的解放，才能让人的一切感觉和特性在主体上和客体上都具有"属人性"，真正成为人的感觉和特性，以人的方式来理解人的能动和受动，因为，"人对世界的任何一种人的关系——视觉、听觉、嗅觉、味觉、触觉、思维、直观、情感、愿望、活动、

---

① 参见［德］费彻尔《马克思与马克思主义：从经济学批判到世界观》，赵玉兰译，北京师范大学出版社 2009 年版，第 70—73 页。

② 《马克思恩格斯文集》第 1 卷，人民出版社 2009 年版，第 210 页。

③ 同上书，第 11 页。

④ ［英］弗格森：《幸福的终结》，徐志跃译，中国人民大学出版社 2009 年版，第 34 页。

⑤ 参见《马克思恩格斯文集》第 1 卷，人民出版社 2009 年版，第 189 页。

爱，——总之，他的个体的一切器官，正像在形式上直接是社会的器官的那些器官一样，［Ⅶ］是通过自己的对象性关系，即通过自己同对象的关系而对对象的占有，对人的现实的占有"①。由于人的本质规定性和人的活动表现是多种多样的，人的现实也是多种多样的，人对人的本质的占有和实现也应该是多种多样的。只有实现人的整体性、全面性，实现对自己的对象性关系的占有，才能真正超越人的对象性存在，完成人的现实的实现，真正体现人的能动和人的受动，"按人的方式来理解的受动，是人的一种自我享受"②，在马克思看来，感性的关系不仅仅是对具有独立形式的对象的感性肯定，人的一切感觉、激情和享受等也不仅仅是体现人本学上的意义上的外在规定，而且还体现人对人的本质的真正本体论意义上的内在肯定。幸福的人能在确证人的类存在过程中感受主体的力量，体验实现人的丰富需要的感受力。马克思从人的主体性角度、否定人的异化的角度揭示人的幸福是一种全面的方式占有自己的本质，强调人的感觉应该是合乎人性的，人的幸福要以人的主体性展开的人的丰富性为前提，以全面地、完整地占有自己的人的本质为基本内涵。马克思认为，人的本质是一个整体性的范畴，人的本质的实现场域——人的生活也是一个整体性范畴，生活包括物质生活、精神生活等多方面。作为一个幸福的人首先应该是一个完整的主体，并全面地、完整地占有自己的丰富本质。人只有真正全面地占有自己的本质，才能真正实现人的尊严、价值、自由、发展和幸福。幸福的人应该是摆脱了人对物的依赖性、人对人的依赖性，达到了一种自由全面发展的状态，在这种状态下，人成为了自然界的主人，成为了自身的主人，成为了社会的主人。

三　"存在"：幸福的主体生存样态

关于幸福的现代话语，进而关于幸福的本质理解和直接实现往往

---

① 《马克思恩格斯文集》第 1 卷，人民出版社 2009 年版，第 189 页。
② 同上。

沉浸于"占有"①与"存在"之间的辩驳与对立。"占有"还是"存在"是人的两种主体生存样态，是选择"占有"还是"存在"关乎人的生存状态选择及其生存认知判断，也关乎幸福的本质实现。霍布斯曾谈道，人们早已把幸福理解为占有的生存状态，在一种欲望的满足与新的欲望出现这样的循环逻辑中实现，幸福的实现就是欲望的更迭，"人从降生之日起，本性上就企图抢夺他们所觊觎的一切，如果他们能够，他们恨不得使这个世界的一切都惧怕和服从他们"②。马克思认为，人本有无比丰富的属性和需要，人生的本真意义在于全面占有人的本质基础上，自由自觉地全面发展自己的生命潜能，实现全面而自由的发展，以一种丰富性形态"存在"，而那种将人的一切内外丰富性统统还原为一种单纯占有感觉的人生则是一种物化的人生。只有动物才是直面对象，以直接占有对象为生存方式并在此基础上本能地完成了生命的展现，不与对象建立关系性联结，"占有"是始源"存在"，成为动物的直接存在样态。而人则要通过构建一种主体与对象之间的主体间的互动关系，并在此基础上获取生命的力量并能动地实现主体的生存样态，"存在"是人的本质，是人的全面性生存样态的现实表现。人的"存在"主体生存样态表明人是独立的、自足的存在，人应该从对外物及他人的依赖关系中解放出来，人不再以"占有"为目的，人应该超越对于外物占有的自私性和对于他人占有的狭隘性，全面地表现出人的本质的丰富性。"每个个人以物的形式占有社会权力。如果从物那里夺去这种社会权力，那么你们就必然赋予人以支配人的这种权力。"③ 在马克思看来，"占有"表现的是无人

---

① "占有"为现代文明的一种生存样态，在这种生存样态中人们竞相追求对外物的无止境的占有，谁拥有的财富、资源、权力、地位等资产或资本越多，谁的生命就显得越有价值。现代文明是一种竞相追求对外物的无止境的占有的文明，其间，谁拥有的资源、财富和"无形资产"越多，谁的生命就显得越有价值。可马克思告诉我们，人本有无比丰富的属性和需要，人生的本真意义在于自由自觉地全面发展自己的生命潜能，而那种将人的一切内外丰富性统统还原为一种单纯占有感觉的人生是一种物化的人生，是人性异化的表现。参见徐长福《唯有马克思与没有马克思》，《现代哲学》2003年第2期。

② 转引自［美］阿拉斯代尔·麦金泰尔《伦理学简史》，龚群译，商务印书馆2003年版，第184页。

③《马克思恩格斯文集》第8卷，人民出版社2009年版，第52页。

性的生存方式，在"占有"的逻辑中，人的世界完全由物质、财富和利益填充，"占有"生存样态中的人变成了只会对物质、财富和意义的大小进行排序并选择的人。"占有"生存的人让渡了人的多样性存在。马克思揭示了"占有"只能是人的多样性存在的手段和方式，"占有"应该是为了"存在"，为了实现生活的意义和幸福。"占有"只是人的本能存在，"存在"是人的意义存在。对人而言，幸福不是对对象的无止境的占有，而是人的存在意义的满足。

（一）"占有"抑或"存在"：幸福主体生存样态的历史辩驳

面对西方社会人的生存困境与方向迷失，美国当代人本主义哲学家弗洛姆曾以占有与生存两种不同主体生存样态及生活方式标示人的旨趣选择及人性发展的可能。弗洛姆指出："生存（being）是指这样一种生存的方式，在这种生存方式中人不占有什么，也不希求去占有什么，他心中充满快乐和创造性地去发挥自己的能力以及与世界融为一体。"① 弗洛姆将人的主体"存在"样态界定为"生存"，认为"生存"应该是肯定的、丰富的、内在的、建设性的生活体现，而人应该积极地、主动地、创造性地面对生活。然而，在现代西方社会中"绝大多数人都把以占有为目标的生存看做是一种自然的、唯一可能的生活方式"②。"占有"成为了现代人生活的主体样态，相对于人的"存在"，"占有"则宣示人的生活是否定的、片面的、外在的、非建设性的，"占有"主体样态的人是消极地、被动地、僵化地对待生活。"占有"消解了人的自由与独立，掩埋了人的主体生存地位与价值，人通过占有对象和消费商品来呈现自我、表达自我。当人选择以占有物来表征自身，依赖物来彰显人的价值与意义，物也占有了人，人的价值也降格为物的交换价值。"占有"让人迷失自我，忘却了对于幸福的找寻，由此，弗洛姆强调主体及生活的建设性即人的主体"存在"样态对于幸福的意义。

---

① ［美］艾里希·弗洛姆：《占有还是生存》，关山译，生活·读书·新知三联书店1988年版，第23页。
② 同上书，第33页。

对于幸福主体生存样态的辩驳似乎开启于弗洛姆。毋庸置疑，弗洛姆展开了幸福主体生存样态现代性批判的当代话语，不过，对于幸福主体样态的审视与辩驳，早在古希腊哲学家对幸福的追逐与思考中便有了对"占有"与"存在"的辨别与抉择。赫拉克利特认为，人生的根本目的就在于追求幸福，幸福并不是简单的肉体享受和感官刺激，"如果幸福在于肉体的快感，那末就应当说，牛找到草料吃的时候，是幸福的"①。赫拉克利特并进而阐明对外物占有欲的满足及肉体的快乐只属于低级的幸福，而理想的、精神的快乐才属于高级的幸福，应该说赫拉克利特就已开启否定人的"占有"幸福主体生存样态的先河。德谟克利特更是直接宣称，"幸福不在于占有畜群，也不在于占有黄金，它的居处是我们的灵魂之中"②，他把幸福理解为灵魂安宁的一种生活状态，并把人的道德"存在"看作获得幸福的重要前提。随后的苏格拉底、柏拉图、亚里士多德等哲学家都继承了这一传统，强调德性"存在"对于获得幸福的积极意义，彻底否定"占有"的主体样态。

费尔巴哈反对脱离生命抽象地谈论幸福，认为"生活（自然是无匮乏的生活、健康的和正常的生活）和幸福原来就是这样一种东西"③，费尔巴哈从唯物主义角度，指明了生活的丰富性同时也暗指了生活与幸福的同质性。这无疑表明费尔巴哈对幸福主体"存在"样态的积极肯定。费尔巴哈认为，追求幸福是人的本性，一切阻碍自我追求幸福愿望实现的障碍都应铲除，并指出"只有回到自然，才是幸福的源泉"④。费尔巴哈着重强调，人的幸福是生命的原始需求，因此，要实现幸福就要切实关注生命的直观存在，充分尊重生命的感官感受，极力维护生命存在的物质利益。不过，费尔巴哈并没有区分人和动物的生命特征的本质区别，而是简单地以生命的自然本性为前

① 周辅成编：《西方伦理学名著选辑》（上卷），商务印书馆1964年版，第13页。
② 转引自罗国杰《马克思主义伦理学》，人民出版社1982年版，第342页。
③ ［德］费尔巴哈：《费尔巴哈哲学著作选集》（上卷），荣震华、李金山等译，商务印书馆1984年版，第543页。
④ 同上书，第83—84页。

提，从人等同于动物的趋乐避苦的自然本性出发，认为感官的享受就是幸福的源泉，将享乐当作幸福的真谛，将感官的感受视为幸福的一切内容和根本源泉。"假如你们若想使人们幸福，那么请到一切幸福、一切快乐的源泉——感官那里去吧。"① 显然，费尔巴哈是从"感性对象的人"出发，终究不是以现实的处于具体社会实践中的人为出发点，也没能以人的社会性本质为基础，只是从生命的本性即自然欲望角度来谈论幸福。将人安顿在"回到自然"的现实中谈论幸福的实现，不难看出，费尔巴哈所确立的幸福主体的"存在"样态是如此的感性和抽象，以至于他依然没有真正出离"占有"的主体境遇。

（二）马克思对幸福主体"占有"生存样态的否定与批驳

对于马克思来说，占有的欲望不是人性的一般特征，而是在特定历史条件下的人性的具体表现，把对对象的占有欲望的满足当作幸福的源泉是私有制社会的特征，占有与人发生联系的所有事物的欲望则成为了资本主义特有的产物。② 在"占有"的价值意义逻辑中，人们总是企图通过占有对象的价值来体现主体的价值，倚仗对象的丰富性来彰显主体的丰富性。"占有"的初衷在于满足"存在"的意义，满足对于幸福的渴望，然而，一旦企图以"占有"的生存样态代替"存在"的生存样态，那么，人的主体性便屈服于客体的对象性。"在这种占有中所反映出来的人的状况就是马克思所说的那种'人……失去了人的需要'，而且货币成了资本主义社会产生的唯一的'真正需要'。人们再也没有了去看、去听、去爱和去思考的动力，而仅仅是拥有、占有他们所看到的、所听到的、所爱的和所考虑的事物。在它们发展的这个阶段，通过贪婪、特权以及使用权甚至是滥用权等方式，所有权成了唯一能够充分表现人的力量的形式。"③

① ［德］费尔巴哈：《费尔巴哈哲学著作选集》（上卷），荣震华、李金山等译，商务印书馆1984年版，第213页。

② 参见［美］奥尔曼《异化：马克思论资本主义社会中人的概念》，王贵贤译，北京师范大学出版社2011年版，第115页。

③ ［美］奥尔曼：《异化：马克思论资本主义社会中人的概念》，王贵贤译，北京师范大学出版社2011年版，第114—115页。

因此，马克思从这一意义上讲，资本主义社会是人的力量所占有的"最低点"，共产主义社会是对人的力量占有的"最高点"。①

马克思谈到私有财产的感性表现时就批判人们把生命的本质，自我的享受，以及幸福的体验直接地、片面地理解为对外物的占有，认为在私有制社会中，人往往在自己的对象中丧失自己，把对象当作他自身，把自己对象化了，把对象性的实现当作人的实现及人的本质力量的现实，忽视了人自身的主体性存在，把人变成自己的对象性存在，把人变成异己的、非人的对象，把生命的本质表现外化为生命对象现象表现。马克思认为，虽然人首先是作为自然存在物存在，这也就决定了人必然是一种对象性的存在物，需要现实的对象维持和表现自己的生命，然而，人更是一种社会存在物，这也就决定了人必然是一种理性存在物。人如果把自己的幸福建立在对象性占有的基础上，如果只是以功利的方式简单地占有对象，那么，人的理性存在也就让渡于动物性感性存在，人的幸福也就沦为了动物的自然欲望满足的本能快感。② 在马克思看来，人的"占有"生存看似是人的主体力量的胜利的背后却显示了人对物的奴性依赖关系，人的"占有"生存看似是人对物的统治的背后却显示人被异化为了物的附属物，并且，人的"占有"生存会让原本人与人之间非零和博弈的温和关系异化为残酷的零和博弈的竞争关系。

在马克思看来，"占有"是人的异化生存状态，人不得不以对外物的占有形式来获得并表现人的主体性，对于"占有"状态的扬弃其实质是人复归人的现实转向，人重获了人的主体性本质。"人的依赖关系（起初完全是自然发生的），是最初的社会形式，在这种形式下，人的生产能力只是在狭小的范围内和孤立的地点上发展着。以物的依赖性为基础的人的独立性，是第二大形式，在这种形式下，才形成普遍的社会物质变换、全面的关系、多方面的需要以及全面的能力

① 参见［美］奥尔曼《异化：马克思论资本主义社会中人的概念》，王贵贤译，北京师范大学出版社 2011 年版，第 115 页。
② 参见德兴、庄立峰《马克思的"人是目的"思想与民生幸福》，《东南大学学报》（哲学社会科学版）2012 年第 4 期。

的体系。建立在个人全面发展和他们共同的、社会的生产能力成为从属于他们的社会财富这一基础上的自由个性，是第三个阶段。第二个阶段为第三个阶段创造条件。"① 马克思认为，在早期"自然共同体"中，生产力水平低下，人只能以一种原始的、自然的联合体为纽带，以"人的依赖"关系为特征，人的自由全面发展遥不可及，人的幸福只是一种最低程度的生存幸福。在后来的"经济共同体"中，生产力水平有了较大提高，人以一种有限的、经济的联合体为纽带，以"物的依赖"关系为特征，人对财富的生产、创造及占有成为了人的价值和意义，人不可避免地陷入了全面的异化危机之中，人的自由全面发展在人的异化危机中让渡于物的增长，人的幸福异化为取决于对物的占有，② 并把这种占有直接地理解为享受生活的乐趣。叔本华也谈道："占有一物便使一物失去了刺激。"③ 占有后的满足后如若没有存在价值的意义，那么，"占有"的幸福过后往往是空虚和无聊的体验。马克思认为，人的一切本应来自人的精神甚至肉体的所有感觉，都被单一的占有的感觉替代，人的丰富的、全面的感觉和体验被单纯异化为占有，人的丰富本质被体现为绝对贫困。在异化的危机中，人使对象世界与自己分离甚至对立，并不能真正觉察到自己是对对象发生作用的主体力量，并不能主动地体验世界和他自身。在人的意义世界中，物本应该是为了人的需要而存在，人们把对外在的物质追求当作生活的全部内容，当作实现幸福的充分条件。物便不再是为了满足人的需求而存在的对象，反而成为了支配人的生活的主体，而人却成为了满足物的存在而消费的对象，沦为了受物的存在逻辑支配的客体，人彻底成为了"拜物主义者"或"消费主义者"。

马克思认为，人的需要应该是多样的、全面的，人的需要既有物质的需要也有精神的需要，需要的全面满足才能使人真正幸福。如果人的需要被定位于物质享受，人的主体丰富性便降格为动物的

---

① 《马克思恩格斯文集》第 8 卷，人民出版社 2009 年版，第 52 页。

② 参见余京华《马克思唯物史观的道德维度及其当代观照》，博士学位论文，安徽大学，2010 年，第 160 页。

③ 转引自孙英《幸福论》，人民出版社 2004 年版，第 51 页。

简单本能性，人便走向了"非人"，失去了对幸福的主体判断和选择能力，甚至连痛苦的感觉也被泯灭了，成为了一种无法自拔甚至无法解脱的"连痛感也消失掉的最痛苦的人"①。在马克思的价值世界中，如果人不能达致解放的状态，那么，人的自由全面发展也将处于悬设的状态，人的真实幸福也必然只能作为人的虚幻预设而存在，人只有超越了对于"人的依赖"和"物的依赖"两个发展形态才能进入自由联合的"真实的共同体"，在"真实的共同体"中人就摆脱了人的"占有"生存命运，恢复了人的"存在"生存样态，人真正获得自由全面的发展，获得彻底的、全面的解放，获得丰富的、真实的幸福。

（三）"存在"：马克思对幸福"占有"主体生存样态扬弃之后的本质复归

马克思认为，"占有"关乎主体对客体的占有，体现人对外物的关系。"存在"是丰富的"占有"，"存在"体现主体的全面性特征和主体的能动性意义，"存在"不仅体现主体对客体的占有，也体现主体对主体自身的占有，体现人对人的本质的关系的占有。在马克思看来，"存在"关乎主体的生活和意义，是人的美好的生活、有意义的生活和幸福生活的直接主体对象来源。马克思指出，人应该是一个具有"存在"意义的主体，而不是一个"占有"形式的主体，"占有"形式的主体身份显然是对人的价值的一种贬低。并且，人作为"存在"意义的主体应该是以自由存在的方式存在，而非以自然存在的方式存在。"人不仅仅是自然存在物，而且是人的自然存在物，就是说，是自为地存在着的存在物，因而是类存在物。他必须既在自己的存在中也在自己的知识中确证并表现自身。"② 马克思把人表述为一个"自为"存在，一个"意义"存在，一个"价值"存在，并强调人在追求自己的幸福目的时作为积极主动的个体的自我意识，主动按照

---

① 参见张之沧、龚廷泰《从马克思到德里达：当代西方马克思主义研究》，人民出版社 2002 年版，第 443 页。
② 《马克思恩格斯文集》第 1 卷，人民出版社 2009 年版，第 211 页。

人的主体幸福价值来创造幸福条件及通过自我认知来确认自己的存在方式。① 马克思认为，人的社会实践的丰富性、多元性决定人的生活的生动性及人自身的多元性"存在"。人的幸福涉及人的"存在"意义，从某种程度上说，人对幸福的追求就是对人"存在"意义的追求。

在马克思看来，人的所有"所谓精神感觉、实践感觉（意志、爱等等），一句话，人的感觉、感觉的人性，都是由于它的对象的存在，由于人化的自然界，才产生出来的"②。马克思认为，对象具有成为主体主观感觉确证和实现的对象意义，并引用了费尔巴哈的表达："皇宫中的人所想的，和茅屋中的人所想的是不同的。"③ 幸福是人的一种体现能动性的感觉和体验，并且是一种体现人的积极的能动性的概念，任何对象和自然物只是对于人的幸福的一种官能的证实，"不言而喻，人的眼睛与野性的、非人的眼睛得到的享受不同，人的耳朵与野性的耳朵得到的享受不同"④。人的幸福决不是简单的客观条件的堆积，单纯的幸福要素的积累，更不是幸福条目清单的填充，幸福需要客观要素，然而幸福却是人的感性体验。幸福是人自觉的、本性的追求，是作为拥有主体自觉意识的人对现实生存状况的理解和反应，因此，通常幸福要以客观的生活条件、生存状态为前提，同时又离不开人对自身的基本的认知和理解及价值预设与价值判断。这是因为，人的幸福的感受离不开人对幸福的理解和价值判断。因此，马克思讲："对于一个忍饥挨饿的人来说并不存在人的食物形式，而只有作为食物的抽象存在；食物同样也可能具有最粗糙的形式，而且不能说，这种进食活动与动物的进食活动有什么不同。忧心忡忡的、贫穷的人对最美丽的景色都没有什么感觉；经营矿物的商人只看到矿物的商业价值，而看不到矿物的美和独特性；他没有矿物学的感觉。"⑤

---

① 参见［美］奥尔曼《异化：马克思论资本主义社会中人的概念》，王贵贤译，北京师范大学出版社2011年版，第102页。

② 《马克思恩格斯文集》第1卷，人民出版社2009年版，第191页。

③ 《马克思恩格斯文集》第4卷，人民出版社2009年版，第292页。

④ 《马克思恩格斯文集》第1卷，人民出版社2009年版，第190页。

⑤ 同上书，第191—192页。

在马克思看来，主体的空场是幸福空场的根本原因，人的主体空场导致人的幸福缺失，人的主体性日益缺失，人日益沦为"工具"，日益被操纵。人仅仅成为了器官的组合，人的世界仅仅成为了器官直接感知的对象世界，而非人主体感知的具体对象性世界，从而人的主体幸福感日益消散。马克思认为，幸福的本质不在"占有"，而在"存在"，幸福一定是在拥有自主选择的基础上获得的，在主体性缺失的条件下，人们只能享受逆来顺受的愚昧幻觉，而无法感受幸福实现的真实体会。人作为一个"意识主体"拥有自我存在及表现的权力与特征，在人的本质的全面占有中实现了人与对象的分离，完成了主客体之间的分化。人作为一种主体存在，只有真正成为主体性的人，恢复自身主体性身份，拥有自决主体意识，才能真正理性地选择自己的生活，自觉地追求美好的人生，积极地面对生活，主动地创造幸福生活。① 对于这一点，尼采曾经"叛逆"地向压制人类理性的神性发出挑战，坚决地否定了神权的神圣性，发出了"上帝已死"的呐喊，尼采同时抨击了理性，认为理性排斥了人的本能生活和幸福可能，主张在"强力意志"的支配下追求强大的生命的本能冲动。然而，尼采在颠覆了神权作为人的束缚力量的同时又用超人的力量否定了人的力量，用超人的超越性取代了人的合理性。福柯更是在尼采宣告"上帝已死"之后，明确地声称"人的死亡"也随之而来，弗洛姆也宣称："19世纪的问题是上帝死了，20世纪的问题是人死了。"他们所指的"人的死亡"不是作为自然物的个体及类的消失，而是指被客观主义地理解的"人"的死亡，② 是资产阶级所鼓吹的大写的"人"的死亡，是复杂多元的个性存在的"人"的死亡。

马克思认为，作为主体存在的人是获得幸福的必要条件，因为："人作为对象性的、感性的存在物，是一个受动的存在物；因为它感到自己是受动的，所以是一个有激情的存在物。激情、热情是人强烈

---

① 参见吕世荣、周宏、朱荣英《马克思主义哲学的当代视野》，人民出版社2006年版，第38页。

② 参见〔苏〕尼·格·波波娃《法国的后弗洛伊德主义》，李亚卿译，东方出版社1988年版，第142页。

追求自己的对象的本质力量。"① 在主体性缺失的时代，人失去了主体意义的活的存在性，只是作为功能意义的存在物。人沦为了无本质主体，非中心化地存在着，即人不再占有自己的主体本质，也不存在于自身的主体中心。人的主体的本源性被放逐为衍生性，中心性被消散为边缘性，完整性被消解为片面性，人消解了人的主体身份，消散了人的本质，也消弭了人的生活，人性消弭于物性之中，意义消弭于功用之中，价值消弭于事实之中，人的生存意义被物的功用稀释，人的生存价值被人的生存事实消散，人的神圣性被世俗性取代，人的超越性被现存性掩埋。人的主体存在方式被完全颠倒，人的主体性存在状态被彻底遮蔽，主体的人以一种外在的、强制性的、奴役性的异化生存样态呈现，"伪生存性"成为了人的唯一真实生存状态。② 人变得太世俗、太功利，很难用心体会情感和精神的喜悦，人同人自身都不可避免地出现了断裂，"当所有的断裂都出现后，留给个人的仅仅是残渣，通过消减所有这些特点后获得的最低限度的共同点，但这些特点是马克思认为人之为人的基础。因此，剥去这些覆盖物，异化的人变成了'抽象物'"③。人最终也迷失在由物质的占有或失去引发的欢乐或痛苦中。

　　马克思认为，人是人的依据，人是人的内在目的，人只有真正摆脱工具化的手段性存在，才能全面占有自己的本质；只有摆脱被支配的规定性存在，才能从"非人"的境遇中解脱出来；只有摆脱"物性"的主体逻辑的束缚，才能真正获得"属人"的幸福。幸福的生成逻辑在于人以"人"的全面的方式"存在"，人从各种依赖性的关系中解放出来，从盲目的命运的力量中解放出来，摆脱异化的境况，扬弃异己的命运。在马克思看来，"存在"是幸福的主体样态，扬弃了对"对象性"占有的"存在"体现了人的全面性特征和人的能动

---

① 《马克思恩格斯文集》第 1 卷，人民出版社 2009 年版，第 211 页。
② 参见杨楹、王福民、蒋海怒《马克思生活哲学引论——生活世界的哲学审视》，人民出版社 2008 年版，第 193 页。
③ ［美］奥尔曼：《异化：马克思论资本主义社会中人的概念》，王贵贤译，北京师范大学出版社 2011 年版，第 164 页。

性意义。对于一个整体的人来讲，所有让人幸福的要素都只能是幸福得以实现的条件，只是人能否获得幸福的对象性因素。幸福问题首先根源于人对自身及其与外部世界关系审视的态度、立场及主体体验结论，它与人的自我主体意识生长息息相关，是人的主体意识觉醒后的积极感受。

小　结

传统对于幸福的研究和考量往往陷入唯心主义的泥潭或者受制于旧唯物主义的束缚，要么沉醉于唯心主义的幻象，对幸福的理解仅仅局限于个体的心理或主观感受，把幸福看作是脱离于物质基础的纯粹思辨带来的精神享受，例如：柏拉图认为，现实世界中的人只有超脱现实生活，摆脱现实生活的世俗束缚，只有在"理念世界"中才能获得真实的幸福，幸福来自精神上的享受，人要幸福就要摒弃肉体上的快乐和物质上的享受。要么陷入机械唯物主义的泥潭，把幸福片面理解为人的生理需求的满足，简单等同于感官的直接享受。例如：拉美特利[①]就曾提出"人是机器"，是一架有感觉的、活的机器，是一种具有敏锐道德本能的复杂机器。人像动物一样都是自然界的产物，人的一切活动原理都从属于机械运动的规律，人的肉体是人的根本存在，就连心灵也是肉体的感受和反映，因此，精神和心灵的满足同样依赖于生理和肉体的满足，物质利益和生理需求的满足就能使人幸福。无论是唯心主义者还是机械唯物主义者，他们都没有立足于社会发展的规律这一客观基础，没有从社会制度变革和社会关系调整的高度去审视幸福。而马克思克服了唯心主义的片面性和旧唯物主义的机械性的弊端，以辩证唯物主义为研究方法，以历史唯物主义为研究视野，以人类社会发展的基本规律为根本线索，着眼于社会生产力的基础物质作用，从改造不合理的人剥削人、人压迫人的社会制度入手，立足于构建合理的社会制度及其

---

① 18 世纪法国唯物主义最早的代表。

生产关系的立场来研究幸福。① 历史唯物主义成为马克思幸福思想的世界观和方法论基础。马克思从历史唯物主义的基本原理出发，在人类发展的历史规律中揭示了生产力是实现人民幸福的物质力量、无产阶级是实现人民幸福的主体力量、幸福是个历史范畴等核心思想。

当然，马克思并非只在历史唯物主义的宏观视野中思考幸福，并非只从社会的发展规律中揭示幸福范畴的本质和特征，人学理论也是马克思探讨幸福的重要基础理论。马克思人学理论体现了马克思思想的人文关怀和价值维度，也成为了马克思幸福思想的直接理论依据。人文关怀始终是马克思研究幸福的情愫原则，"以人为本"始终是马克思幸福思想的立足点。马克思人学理论为马克思幸福思想提供了一种全新的人文视野及必要的价值尺度。马克思人学理论的内涵规定了幸福是一个具有整体性特征和全面性意义的综合范畴，即幸福的基本内涵是全面占有人的本质。同时，也揭示了幸福的主体是一个体现全面性特征和主体能动性意义的主体，幸福的主体生存样态是"存在"。应该说，历史唯物主义为马克思幸福思想的科学性奠定了"客观"基础，人学理论为马克思幸福思想的人本特征奠定了"主观"基础。

---

① 参见杨楹《马克思哲学的最高价值诉求："人民的现实幸福"》，《哲学研究》2012年第2期。

第三章 马克思幸福思想的叙述范式

　　在马克思的整体学说中，我们能清晰地解读出马克思对幸福问题的理解与思考，能梳理出马克思的幸福思想。然而，马克思并没有直接给幸福下过明确的定义，也没有直接系统论述过幸福问题，那么，马克思究竟是怎样阐述自己的幸福思想的呢？马克思幸福思想的语言特点及叙述风格也应该成为我们研究马克思幸福思想的一个内容。马克思究竟是以什么样的语言形式与表达方式来阐述自己的幸福思想的？马克思幸福思想的阐述又具有怎样的语言风格与叙述特点？马克思幸福思想的语言张力表达了对幸福怎样的价值定位与功能诉求？要回答这些问题，我们必须考察马克思幸福思想的叙述范式。厘清马克思幸福思想的叙述范式是我们系统解读马克思幸福思想一个必不可少的环节。总结马克思幸福思想的叙述范式既是马克思幸福思想研究的主要内容，也是系统、全面解读马克思幸福思想的重要手段。马克思幸福思想有其特有的叙述范式，即：在叙述理路上，将哲学思辨性叙述敞显本质与事实性叙述旨归现实相结合；在叙述向度上，将肯定性叙述正面阐释与否定性叙述反面澄明相结合；在叙述方式上，将批判性叙述间接隐喻与建构性叙述直接陈述相结合。我们必须明白马克思对于幸福论题的叙述根植于他思考幸福的方式，马克思幸福思想的叙述范式直接来自他在对幸福这一既抽象又现实的问题检视时的辩证思维，即坚持了主体与对象、个体与普遍、肉体与灵魂、物质与精神、现实与超现实、日常意识与哲学意识的统一，坚持了理论逻辑与现实生活的一致。①

第一节 叙述理路：思辨性叙述与事实性叙述

一 思辨性叙述敞显幸福本质

我们已有太多的讨论幸福的书籍，有太多的有关幸福的解答，其中大部分都是以"幸福是什么"为开端，我们却发现"幸福"这个词往往成为了作者们按照自己的意愿用来指代某个东西的词而已。我们发现："原来关于到底什么是幸福的争论，其焦点其实就是这个词能不能用来指代'这个'或是'那个'的语义学争论，而不是'这个'或者'那个'的本质是什么的科学性争论或者哲学性争论。"②马克思的幸福思想无疑走出了这样的术语使用混乱的无奈与尴尬，而朝向了哲学性的理解。③马克思在辩证唯物主义和历史唯物主义的基础上将唯物性、辩证性及历史发展性借鉴到对幸福的理论探讨，用哲学的深刻思辨性来敞显幸福的本质。马克思以哲学的深刻力度来洞见幸福，用哲学的思辨语言来阐释幸福。这也让马克思幸福思想涵盖了幸福的内涵与特性，幸福的主体特征与客观要素，幸福的人学意义与实现路径，并具有丰富的思想性、严密的逻辑性、合理的结构性和系统的整体性。

---

① 参见聂锦芳《何为幸福："从哲学上进行思考"——马克思早期文献〈伊壁鸠鲁哲学〉解读》，《马克思主义与现实》2016 年第 1 期。

② ［美］丹尼尔·吉尔伯特：《哈佛幸福课》，张岩、时宏译，中信出版社 2011 年版，第 33 页。狄慈根就曾谈道，"现实的幸福是形形色色的，真实的幸福只是主观的选择，……在各种不同的人中，不同的时代中，实际上存在着许多极其相反的，但是都被认为是致福的事物。在这里幸福的东西，在那里却是灾难，反之亦然。"引自［德］狄慈根《狄慈根哲学著作选集》，杨东莼译，生活·读书·新知三联书店 1978 年版，第 94 页。

③ 虽然，马克思在 1844 年的文献——《詹姆斯·穆勒〈政治经济学原理〉一书摘要》和《1844 年经济学哲学手稿》中论及生活概念的问题时，一方面，采用了费尔巴哈式的对概念的论证方式，另一方面，又拒绝了费尔巴哈式的哲学路径，这样的论述理路曾使他陷入困境，但是，马克思依然将哲学视为一个对幸福生活问题进行论证的可能解决办法，甚至认为除此之外并没有其他更好的办法，1844 年，马克思便开始尝试通过哲学来论证他的幸福思想。参见［美］丹尼尔·布鲁德尼《马克思对幸福生活概念的论证》，刘英编译，《马克思主义与现实》2005 年第 4 期。

从一般意义上讲，幸福是幸福感的对象，幸福感是人对幸福的感受，幸福是人的需要得到满足后的一种状态，是人愉悦的心理状态。这个定义也基本地概括出了幸福的一般含义，但这个常识性的认识是人们从心理学的角度对幸福所作的一个静态的界定。众所周知，幸福不仅是个概念，幸福也不仅是个目标，幸福更是一种价值，因此，对于幸福的本质及其实现规律等问题还需要我们从哲学的深度来探讨。幸福本身具有人类学本体论和价值本体论意义，因而，对幸福的理解只有上升到哲学形而上的高度才能洞察它的本质。哲学是对人、对人的生活的反思的思想结晶，是对人的系统的反思的思想，亚里士多德先哲曾明确强调"沉思生活"要高于世俗生活，并且只有通过"沉思生活"才能获得最高的幸福。马克思深知要想具体研究每一个人幸福的具体因素，是无法找到一个普遍有效的并令人满意的答案的，必须要以哲学的深刻沉思，才能达到接近本质的答案。马克思对于幸福的思考，并不满足于从特定的个体角度出发，而是更多地从人的"类主体"的角度去思考，从幸福的社会条件去思考，从人的"类主体"立场阐明了幸福的社会条件。

哲学既是马克思本人的重要学术基础，也是马克思学说体系的重要理论基础。马克思的哲学以"人"作为其根本的理论出场和现实基础，是一种充满人文关怀的哲学，体现了马克思在人生意义上对人的幸福关怀。马克思哲学的人文价值就在于为人类的解放、普遍幸福和有意义的生活寻找理论根基。因此，幸福思想是马克思哲学的重要组成部分，人的幸福是马克思哲学的最高价值目标。马克思用辩证唯物主义和历史唯物主义的世界观来审视幸福问题，继承了西方以往幸福思想的精华，凸显了幸福的至上性、主体性、实践性、社会历史性。马克思对自古希腊的幸福思想以来至空想社会主义者等的幸福思想进行了积极的扬弃，充分肯定了幸福是人类生活的目的，是人类独有的特性，具有至上性意义。马克思认为，幸福是人全部活动的情感动力和价值归属，追求幸福是人的本质实现的必然诉求。人的所有需求和欲望的最终目的都是满足幸福的需要或者说都是实现人的幸福，对幸福的追求就是对人的本质的认可和追求，是人类永恒的、至高无上的价值追求，是不需要辩护就自然拥有的权利。马克思认为幸福具有至上性，其他价值在幸福的终极价值面前也变成了实现这一价值的手段或工具。幸福不仅是一个事实命题，更是一个价值命题，并且是一个关乎终极价值的命题，它是生活的最终目的和最高意义。在马克思的时代，人们的普遍幸福还不是一个实然存在的事实，但马克思却认为这应该是一个应然存在的理想，追求幸福是人类发展的永恒主题，在马克思幸福思想中，幸福甚至不仅是一个存在状态，更是一种意义价值，是一个绝对的、纯粹的应该。

马克思以哲学的深刻性和思辨性研究人何以达到需要满足后的状态，而非立足于描述这种满足状态的具体感受和表现特征。在马克思哲学叙述理路中的幸福思想无疑包括三个层面：幸福对于人的意义和价值；人以何种生活方式生存才能获得幸福；社会以何种方式才能更大程度地实现人的幸福。具有深刻哲学意蕴的马克思幸福思想向我们揭示了：幸福既是人的感性体验，又是人的理性选择；既是人的精神感受，又是人的本质力量的物质实现；既体现人的生存状态，又彰显人的价值旨趣。马克思幸福思想显然不是具有心理调适作用的"心灵鸡汤"，并非是一方能让人迅速得到幸福条件的灵丹妙药，它没有办法直接魔法般地让人获得幸福，但它却是教人理性思考什么是幸福，如何理解幸福，怎样追求幸福的思维工具。在哲学的思辨叙述中，马克思基于辩证思维的特点为我们揭示了幸福是人的主观体验和精神满足，具有直接具体性、社会历史性。不同阶段、不同时期的人对幸福的理解不同，不同理想追求、不同生活经历的人对幸福的理解也不同。马克思用哲学的思辨性力量重塑了人的主体性，恢复了人的主体意义，用思辨性语言强调了"对人的本质的真正占有"是幸福的最高抽象本质，人的自由全面发展既是人类幸福实现的客观标准，同时也是人类幸福实现的重要保障。思辨性叙述无疑暗合幸福的形而上学意蕴，也表达了马克思对幸福至上性的肯定及对幸福本质的探寻。

二　事实性叙述阐明幸福的现实旨趣

马克思对于幸福思想的阐述既具有哲学思辨的沉思性与超越性也

具有了现实描绘的具体性与针对性。马克思以思辨性语言揭示了幸福所有本质意义的内涵。然而，马克思并没有满足于对幸福的"共性"理解与阐释，也并没有陶醉于对幸福的一般价值感知与判断，马克思希望能立足现实社会得到幸福的"个性"把握与解读，希望揭示幸福的具体认知与实现。对于幸福的叙述与解读除了哲学的思辨性叙述外，马克思还用事实陈述性诉说来表达对幸福的理解与期待。马克思在《关于费尔巴哈的提纲》中谈道："哲学家们只是用不同的方式解释世界，而问题在于改变世界。"① 马克思在阐述幸福思想的时候一方面运用哲学的思辨性语言揭示幸福的深刻本质，另一方面也立足于19世纪中叶无产阶级自身的生存命运并运用现实描绘性语言为无产阶级乃至全人类的幸福指明现实的实践道路。马克思幸福思想的叙述既具有哲学的形而上的思辨性，也具有具体的形而下的指向性。

马克思立足人的社会性，克服了费尔巴哈把人仅仅当作自然存在物，以"自然主义"的态度对待人的幸福的局限性，马克思认为将人的社会性悬置起来抽象地探讨人的幸福是极其错误的。马克思从感性的人、现实的人出发，立足于人的社会实践具体地、辩证地讨论人的幸福问题。马克思认为，自由自觉的活动是人类获得幸福的现实基础，社会实践是实现幸福的途径。由此，马克思拒绝了一切虚幻幸福的向路，强调现实的生活世界是人的幸福的真实场域，人的实践活动是创造幸福的现实手段。

马克思立足于人的现实性，立足于资本主义社会的现实制度，立足于无产阶级的现实生存命运，揭示资本主义社会中人的普遍异化及与幸福的疏离。马克思揭示了19世纪中叶资本主义世界弱肉强食的不公平的生存境遇，揭示了资本主义并不能提供平等的幸福条件，进而揭示了资本家的幸福和发展是建立在无产阶级的痛苦和受压抑基础上的。出于对无产阶级悲惨命运的深刻同情，在《1844年经济学哲学手稿》中，马克思痛斥了资产阶级的"丑陋嘴脸"即他们甚至宣称"你们工人是奴隶，并将永远做奴隶，因为只有你们当奴隶，我们才

---

① 《马克思恩格斯文集》第1卷，人民出版社2009年版，第506页。

能增加自己的财富和幸福，因为你们不做奴隶，我们这个国家统治阶级就不能继续统治下去"①。对此，恩格斯也深刻揭露了建立在私有制基础上的雇佣劳动，无产阶级受剥削的残酷程度并不比以往少，造成了富有和贫穷对立的事实，指出，"富有和贫穷的对立并没有化为普遍的幸福……劳动群众的贫穷和困苦成了社会的生存条件"②，并揭示了在资本主义的不平等条件下"即使在社会的幸福状态中工人阶级也不可能取得像所有者阶级取得的那么多好处"③ 的残酷事实。

作为伟大的革命家和无产阶级的精神领袖，马克思始终高度关注人的现实生活世界，关注无产阶级的生存命运，从来都不曾忘记哲学的重要使命是解析社会问题，不曾忘记自己的主要目标是改变世界，改变无产阶级的生存命运。马克思始终致力于对资本主义社会的现实批判与解构，揭示无产阶级在资本主义社会中的悲惨命运的实质及其原因，并指明无产阶级以至全人类幸福的现实道路。事实性叙述无疑暗合了幸福的人学归宿，在事实性叙述中我们能看到马克思幸福思想的现实旨趣，马克思并没有满足于对幸福的理论抽象，而指向了现实的幸福及其实现。

第二节　叙述向度：肯定性叙述与否定性叙述

马克思对于幸福的阐述顺应了他一贯的行文逻辑，既有肯定性叙述也有否定性叙述，既有对异化的、实然的人的生存状态的否定和批判，又有对一个回归的、应然的人的生存状态的肯定和揭示。④ 一方面，马克思正面阐述了人的应然幸福状态，另一方面，马克思很多时

① 《马克思恩格斯全集》第 10 卷，人民出版社 1998 年版，第 283 页。
② 《马克思恩格斯文集》第 3 卷，人民出版社 2009 年版，第 526—527 页。
③ 《马克思恩格斯文集》第 1 卷，人民出版社 2009 年版，第 119 页。
④ "在马克思的理论陈述中，包含着两种不同的叙事方式：一种是'肯定性的叙事'，即马克思对自己的新理论的陈述，如历史唯物主义、剩余价值理论、共产主义学说等等；另一种是否定性的陈述，如意识形态批判、资本主义批判、政治经济学批判等等。当然，这两种叙事方式并不是截然可分的，而是相互贯通、相互渗透的。"引自俞吾金《后现代视野中的理论形象》，载俞吾金《被遮蔽的马克思》，人民出版社 2012 年版，第 352 页。

候是在批判人的不幸的实然状态中表达自己对幸福的诉求。马克思这样的双重叙述特征也决定了马克思话语中的幸福范畴既是个具有否定意义的范畴，同时也是个具有肯定意义的范畴：根据它否定的状态，指明了幸福的异化状态；根据它肯定的结果，揭示了幸福的真实状态。在马克思理论体系中的幸福概念的内涵与外延也总在这两种叙述范式中得到发展，幸福概念也在这两种叙述范式中不断地得到丰富和澄明。

一 肯定性叙述正面阐释幸福

马克思在中学时期谈论自己对选择职业的考虑时就直接明了地谈到了自己对职业与幸福的理解，并且，在这一时期，马克思习惯于用肯定性语言直接地叙述自己的观点，从正面阐释自己对幸福的理解。马克思在谈到一个树立了坚定理想的人即便是选择了枯燥、抽象的理论研究作为其职业也能在艰苦的工作中获得幸福这一观点时，就直接用肯定性语言鲜明地表达了自己的态度："这些职业能够使具有合适才干的人幸福。"① 在此，马克思也朦胧地表露了自己的职业意向即自己愿意为了人类的解放事业而甘愿从事艰苦工作的决心并认为选择这样的职业能让自己幸福。马克思更是进一步用肯定性语言表达了选择为了人类的幸福而工作的职业将会获得最大的幸福的观点，"在选择职业时，我们应该遵循的主要指针是人类的幸福和我们自身的完美。……人只有为同时代人的完美、为他们的幸福而工作，自己才能达到完美"②。"如果我们选择了最能为人类而工作的职业，那么，重担就不能把我们压倒，因为这是为大家作出的牺牲；那时我们所享受的就不是可怜的、有限的、自私的乐趣，我们的幸福将属于千百万人"，③ "经验赞美那些为大多数人带来幸福的人是最幸福的人"④。马克思用了一系列激昂的文字表达了自己早年对幸福的理解，同时也明

---

① 《马克思恩格斯全集》第 1 卷，人民出版社 1995 年版，第 458—459 页。
② 同上书，第 459 页。
③ 同上书，第 459—460 页。
④ 同上书，第 459 页。

确地表达了自己的幸福观即幸福需要个体为了自己的理想和目标努力奋斗，个体自我实现和价值创造无疑能给人带来幸福，但是，如果个体能为了全社会和全人类的理想和目标努力奋斗，个体自我实现和价值创造无疑能得到最大限度的体现，给个体带来的幸福无疑会更深刻和更久远。马克思向我们指明，最高的幸福价值就是为人类的幸福服务并奉献自己的一切，这是幸福的最高境界，为人类的幸福努力奋斗，全力以赴的人必定能得到人们的广泛认可与高度赞扬，个人价值能得到最大限度的实现，无疑能产生超越个人利益满足而实现的快乐，产生无比崇高的幸福感和满足感。

马克思在表达幸福是人的内在动力和情感追求时这样谈道："人的一切情欲都是正在结束或正在开始的机械运动。追求的对象就是我们谓之幸福的东西。"① 马克思在此不仅用肯定性叙述形式表达了幸福的至上性，甚至用了"规律""强力"这样坚定的字眼来强调。

马克思在揭示幸福的辩证法时，这样描述道："即便是最幸福的人也有忧伤的时刻；太阳不会对任何凡人永远露出微笑。"② 马克思在此用形象而简洁的语言表达了幸福并非由人的纯粹抽象思辨而获得，幸福（的条件）并不是固定不变的观点。当然，在肯定性叙述中，马克思也会采用设问的方式来进行，从而增强表达效果，比如，在马克思看来，幸福不存在绝对的统一性，即便共产主义中的幸福也是如此。马克思用了一串这样的表达：在未来的共产主义社会中"幸福究竟是什么样的呢？难道所有的人都有同样的幸福吗？难道所有的人在同一环境中都感到同样的幸福吗？"③ 显然，马克思用这一连串节奏明快甚至有些"咄咄逼人"的设问是想揭示幸福具有相对性和具体性。

马克思曾经坚定地谈道："世界上的一切报纸文章，都不能使那些大体上已经感到安乐和幸福的居民相信他们是在走霉运。"④ 马克

① 《马克思恩格斯全集》第 2 卷，人民出版社 1957 年版，第 164 页。
② 《马克思恩格斯全集》第 47 卷，人民出版社 2004 年版，第 548 页。
③ 《马克思恩格斯全集》第 3 卷，人民出版社 1960 年版，第 238 页。
④ 《马克思恩格斯全集》第 1 卷，人民出版社 1995 年版，第 218 页。

思在此用肯定性叙述表达了民生与幸福的关系：我们必须相信人们在生活上的安乐是一个国家、民族稳定发展的物质前提，在此基础上获得的幸福感和满足感是一个国家、民族稳定发展不可或缺的持续发展动力。民生问题的解决和幸福的获得是加强民族凝聚力和向心力的基础，是国民树立对国家和民族未来发展信心的前提，能有利于增强民族自豪感和自信心，攻破一切谣言和战胜一切颠覆。

在马克思看来，作为社会存在物的人必然在社会关系中感受和实现自己的幸福。马克思在谈到幸福的集体主义原则时就曾用肯定性语言这样表达："按照自己的本性，只有在同其他人们的交往中并通过这种交往，我才能够达到自己生活的发展，才能达到对这生活的自觉的享受，才能够获得自己的幸福。"① 马克思向我们道出了幸福作为一种我们建立在生活实践中的具有共享趋向性的主体间性的经验必然在共享的社会生活中生成的道理。马克思直接用这样肯定的叙述方式揭示个人幸福的实现离不开集体和社会的支持和理解，人应该在尊重他人和社会幸福的基础上实现个人幸福。马克思并引用霍尔巴赫的话："人为了自身的利益应该爱别人，因为别人是他自身的幸福所必需的……道德向他证明，在一切存在物中，人最需要的是人。"② 对此，恩格斯也谈道："个人的幸福和大家的幸福是不可分割的"③，"要是我们不尊重他人同样的追求幸福的欲望，那么他们就会反抗，妨碍我们自己追求幸福的欲望"④，"如果一个人只同自己打交道，他追求幸福的欲望只有在非常罕见的情况下才能得到满足，而且决不会对己对人都有利"⑤。一个总是自觉地把自己置于集体和社会中，并顾及集体和社会的利益的人"为所有的人创造生活条件，以便每个人都能自由地发展他人的本性，按照人的关系和他的邻居相处，不必

---

① 《马克思恩格斯全集》第 3 卷，人民出版社 1960 年版，第 561 页。
② 《马克思恩格斯文集》第 1 卷，人民出版社 2009 年版，第 337 页。
③ 《马克思恩格斯全集》第 42 卷，人民出版社 1979 年版，第 374 页。
④ 《马克思恩格斯文集》第 4 卷，人民出版社 2009 年版，第 292 页。
⑤ 同上。

担心别人会用暴力来破坏他的幸福"①。

二 否定性叙述反面澄明幸福

在马克思看来，幸福和不幸就是生活的状态及体验的两端，不幸福的状态和体验作为幸福的对立面在某种意义上就成为了幸福的一种反向折射，一个人的不幸福感受是他的自身幸福感受与他最远离的一种极端表现。不幸福的饱满就是幸福的缺失，不幸福在某种程度上越立体、越真实、越全面，幸福就越干瘪、越虚幻、越抽象。肯定意义的"幸福"是我们追求幸福道路上有待实现的目标，否定意义的"痛苦""不幸"是我们追求幸福道路上需要消除的障碍，幸福往往是在它毁灭后所复归的对象中显现和生成的，在被异化的不幸的事实中更能让我们窥见幸福的本质和要求。因此，马克思除了用肯定性叙述从正面阐释幸福之外，还用"异化""痛苦""不幸"等这样的否定性叙述从反面澄明幸福的应然，从幸福的幻灭对象入手，从不幸的视角向我们揭示幸福的样貌。马克思用了大量的否定性叙述来批判现实的社会制度和现存的生存状态并以此来表达自己对幸福的理解，"如果一个时代的风尚、自由和优秀品质受到损害或者完全衰落了，而贪婪、奢侈和放纵无度之风却充斥泛滥，那么这个时代就不能称为幸福时代"②。从马克思提及的这一系列的负面语境中，我们能清晰地看到马克思认为的幸福时代的社会面貌即"风尚纯朴、积极进取、官吏和人民公正无私"③。

在马克思否定性叙述背后我们分明能看到马克思理解的幸福。例如，马克思就曾指出："在必然性中生活，是不幸的事，……"④ 马克思旨在强调幸福是人的积极性发挥的结果，是积极的创造，幸福在人的自由意志中选择的自成目的性的行为中实现，在把握和占有规律后的自由中实现。马克思认为，幸福在于人性的自然释放，幸福是人

① 《马克思恩格斯全集》第 2 卷，人民出版社 1957 年版，第 626 页。
② 《马克思恩格斯全集》第 1 卷，人民出版社 1995 年版，第 463 页。
③ 同上书，第 461 页。
④ 同上书，第 26 页。

性摆脱了自然对人的奴役，实现了人类自身的必然实现。

众所周知，马克思对人的解放及人的幸福等一系列问题的考察和研究是在其所处的 19 世纪中叶资本主义的发展阶段这一时间维度和 19 世纪中叶资本主义体系这一空间维度内进行的。而"不幸""痛苦""贫困"是 19 世纪中叶大多数人的生存命运的真实写照。马克思是在当时的条件下，从否定资本主义制度中劳动人民的不幸事实出发，在揭示无产阶级的痛苦现实的境遇中展开其对幸福的向往和描绘的。马克思曾引用斯密的话："如果社会的绝大部分成员都是贫困的和不幸的，毫无疑问，不能认为这个社会是幸福的和繁荣的。"① 马克思认为，幸福的首要表现就是没有痛苦，马克思曾直接谈道，"大多数人遭受痛苦的社会是不幸福的"②。马克思用否定性的语言鲜明地表达了自己的观点，幸福的社会必定是多数人幸福的社会，马克思深刻否定了以牺牲一部分甚至绝大部分人（无产阶级）的利益和幸福而成全一部分人（资产阶级）的利益和幸福的合理性。

"资本使工人阶级所处的生活状况是：密集，没有其他一切生活享受"③，他们身上完全丧失了人的生动属性，是无幸福可言的，有的只是愤慨。对此，马克思曾引用欧文对工人的描述，"他的雇工，人们这样称呼他们，而实际上是他的奴隶，被置于极端绝望的境地；他们大部分人失去了健康、家庭之乐、闲暇和童年时有益健康的户外游戏……他们与一切真正的生活乐趣是无缘的。总之，很大一部分工人在当前制度下所过的生活是没有意思的"④。马克思用"生活毫无内容""极端绝望""生活没有意思"等这样的否定性语言描绘了工人痛苦或不幸的状态，深切地表达了对工人不幸命运的同情，同时也强烈地表达了对工人不幸命运的不满，并从反面澄清了幸福生活的应然内容。

---

① 《马克思恩格斯全集》第 34 卷，人民出版社 2008 年版，第 247—248 页。
② 《马克思恩格斯文集》第 1 卷，人民出版社 2009 年版，第 122 页。
③ 《马克思恩格斯全集》第 32 卷，人民出版社 1998 年版，第 344 页。
④ 《马克思恩格斯全集》第 31 卷，人民出版社 1998 年版，第 109—110 页。

　　在马克思看来，劳动是幸福的源泉，幸福本应该属于创造生活条件的生产者，而在资本主义条件下，工人的劳动发生了异化，劳动与工人发生了分离，劳动产品也不属于工人，创造幸福生活条件的工人与幸福本身相背离。对此，马克思用了一系列否定性叙述来揭示工人"痛苦"或"不幸"的原因及实质，从而暗喻劳动者享受幸福的条件和可能性。马克思在谈到工人并不能为自身生产产品而只是充当资本主义社会中资本家实现资本增殖的工具时就这样叙述道："这种生产关系把工人变成资本增殖的直接手段。所以，成为生产工人不是一种幸福，而是一种不幸。"① 马克思在此揭示了工人不幸福的深刻社会原因即资本主义制度及其剥削实质。马克思还用了一系列否定性语言详细阐述了在资本主义社会中工人不幸福的自身情感原因即资本主义社会中的劳动异化及工人意识到自身在劳动异化中的主体力量的丧失，"他在自己的劳动中不是肯定自己，而是否定自己，不是感到幸福，而是感到不幸，不是自由地发挥自己的体力和智力，而是使自己的肉体受折磨、精神遭摧残"②。在马克思看来，工人在异化劳动中，自己生产的产品越多，自己能消费的对象越少；自己生产的产品越丰富，自己的生存状态越单调；自己生产的产品越完美，自己的生活越畸形；自己创造的价值越大，自己丧失的价值越大；为别人创造的财富越多，自己的贬值越大；自己的劳动越有力量，自己显现得越无力；自己创造的幸福的条件越多，自己获得幸福的可能性越小。对此，马克思用了一组排比句来表达："工人生产得越多，他能够消费的越少；他创造的价值越多，他自己越没有价值、越低贱；工人的产品越完美，工人自己越畸形；工人创造的对象越文明，工人自己越野蛮；劳动越有力量，工人越无力；劳动越机巧，工人越愚笨，越成为自然界的奴隶。"③ 马克思使用了"否定""低贱""畸形""野蛮""无力""愚笨""非人性"等一系列否定性语言来揭示工人在异化劳

---

① 《马克思恩格斯文集》第 5 卷，人民出版社 2009 年版，第 582 页。
② 《马克思恩格斯文集》第 1 卷，人民出版社 2009 年版，第 159 页。
③ 同上书，第 158 页。

动中由于自我主体力量意识觉醒而痛苦和不幸的直接根源，同时也指明了作为幸福源泉的劳动的应然状态。

马克思谈到异化劳动带来的"负面情绪"时甚至直接这样表述："劳动始终是令人厌恶的事情，始终表现为外在的强制劳动，而与此相反，不劳动却是'自由和幸福'。"① 马克思用这样一系列的否定性表达向我们揭示：劳动是幸福的源泉，当然，劳动必须摆脱奴役性、强制性，必须体现为人的自由自觉的活动。劳动的自由自觉性一旦丧失，劳动者和劳动产品之间的关系一旦异化，那么，劳动者在劳动中将无法体会劳动的乐趣，不能体会幸福。劳动者必须摆脱强制性劳动的形式才能真正在劳动中发挥自己的体力和智力，充分地肯定自己，确证自己的主体力量，实现自我并感受幸福。

马克思幸福思想的否定性叙述在于揭示了在资本主义社会中，由于劳动异化，劳动主体性缺乏，很难让工人在劳动中实现自我价值，获得自我满足和幸福感，工人在生产劳动产品及社会财富的同时却生产出自身的贫困化，工人自身的存在价值和意义沦为了工具的属性和目的，而且还要时刻担心是否会由于生产效率提高而被解雇，幸福的缺失也就成为一种必然。马克思幸福思想的否定性叙述的根本立意在于让人摆脱痛苦，扬弃异化，恢复人追求幸福和全面发展的自由，以幸福的名义实现人的真正解放即从被剥削、被压迫的生存状态中解放出来，摆脱异化的命运，这无疑体现了马克思对人的主体性的积极弘扬，人的价值的高度肯定及人的自由、全面发展的无限向往，这也折射出马克思对人乃至人类幸福的积极渴望和执着追求。

第三节 叙述方式：批判性叙述与建构性叙述

一 批判性叙述间接隐喻幸福

众所周知，作为一个极具批判性的思想家，马克思在表述逻辑中常常习惯于用批判性叙述方式来陈述自己的思想。马克思理论的一个

---

① 《马克思恩格斯文集》第8卷，人民出版社2009年版，第174页。

重要特质就是批判性，从而找寻人类社会发展的方向和道路。马克思对以往一切人剥削人、人奴役人、人压迫人的社会制度进行了彻底的清算，对人类历史上一切"非人"（人依赖人、人依赖物）的现实状态进行了深刻的批判，尤其对资本主义制度下产生的"资本奴役人""人被物化""人被工具化"等一切现象进行了批判。马克思更习惯于在批判人的实然状态中让人看到人的应然状态。马克思对于幸福的叙述亦是如此。不难发现，马克思更多时候是在对一切不合理的现象进行深刻批判的过程中来言说幸福的，例如：马克思在对批判资本主义制度的基础上阐述了幸福的现实社会条件，在批判宗教虚幻性的基础上阐述了幸福的现实性，在批判劳动异化的基础上阐述了劳动幸福的现实性和可能性。马克思在批判的基础上，主张超越资本主义，扬弃人的异化乃至受剥削、受奴役的状态，从而摆脱人的"不幸"的命运，实现对人的幸福的确证和追求。马克思深刻批判资产阶级的虚伪性时曾这样谈道："所有过去的时代，实行这种吸血的制度，都是以各种各样的道德、宗教和政治的借口来粉饰的：教士、哲学家、律师和政治家总是向人民说，为了他们自己的幸福他们必定要忍饥挨饿，因为这是上帝的意旨。"[①]

马克思在批判资本主义社会中人的异化的基础上也揭示了异化是幸福的障碍。在马克思看来，资本主义社会就是一个"以物为本"的社会，是死的物统治活的人的社会，在资本主义社会异化无处不在，在以资本无限扩张和增殖为内在需求的链条中，资本作为主体力量代替了人的主体力量，资本成为了一切的主宰，具有了统治一切的力量，人在资本的主宰下造成了异化，人成为了资本运动中的工具和环节。马克思对资本主义社会中的异化进行了深刻的批判，揭示无产阶级和资产阶级都不可避免地异化，都难逃"苦恼"的命运。"工人和资本家同样苦恼，工人是为他的生存而苦恼，资本家则是为他的死钱财的赢利而苦恼。"[②] 马克思进而批判资产阶级经济学"关于自由

---

① 《马克思恩格斯全集》第 10 卷，人民出版社 1998 年版，第 283 页。
② 《马克思恩格斯文集》第 1 卷，人民出版社 2009 年版，第 119 页。

竞争必将带来普遍和谐和人民的普遍福利的学说完全是撒谎"①。

马克思还以独到的视角对资产阶级由于自身的狭隘性和自私性而导致的异化命运进行了深刻批判，马克思揭示了在资本主义社会中即便是资产阶级的自我满足状态也只是幸福的假象而已，这种幸福假象掩盖了全面异化了的生活实质，粉饰了受资本利益操纵的奴性生活的不幸本质。在马克思看来，资本主义社会中，资本家也远离真正的幸福，在资本不断增殖的本性中，他们的目的和追求只是实现资本的增殖即财富的积累。"在资产阶级看来，世界上没有一样东西不是为了金钱而存在的，连他们本身也不例外，因为他们活着就是为了赚钱，除了快快发财，他们不知道还有别的幸福，除了金钱的损失，不知道有别的痛苦。"② 资本家 "作为资本的人格化，他同货币贮藏者一样，具有绝对的致富欲"③，他们把资本的增殖，财富的积累当作是唯一的目的和追求，"'勤劳提供物资，而节俭把它积累起来'。因此，节俭啊，节俭啊，也就是把剩余价值或剩余产品中尽可能大的部分重新转化为资本！为积累而积累，为生产而生产"④ 成为了他们的宿命，他们用禁欲来克制自己的享受，用财富本身来衡量幸福，于是，"在资本家个人的崇高的心胸中同时展开了积累欲和享受欲之间的浮士德式的冲突"⑤，"他的动机，也就不是使用价值和享受，而是交换价值和交换价值的增殖了"⑥。同时，资本家也成为了 "为别人而生产的生产者"⑦，为了能一直 "执行自己的职能"，他们已自觉地放弃了 "追求享受的积累"，而陷入了 "积累的享受"，并非能真正享受幸福。他们 "一味追求的 '幸福'，就是说，追求吃得好，喝得好；它把粗陋的物质捧上宝座，毁掉了一切精神内容"⑧。马克思通过这些

---

① 《马克思恩格斯文集》第 9 卷，人民出版社 2009 年版，第 28—29 页。
② 《马克思恩格斯文集》第 1 卷，人民出版社 2009 年版，第 476 页。
③ 《马克思恩格斯文集》第 5 卷，人民出版社 2009 年版，第 683 页。
④ 同上书，第 686 页。
⑤ 同上书，第 685 页。
⑥ 同上书，第 683 页。
⑦ 《马克思恩格斯全集》第 33 卷，人民出版社 2004 年版，第 343 页。
⑧ 《马克思恩格斯全集》第 3 卷，人民出版社 2002 年版，第 505 页。

论述，批判了资产阶级把幸福建立在金钱或财富的占有基础上的庸俗性，批判了他们认为赚钱越多或占有财富越多就越幸福的狭隘性，批判了他们认为金钱的损失或财富的失去便会让他们陷入痛苦的荒谬性。

从马克思的一系列批判性叙述中，我们能看到马克思立足于一切不合理的现象进行批判，揭示出资本主义制度总的原则和现实表现就是"轻视人，蔑视人，使人非人化"①，资产阶级以一种比以往更为残酷和更为隐蔽性的手段使无产阶级陷入"非人"的境地并不得不接受异化的悲惨命运，而失去获得幸福的机会和可能性。马克思的这种批判是坚决的、彻底的、不妥协的。马克思批判资本主义以少数人幸福为价值追求的现实制度，表达出对以全人类解放和普遍幸福为价值理念的未来理想社会的无限向往及对幸福社会的执着追求。不难发现，马克思以批判旧世界中人的"非人"的生存状态为起点，以寻求人的解放和自由全面发展的社会为路径来探索人获得幸福的途径。

二　建构性叙述直接陈述幸福

马克思除在批判旧世界的基础上来表达自己建立新世界的思想外，时常也会直接陈述对新世界的设想。马克思幸福思想也在对资本主义制度的批判基础上及对未来理想社会的建构中不断生成。直接建构虽然并非马克思幸福思想的主要叙述方式，但是，我们也依然能清晰地看到马克思用直接构建的叙述方式来阐述如何实现幸福的一些相关表达。例如：马克思强调人的主体性发挥及其实践对幸福的作用的时候，就直接表达道："要以自己的意志来指导自己的生活、安排自己的工作。创造自己的幸福。"② 马克思甚至直接用通俗的语言谈到自己对此的理解，"当你能够想你愿意想的东西，并且能够把你所想的东西说出来的时候，这是非常幸福的时候"③。当然，马克思对于

① 《马克思恩格斯全集》第 47 卷，人民出版社 2004 年版，第 59 页。
② 《马克思恩格斯全集》第 43 卷，人民出版社 1982 年版，第 487 页。
③ 《马克思恩格斯全集》第 1 卷，人民出版社 1995 年版，第 134—135 页。

幸福思想的建构更多是在对资本主义批判基础上的反思，马克思在表达劳动是幸福的源泉时就谈道，"生产劳动给每一个人提供全面发展和表现自己的全部能力即体能和智能的机会，这样，生产劳动就不再是奴役人的手段，而成了解放人的手段，因此，生产劳动就从一种负担变成一种快乐"①。马克思在此揭示了怎样的劳动才具有幸福的价值旨趣。

马克思旨在建立一个新世界，并认为只有在新世界中人的自由全面发展和普遍幸福才能真正实现。马克思对于幸福的诉求就是要消除一切使人受奴役、受压迫、受剥削及异化的束缚，在恢复人的本质的基础上实现。马克思认为，幸福的前提是让人成其为人，人摆脱了自然、他人等其他非自我主体的依赖和束缚，才能真正享受幸福。马克思深信被压迫和受剥削的人是不幸的，饥饿和贫困的人是不幸的，自由和民主缺失的人是不幸的，异化和片面化的人是不幸的。马克思强调要实现人的彻底解放及人的普遍幸福就必须消灭和推翻不合理的社会制度，以更为人性的共产主义超越并代替资本主义，"共产主义宣布大家幸福，正是消灭那些至今仍靠利息为生的人的幸福"②。在此，马克思在对人类私有制积极扬弃的基础上揭示了人类幸福前途的现实方向。恩格斯也曾谈道，"法国革命所面临的真正的大问题是消灭不平等，建立能够保障法国人民过幸福生活的制度，人民大众是从来没有过这种幸福生活的"③。显然，马克思、恩格斯都已意识到要实现人的幸福不能只拘泥于个体因素来讨论幸福的微观条件，而要上升到社会制度的高度来探讨幸福的宏观因素，而消灭了剥削和压迫的共产主义显然是人类的必然选择。

马克思认为，幸福生活不会从天而降，幸福生活需要的社会条件不会自动生成，剥削制度和不平等现象不会自行消亡，这一切都需要通过无产阶级的革命和斗争才能实现。马克思指明无产阶级的幸福不

---

① 《马克思恩格斯文集》第9卷，人民出版社2009年版，第310页。
② 《马克思恩格斯全集》第3卷，人民出版社1960年版，第238页。
③ 《马克思恩格斯全集》第2卷，人民出版社1957年版，第669页。

能依靠"假象"和"妥协"，必须依靠斗争来实现，"在观点、利益和目的不一致的情况下，新时代的幸福是不能用假想的合理妥协和虚伪的合作办法来达到的，这种幸福只有经过各个党派的斗争才能达到"①。马克思在此也直接揭示了无产阶级幸福前途的现实途径。

系统研究，我们能发现即便是用建构性叙述方式来陈述自己的幸福思想，马克思也从来没有正面地、直接地给幸福下过定义，这是因为，马克思知道无须给幸福下一个固定的定义，幸福的讨论更应该在一个开放的话语体系中。马克思更多时候是在一种开放的语境中讨论人的幸福条件及如何才能获得幸福。马克思甚至并不执着于对幸福内涵的直接论述，往往从幸福的外延来探讨幸福。在马克思看来，幸福是一个具有综合意义的范畴，它与许多范畴都有相关性，在马克思的言说体系中，自由、平等、财富、需要、道德、劳动、斗争、社会制度及人的本质等范畴都是幸福的相关性范畴。在对这些范畴的论述中分明也体现了马克思对幸福的理解和追求。

小　结

马克思幸福思想的叙述范式不仅让我们了解了马克思幸福思想的语言风格特色，而且为我们准确解读这一思想提供了多维分析视角；不仅让我们掌握了马克思幸福思想的叙述方式特征，而且让我们找到了全面理解这一思想的多样解读路径；不仅让我们领会了马克思幸福思想的话语表达特性，而且让我们看到了这一思想的立体全貌。马克思幸福思想在马克思的学说体系中并不是孤立存在的，它是马克思整体学说的重要组成部分。马克思对于幸福的叙述范式也并没有超出马克思学说的整体叙述范式，马克思对于幸福的叙述依然沿袭了马克思一贯的表述习惯。不难发现，马克思幸福思想的思辨性叙述与事实性叙述是由其学术视野与理论主旨所决定的，马克思幸福思想的肯定性叙述与否定性叙述是由其所处时代背景与社会现实所决定的，马克思

---

① 《马克思恩格斯全集》第5卷，人民出版社1958年版，第25页。

幸福思想的批判性叙述与建构性叙述是由其思想的表达习惯与自身的语言风格所决定的。总结马克思幸福思想的叙述范式是我们深入解读其幸福思想的重要前提。在其特有的叙述范式中，不仅向我们展示了马克思幸福思想的叙述理路指向，而且为我们准确阐明这一思想提供了双重分析视野；不仅向我们展示了马克思幸福思想的叙述向度逻辑，而且为我们全面理解这一思想提供了双向解读路径；不仅向我们展示了马克思幸福思想的叙述方式特征，而且为我们系统分析这一思想提供了复式呈现样态。

第四章 马克思幸福思想的内容

　　研究马克思幸福思想的主要任务当然要研究这一思想的主要内容，我们有必要分析马克思幸福思想的核心观点及主要内容，这也是我们了解马克思幸福思想的理论特质及现实意义的理论前提。马克思幸福思想作为一种思想体系应该具有科学的内涵、整体性的逻辑结构及丰富的内容，了解它的内在逻辑及主要内容也是我们研究马克思幸福思想的核心。我们只有在全面解读马克思幸福思想主要内容的基础上才能科学揭示其理论特质及这一思想的当代价值。马克思幸福思想是一个系统的理论体系，包含自由是幸福的实现形式、劳动是幸福的源泉、财富是服务于幸福目的的工具、社会协同是幸福生成的逻辑、共产主义是幸福的必由之路等核心内容。

第一节　自由：幸福的实现形式

一　主体自由是人的幸福存在

　　马克思沿袭了黑格尔对自由的哲学论述嵌在对必然的哲学理解中的传统，辩证地继承了黑格尔的自由概念，认为只有在认识了必然性后才能有自由的可能，人在必然性的盲目背后彰显的是人的不自由的命运，当然，马克思理解的自由并不是摆脱外在必然性束缚的幻想，而是在把握了外在必然性基础上的判断、选择和决策的自由。在马克思看来，受困于必然性中的绝对盲从便是人的不幸命运，而驾驭必然性的主体自由是人的幸福存在。① 马克思在其博士论文《德谟克利特的自然哲学和伊壁鸠鲁的自然哲学的差别》中指出，原子脱离直线而偏斜及其所表现的规律贯穿于整个伊壁鸠鲁的自然哲学，伊壁鸠鲁认为原子是在"碰撞""偏斜"中实现了原子自身的物质性、形式性、自然性、能动性和个体性的统一和综合，使其形式的规定性得以丰富呈现。并把德谟克利特眼中仅仅局限于客观形式和直观形式的原子改造成为具有主观性和能动性的自由原子，从此，在伊壁鸠鲁的自然哲学中原子成为了单个的具有自我意识的象征。马克思对伊壁鸠鲁用原子脱离直线而偏斜的能动对抗原子的直线下坠的规定，从而实现原子个体"从直线的规定性中解放出来"这一观点的引述和阐发并不仅是为了说明物质世界的客观事实，更是为了把它具体到人的世界中去，旨在讨论这一规律在人和社会中的体现和意义。人的意志自由和主观能动使人在必然性中的主体选择限度大大提高，必然性的本质规定不再是人类命运的必定束缚，而可能成为了自由的条件，成为了实现自我和通向幸福的桥梁。人的意志自由和自我选择的自由及在此基础上对必然的把握及在必然中的自由是幸福的本性。

马克思高度肯定了伊壁鸠鲁揭示的原子运动形式，马克思认为原子偏斜运动的实质就是其"自由意志"的展现，是自我意识的绝对性和自由性的表现。人同原子一样，只有在"碰撞""偏斜"中才能否定自己的纯自然性，才能真正实现自己的物质性与自我意识性的统一，社会存在性与主体能动性的统一，并使自己的规定性得以丰富呈现。马克思直接谈道，"在必然性中生活，是不幸的事，但是在必然性中生活，并不是一种必然性。通向自由的道路到处都敞开着，这种道路很多，它们是便捷易行的。因此，我们感谢上帝，因为在生活中谁也不会被束缚住。控制住必然性本身倒是许可的"②。这表达了马克思对自由生活的肯定及对在生活的自由中追求幸福生活的向往之

---

① 参见俞吾金《澄清"两种自由概念"的含义》，载俞吾金《被遮蔽的马克思》，人民出版社 2012 年版，第 155 页。

② 《马克思恩格斯全集》第 1 卷，人民出版社 1995 年版，第 26 页。

情。马克思认为，每个原子式的个人必然具有主体的自由意志，同时也拥有追求自身幸福的主体权利，人不只是像动物一样茫然地生活在自然的规定性中。当然，马克思并不是指在偶然性中实现幸福，而是强调人只有在对客观规律性的把握和掌控中才能实现自由，才能通向幸福。

幸福在于人性的自然释放，幸福是人性摆脱了自然对人的奴役，实现了人类自身的必然实现，人真正成为人，人以绝对的力量认识了必然，突破了一切抑制人性的枷锁，全面地恢复了人的自由发展的自然本性，人获得了人的自由地位并实现了人的自身价值。马克思显然意识到受困于必然规律的强制性和非自由性是痛苦的，而凌驾于规律后的自由是幸福的前提，更是幸福的实现形式。在马克思看来，自由是人的幸福真正实现，因为，自由"它是人和自然界之间、人和人之间的矛盾的真正解决，是存在和本质、对象化和自我确证、自由和必然、个体和类之间的斗争的真正解决"①。马克思强调幸福是指人的积极性的发挥，对规律的把握和占有基础上的积极创造，是自由的自我实现。

马克思认为，在绝对的必然性中，人受制于物甚至受制于自然，人的本性在一种缺失主体性的状态下呈现，人在规律的必然主体力量的支配下只能自在生存，人无主体选择性可言，无支配的自由可言，人在盲从的状态下受必然力量的支配，当然无主体的幸福感可言。幸福是人在自由中的生存状态，是必然中的自由，在对必然的认识、把握、控制中实现。只有在自由中，人的主体选择性才能得到实现，人能动地掌握规律并主动地利用规律，人在自我意志自由和自我选择自由的条件下把握现实生活的必然性，并能在必然规定性之外的偶然性或现实可能性中自由选择自身本质力量对象化实现的道路，确证人的本质力量，这无疑就是人的幸福的实现。马克思着眼于"自由和必然、个体和类之间的斗争的真正解决"②，当然，马克思追求的自由

① 《马克思恩格斯文集》第1卷，人民出版社2009年版，第185页。
② 同上。

并非纯粹的意志自由，而是立足于意志自由之上的人的自由自觉的活动。马克思认为，人的自由自觉及其在此基础上的实践是人的根本性存在的方式和表现，是人的类生活本性的确证和实现。

二 幸福在摆脱痛苦定在的实践自由中实现

马克思同时指出伊壁鸠鲁的原子脱离直线、发生偏斜而实现突破和发展这一规律其实质揭示了抽象的个别性要使其概念实现的意义和条件，即事物真正的自在存在是脱离限制性的定在，是对一切相对性的扬弃，是从自己的相对存在中解放出来，从与自己相对立的定在中抽象出来，从自己纯粹的自为存在脱离出来。马克思进一步指出这一规律折射出人的行为的目的性和本质性："行为的目的就是脱离、离开痛苦和困惑，即获得心灵的宁静。所以，善就是逃避恶，而快乐就是脱离痛苦。"① 马克思在谈论快乐或幸福的概念时认为幸福的个别性和独立性是摆脱了痛苦的定在而实现的自由。马克思认为，幸福同自由一样在本质上都是属于生命个体的意识存在，② 人总是不断探求必然，认识和把握自身的生命力，不断抗拒客观命运的支配，开拓生命的自由空间，在不断超越中寻求意义，实现幸福。在马克思看来，幸福是由一种自成目的性的行为所带来的愉快感觉，幸福在人的自由意志选择的自成目的性的行为中实现。人在体现自身主体力量的创造性的自由活动中创造幸福本身就是一件幸福的事情。康德也曾谈道，"幸福是现世中一个有理性的存在者的这种状态，对他来说在他的一生中一切都按照愿望和意志在发生，因而是基于自然与他的全部目的，同样也与他的意志的本质性的规定根据相一致之上"③。

不难发现，马克思是从本体论意义上谈论自由，是以一个生存的社会主体的角色来谈论自由，显然，在马克思看来，自由和幸福具有

① 《马克思恩格斯全集》第 1 卷，人民出版社 1995 年版，第 35 页。
② 参见韦定广《"世界历史"语境中的人类解放主题》，人民出版社 2004 年版，第 161 页。
③ ［德］康德：《实践理性批判》，邓晓芒译，人民出版社 2003 年版，第 171 页。

同属的一致性，找寻主体的自由具有寻求幸福的价值意义。泰奥多·德萨米后来更是直接指出："所谓自由，其实就是幸福本身，也就是我们的社会高度发达，我们的需要得到完全的满足。自由的界限就是我们的需要。自由或者是无限的，或者就是不自由。"① 马克思认为，自由是人的本质存在状态，是人的类特性，"一个种的整体特性、种的类特性就在于生命活动的性质，而自由的有意识的活动恰恰就是人的类特性"②。马克思也曾说："自由确实是人的本质，因此就连自由的反对者在反对自由的现实的同时也实现着自由；……没有一个人反对自由，如果有的话，最多也只是反对别人的自由。可见，各种自由向来就是存在的，不过有时表现为特殊的特权，有时表现为普遍的权利而已。"③ 自由为人不断实现自我、超越自我提供了可能，是人创造美好、幸福生活的基础。实践是人的存在方式，自由是人的主体性发挥和张扬的表现，有了主体性的实质就有了自由的表现，有了自由也就有了选择，缺失了人的主体性也就缺失了自由，人若不以主体性存在就没有了自由的权利，也就丧失了自由和创造的可能性，"没有选择、自由、主体性就一定没有幸福"④。幸福必须以自由为前提，人如果丧失了主体自由，失去了主体本来拥有的自由意志和在自由意志中自决的自由，人就降格为客体，降格为物，沦为对象，人的生活意义随着主体的丧失而丧失，幸福也就成为了空谈。因此，马克思通俗地谈道，"当你能够想你愿意想的东西，并且能够把你所想的东西说出来的时候，这是非常幸福的时候"⑤。费尔巴哈甚至认为追求幸福与追求意志自由是同等的表达，因为，在费尔巴哈看来，人的意志自由是人的最根本的特征和愿望，幸福的本质就是人的自由意志的实现，"只有伟大的德国思辨哲学家们才杜撰出某种与追求幸福不同的

---

① 转引自［德］费彻尔《马克思与马克思主义：从经济学批判到世界观》，赵玉兰译，北京师范大学出版社 2009 年版，第 200 页。

② 《马克思恩格斯文集》第 1 卷，人民出版社 2009 年版，第 162 页。

③ 《马克思恩格斯全集》第 1 卷，人民出版社 1995 年版，第 167 页。

④ 鲁鹏：《论不确定性》，《哲学研究》2006 年第 3 期。

⑤ 《马克思恩格斯全集》第 1 卷，人民出版社 1995 年版，第 134—135 页。

而且是独立的抽象的意志，某种只是抽象的意志"①。马克思显然没有受困于费尔巴哈的片面抽象性，强调意志自由的现实实践性，并指明意志自由与现实幸福的实践关联性，因此，"要以自己的意志来指导自己的生活、安排自己的工作。创造自己的幸福"②。马克思强调幸福是在摆脱痛苦定在的实践自由中实现的。

第二节　劳动：幸福的源泉

马克思谈及的劳动解放的主旨就在于把人的异化劳动还原为真正的人的自由自觉的劳动，使劳动真正成为自我的存在形式、生活方式。在马克思看来，劳动是人的充满幸福旨趣的存在形式和生活方式，劳动既是创造财富的手段，也是赋予人生意义的形式，既是实现价值的过程，也是获得幸福的方式。"劳动是生命的乐趣"，"劳动是幸福的源泉"是马克思劳动思想的价值主旨。当然，马克思认为，劳动要成为生命的乐趣，成为幸福的源泉必须摆脱异化的束缚，使劳动真正成为复归人本身的自觉自由的劳动。显然，在马克思的哲学体系中，劳动不仅是一个经济学概念，而且是一个哲学范畴，更确切地说，是一个体现价值旨趣的哲学范畴。马克思的劳动思想蕴含着深刻的幸福内涵，折射出马克思对于幸福的思考印记，因此，从这个意义上来讲，马克思的劳动思想具有明确的幸福意蕴，确切地讲，马克思的劳动思想彰显了鲜明的劳动幸福主旨。

一　劳动幸福的逻辑起点：幸福来自主体的能动实践

马克思曾经在对德国社会主义"各式各样先知"的批判中就谈到过对幸福的本体性理解，批判那些所谓的"社会主义者"对社会主义错误的、形而上学式的理解，指出那些"社会主义者"所理解的

---

① ［德］费尔巴哈：《费尔巴哈哲学著作选集》（上卷），荣震华、李金山等译，商务印书馆1984年版，第538页。

② 《马克思恩格斯全集》第43卷，人民出版社1982年版，第487页。

幸福概念的非现实性和非科学性。马克思找到了"真正的社会主义者"对幸福错误理解的理论根源，即总是从消灭生活和幸福之间的二重性思想出发来思考并讨论这一问题，并进一步指出了在这一理论前提下所进行的相关论述的荒谬性。他们总是以"自然界中不存在这样的二重性"为逻辑起点，认为花朵和树木的生长、开花及结果就是它们的生活，它们生活的表现就是它们幸福，"五色缤纷的花朵……高大的、骄傲的橡树林……它们的生长、开花，它们的生活，——这就是它们的欢乐、它们的幸福……"① 除此之外，它们不知道也不期望别的幸福，并依据人和其他实体一样都具有能使万物具有生活的普遍力量和特性这样的论据来论述人的幸福在于对象性的生活，而与人的生活体验无关，从而屏蔽了人对对象的主体体验及对生活的主体感受。

马克思则认为动物不会把它同它自己的生命活动区分开来，它们的生命活动就是它们本身。弗洛姆也曾谈到这一问题，"动物按照自然的生物学法则'生活'，是自然的一部分，从来不会超乎自然之上。它没有道德心，不会意识到自我及其存在，没有理性"② 。但是，人是有自我意识的社会存在物，人既属于自然、受制于自然又与自然分离、超越了自然。"人不仅像在意识中那样在精神上使自己二重化，而且能动地、现实地使自己二重化，从而在他所创造的世界中直观自身。"③ 这是因为，对客观对象的独立乃是人的自由，人的生命活动是人的自由的、自觉的活动并体现人的主体意志。人能够在精神上把他自己与自己的对象及自己正在做的事情本身区分开来，并且，人对他人及其他客观对象的一切对象性关系都是人的意志对象与人的直接现实生活相一致的特定表现。马克思还谈道，"如果你在恋爱，但没有引起对方的爱，也就是说，如果你的爱作为爱，没有使对方产生相应的爱，如果你作为恋爱者通过你的生命表现没有使你成为被爱的

---

① 《马克思恩格斯全集》第 3 卷，人民出版社 1960 年版，第 556 页。

② ［美］艾·弗洛姆：《健全的社会》，孙恺祥译，上海译文出版社 2011 年版，第 16 页。

③ 《马克思恩格斯文集》第 1 卷，人民出版社 2009 年版，第 163 页。

人，那么，你的爱就是无力的，就是不幸"①。

马克思认为，人的对象只有在拥有自主能力而自为地存在的主体才具有存在意义，对象对于人的意义也是以主体的感觉或意识所能达到的程度为限度。人的二重性本质也决定生活和幸福的二重性特征，人的生活是人的自我意识的对象化的过程和结果，客观对象和主观感受构成了生活的二重结构，幸福是主观的心理体验，具有自我实现的主观意义和价值评判，但也根源于客观对象，因此，同样具有主观和客观的二重结构。马克思批判了"真正的社会主义者"以自然界中的一切生命的幸福、满足和享乐是统一的为理论前提从而得出人的生命活动与幸福、满足和享乐也是统一的错误结论。马克思认为，人的幸福是人能动地、现实地实现自己的结果和体验，是人在其所创造的世界中直观自身的结果和感受，人总是在自己的对象化过程中感受幸福。马克思主张从人的二重性本质出发来理解生活和幸福的二重性特征，其根本用意在于区别幸福感受身份的主体和对象生活的客体彼此之间的差异性和相对独立性，旨在强调幸福的主体感受性即幸福的非对象性存在。"人对世界的关系是一种人的关系"②，在马克思看来，人的幸福是人能动地、现实地实现自己二重化的结果和体验，是人在其所创造的世界中直观自身的结果和感受。

那么，生活和幸福本身之间的二重性是否导致生活对象和主体幸福之间是一种非相关性甚至是对立性关系呢？当然不是，马克思认为人的幸福是人与其生活对象融入后的自我意识的主体意识存在。人的生命活动的独特性在于人对自身主体性的感知和主体力量的发挥，人的生活就是他自己活动的对象和结果，生活的价值和意义就是主体存在的价值和意义。然而，生活的价值和意义本身并不由主体自身自动生成，而是在主体的对象化活动中体现，在人与对象的实践关系中实现。因此，一方面，幸福是主体的一种满足和愉悦的主观感受状态，另一方面，幸福也不是主体的抽象生成，而是在主体与对象的关系中

---

① 《马克思恩格斯文集》第 1 卷，人民出版社 2009 年版，第 247—248 页。
② 同上书，第 247 页。

生成，在主体的对象化过程中生成。

　　然而，生活和幸福之间的桥梁到底在哪里呢？幸福在主体与对象的什么关系中生成呢？马克思给予的答案是——劳动。生活和幸福之间的二重性的消融是建立在主体的劳动实践基础上的。在马克思看来，劳动是人的对象化活动，劳动的过程是人的本质力量作用于劳动对象的过程，人在劳动对象化的过程中获得了满足自身生活需要的物质财富和精神财富，感受到自己的体力和智力得到体现和发展，确证了自身的存在和本质力量的发挥，实现了生命的意义和自身的价值。人不仅仅在自己的意识中理性地、现实地复现自己，而且通过他的对象化的劳动实践复现自己，在他的劳动实践所创造的世界中复现自己，直观自身。

　　马克思认为，幸福不是对象性的生活，幸福的获得也不寄托于外物的赐予，而只能是通过人的主体能动性实现。幸福不是既定的先验存在，而是来自后天的现实创造，人是自身主体幸福的创造者、实践者和体验者。劳动成为架起人与自然、人与人相互联系的桥梁，劳动创造了人类，创造了人类社会，马克思因此讲，"全部人的活动迄今为止都是劳动"[1]。人不同于动物，人的生命特征的独特性本质特征在于劳动，人在劳动中直观和发展自己的本质力量。人在面对自己劳动创造的劳动成果和幸福生活时观照到自己主体力量的实现，便会产生心理上和精神上的满足感和自豪感，人在能动性实现后观照自己给社会的贡献，从而获得创造主体独一无二的愉悦感和幸福感。[2]

　　马克思认为幸福来自劳动实践中，劳动不仅创造了人类社会的一切物质财富和精神财富，同时也创造了体验幸福的精神主体。马克思在《1844年经济学哲学手稿》中就充分肯定了黑格尔的"把劳动看

---

① 《马克思恩格斯文集》第1卷，人民出版社2009年版，第193页。
② 列宁也表达过类似的观点。"如果说存在什么神圣的东西，那么我们这里就面对着最神圣的东西。这不是偶像，不是约柜，不是神龛，也不是圣体匣，而是整个文明人类的实在的、可感觉到的幸福。这种幸福或圣物，不是人的发现，也不是神的启示，它是从历史上积累的劳动中产生的。"引自《列宁全集》第55卷，人民出版社1990年版，第363页。

做人的本质，看做人的自我确证的本质""劳动是人在外化范围之内的或者作为外化的人的自为的生成"① 的观点，指出人正是在劳动中确证自己的本质，"真正地证明自己是类存在物"②。恩格斯也曾谈道"劳动创造了人本身"③，阿伦特更是直接地谈道："劳动的人之境况是生命本身。"④ 劳动不但创造了人，而且，劳动本身就是人的生命的表现。无论我们从存在性主体角度还是从能动性意义上来理解人的本质，"劳动"都是人这一存在主体的独特本质。没有劳动也就没有作为主体存在的人，也就没有主体能动的意志自由。劳动为每一个人全面而自由地发展自身的体力及脑力提供了可能，为人解放自身创造了前提条件，并且，劳动是人的主体性活动，更是人的主体性存在的意义所在。劳动是人存在意义的手段和方式，劳动本身就是人的目的，"劳动不是作为对象，而是作为活动存在；不是作为价值本身，而是作为价值的活的源泉存在"⑤。

二　劳动幸福的思想主旨：劳动是生命的乐趣

马克思认为作为人的自由活动的劳动具有人的主体力量的确证意义，因此，劳动应该是具有幸福意义的价值旨趣。马克思认为，"劳动是积极的、创造性的活动"⑥，并肯定劳动与生活相连，颂扬劳动是生命的乐趣，是幸福的源泉，指出劳动本身作为人的积极行动就给人带来了幸福的可能。劳动创造的物质财富和精神财富为幸福生活提供了条件，而劳动创造本身也是幸福生活的条件和要素。在马克思看来，劳动对于人来讲具有三层意义——生存的意义、发展的意义和享受的意义。虽然马克思并不排斥幸福与生活的享受有关，也并不否认人们享受自己劳动创造的一切物质和精神劳动成果本身是一种幸福，

① 《马克思恩格斯文集》第 1 卷，人民出版社 2009 年版，第 205 页。
② 同上书，第 163 页。
③ 《马克思恩格斯文集》第 9 卷，人民出版社 2009 年版，第 550 页。
④ ［美］汉娜·阿伦特：《人的境况》，王寅丽译，上海人民出版社 2009 年版，第 1 页。
⑤ 《马克思恩格斯全集》第 30 卷，人民出版社 1995 年版，第 253 页。
⑥ 《马克思恩格斯文集》第 8 卷，人民出版社 2009 年版，第 177 页。

但马克思所理解的幸福并不拘泥于对物质财富的静态占有，并不认为享受就是幸福的全部内容和所有内涵，也并不认为单纯的享受能带给人真正的、持久的、深刻的幸福体验。马克思更强调幸福应该在劳动创造的动态过程中实现，幸福应该表现为一种能动的创造，况且，如果没有劳动和创造我们都没有资格来谈论和实现享受。在马克思看来，劳动既是人的自由解放和全面发展的尺度，又是实现生活享受的前提和基础。

马克思曾谈道，"我的劳动是自由的生命表现，因此是生活的乐趣"，"我在劳动中肯定了自己的个人生命，从而也就肯定了我的个性特点。劳动是我真正的、活动的财产"[1]。马克思认为劳动活动是个人生命的现实表现，劳动者在这一过程中感受到个人的价值和乐趣。在马克思看来，劳动具有社会性质，劳动关系不应该只是简单地反映人与物的关系，甚至异化为一种物与物的社会关系，而应该是一种反映人与人的社会关系。劳动者进行劳动并生产出社会所需的劳动产品，这本身就是劳动的社会性质得到体现和尊重，每个人在劳动中彰显了自己作为历史创造者的主体身份。人在劳动中创造了新的财富能使自己和他人由此而过上更充裕的生活，能使自己同时也让他人获得感足感和愉悦感，并能在这一过程中切身地感受、确证和实现自己的幸福。

马克思认为离开劳动谈论幸福是不现实的也是无意义的，背离劳动的幸福无疑是空洞的、抽象的。人只有在劳动中才能真正提升生活的质量，体现自身的主体价值，并获得精神上的满足和享受，享受个人生命价值实现的快乐，享受生活的美好和乐趣，感受个人主体力量实现的幸福。当然，在马克思看来，成为幸福源泉的劳动并不意味着就是纯粹的娱乐和简单的消遣，"劳动会成为吸引人的劳动，成为个人的自我实现，但这决不是说，劳动不过是一种娱乐，一种消遣，就像傅立叶完全以一个浪漫女郎的方式极其天真地理解的那样。真正自由的劳动，例如作曲，同时也是非常严肃，极

---

[1] 《马克思恩格斯全集》第42卷，人民出版社1979年版，第38页。

其紧张的事情"①。因为，劳动始终要体现出一定的社会性和科学性，并且要努力克服各种"障碍"而实现，"克服这种障碍本身，就是自由的实现，而且进一步说，外在目的失掉了单纯外在自然必然性的外观，被看做个人自己提出的目的，因而被看做自我实现，主体的对象化，也就是实在的自由——而这种自由见之于活动恰恰就是劳动"②，也只有这样的劳动才是自我实现的基础。

劳动创造幸福，劳动是幸福的源泉，那么，不同形式的劳动是否在幸福获得权利上应该有差异呢？马克思在对各式各样的社会主义的论断的批判中就间接地回答了这一问题，他认为在未来的理想社会中，劳动是生命的表现，是生活本身的需要和体现，劳动形式的差别不应该也不会引起人在占有和消费上的任何特权及不平等现象，"人们的头脑和智力的差别，根本不应引起胃和肉体需要的差别"③，"活动上，劳动上的差别不会引起在占有和消费方面的任何不平等，任何特权"④。当然，马克思谈到的劳动并不具有多劳动与少劳动的区别意义及积极劳动与消极劳动的区别意义，指的是消除了体力劳动和脑力劳动区别的基础上的作为生活需要的一般意义的劳动。人在劳动上的差别不应该引起在占有和消费方面的差别和不平等，不应该由于劳动上的差别而产生任何特权。

马克思批判了那些拥有特权的"先知"坚持认为劳动上的差别必然要导致价值和幸福上的差别的荒谬想法，否定了他们自认为理应比普通的手工业者生活得好，应该比普通劳动者幸福的错误观念。"现在我们这位先知的说教中的一切晦涩的地方都清楚了：每一个个人的'占有'和'消费'符合于自己的'劳动'；人的'劳动'是他的'需要'的尺度，因此每个人由于自己的劳动而得到'价值'；'价值'按照'需要'来规定自己；每个人的劳动'包含'在价值中，因而每个人'心里'想要什么就可以得到什么；最后，特等人的

①《马克思恩格斯文集》第8卷，人民出版社2009年版，第174页。
② 同上。
③《马克思恩格斯全集》第3卷，人民出版社1960年版，第637页。
④ 同上书，第638页。

'幸福'应当'表现出来而且成为看得见的',因为否则它就是'不可能的'。现在这一切无稽之谈的含义已经一目了然了。"① 马克思深刻揭示了"先知"们虚伪的享乐主义的本质,指出他们并非把劳动当作幸福的手段和源泉,而是强调不同形式的劳动应该带来不同程度的幸福,从而抬高和美化自己的劳动并由此而获得更多"看得见的"幸福,享乐主义的外壳下掩饰着自己虚伪的本质。马克思认为劳动只是获得幸福的手段或方式,劳动分工有不同,但这并不能表示不同形式的劳动在获得幸福的机会上会有任何不平等或特权。况且,马克思认为这个时代的劳动的分工本身就是一种无奈和被迫,是劳动社会性在异化范围内的表现,相对于作为类存在物的人来讲,这是人的活动的一种外化的设定性表现,这样的分工劳动对人来说不可避免地成为一种同劳动主体对立的、异己的力量,因为,出于无奈的劳动分工和具有排他性的生产资料私有制汇成了一股妨碍劳动者真实地占有其本质的力量。"只要分工还不是出于自愿,而是自然形成的,那么人本身的活动对人来说就成为一种异己的、同他对立的力量,这种力量压迫着人,而不是人驾驭着这种力量。"② 在马克思看来,在真正自由的社会,任何人都不会被终身固定在一种片面的、单一的生产方式上,而是时刻都有能够依照自己的兴趣和需要选择某种具体的劳动形式作为自己的"生活表现"的可能和自由。然而,在未来的社会中"任何人都没有特殊的活动范围,而是都可以在任何部门内发展,社会调节着整个生产,因而使我有可能随自己的兴趣今天干这事,明天干那事,上午打猎,下午捕鱼,傍晚从事畜牧,晚饭后从事批判,这样就不会使我老是一个猎人、渔夫、牧人或批判者"③。由于社会生产力的高度发达和物质财富的极大丰富,劳动社会分工已经消失,人们不再受困于社会分工,而是从社会分工体系中解放出来,劳动完全成为人的生活方式而非谋生方式,人的能力也得到极大的提高和发

---

① 《马克思恩格斯全集》第 3 卷,人民出版社 1960 年版,第 638 页。
② 《马克思恩格斯文集》第 1 卷,人民出版社 2009 年版,第 537 页。
③ 同上。

挥，人不用拘泥于某一种生产形式，人应该掌握大量的生活技能和本领，劳动已然成为生活的重要组成部分，不再独立于人，不再是资本主义社会中异己的力量。恩格斯在谈到文艺复兴时期出现的一系列伟大人物的时候，这样写道："几乎没有一个著名人物不曾作过长途的旅行，不会说四五种语言，不在好几个专业上放射出光芒。莱奥纳多·达·芬奇不仅是大画家，而且也是大数学家、力学家和工程师，他在物理学的各种不同分支中都有重要的发现。阿尔布雷希特·丢勒是画家、铜版雕刻家、雕塑家、建筑师，此外还发明了一种筑城学体系，这种筑城学体系已经包含了一些在很久以后又被蒙塔朗贝尔和近代德国筑城学采用的观念。马基雅弗利是政治家、历史编纂学家、诗人，同时又是第一个值得一提的近代军事著作家。路德不但清扫了教会这个奥吉亚斯的牛圈，而且也清扫了德国语言这个奥吉亚斯的牛圈，创造了现代德国散文，并且创作了成为16世纪《马赛曲》的充满胜利信心的赞美诗的词和曲。那个时代的英雄们还没有成为分工的奴隶，而分工所产生的限制人的、使人片面化的影响，在他们的后继者那里我们是常常看到的。而尤其突出的是，他们几乎全都置身于时代运动中，在实际斗争中意气风发，站在这一方面或那一方面进行斗争，有人用舌和笔，有人用剑，有些人则两者并用。因此他们具有成为全面的人的那种性格上的丰富和力量。"① 马克思认为社会劳动的分工本身不应该成为道德高低的评判标准，在资本主义条件下，工人社会劳动的固化本身就是一种不平等现象。

三 劳动幸福的空洞缘由：异化劳动

马克思以人类劳动发展的历史为线索考察了劳动对于人的价值，深刻揭示了在资本主义社会中，劳动与人的类本质相背离的事实，批判了在异化状态下劳动与人的自由幸福背离的状况。其实，在马克思看来，劳动要成为生命的乐趣，就必须摆脱强制性和异己性，真正成为复归人本身的自觉自由的劳动。

---

① 《马克思恩格斯文集》第9卷，人民出版社2009年版，第409—410页。

　　马克思认为"劳动是生命的乐趣"，劳动应该成为幸福生活的源泉，而如果劳动不能成为通向幸福生活的桥梁，那便是由于劳动异化了。劳动成为商品，劳动作为主体价值实现的形式的意义也就丧失了，"它的目的是占有财富，而不是人的幸福"①，劳动本应该是人的类生活的现实表现，人的自为存在的具体反映，劳动本应该直接表现为人的生活和实现幸福的实践方式，而在异化劳动中却是维持个人生活的手段，甚至是维持肉体生存的手段，异化劳动显然很难让人体会幸福。因为，"异化劳动从人那里夺去了他的生产的对象，也就从人那里夺去了他的类生活，即他的现实的类对象性，把人对动物所具有的优点变成缺点，……同样，异化劳动把自主活动、自由活动贬低为手段，也就把人的类生活变成维持人的肉体生存的手段"②。如果对于劳动者来说劳动是自身外在的束缚和链条，劳动者的才能和智慧就不可能得到最大限度的发挥，劳动效率不可能得到更大程度的提高，劳动者就无法真正体会劳动带来的实现自我的满足感和愉悦感。马克思认为，生产和劳动本应该是属于劳动主体的而不应该是属于另一个有别于我的存在物，劳动的乐趣本应该是人的幸福的源泉，"如果人竟然为讨好这些力量而放弃生产的乐趣和对产品的享受，那岂不是十分矛盾的事情"③。如果劳动不属于劳动者的本质，人不能在劳动中肯定自己的本质力量，人的劳动力量越大削减自己的本质力量也越大，人在劳动中付出得越多自己的本质力量丧失得也越多，那么，人在劳动中必然"不是感到幸福，而是感到不幸"，因而，"只要肉体的强制或其他强制一停止，人们就会像逃避瘟疫那样逃避劳动"④，马克思指出造成人们会像逃避瘟疫那样逃避劳动的根本原因是劳动本质异化，马克思接下来又指证了劳动本质异化的一个重要表征——劳动的外化，"外在的劳动，人在其中使自己外化的劳动，是一种自我牺牲、自我折磨的劳动。最后，对

---

① 《马克思恩格斯文集》第 1 卷，人民出版社 2009 年版，第 128 页。
② 同上书，第 163 页。
③ 同上书，第 164 页。
④ 同上书，第 159 页。

工人来说，劳动的外在性表现在：这种劳动不是他自己的，而是别人的；劳动不属于他；他在劳动中也不属于他自己，而是属于别人。在宗教中，人的幻想、人的头脑和人的心灵的自主活动对个人发生作用不取决于他个人，就是说，是作为某种异己的活动，神灵的或魔鬼的活动发生作用，同样，工人的活动也不是他的自主活动。他的活动属于别人，这种活动是他自身的丧失"①。因此，劳动就成为了一件"始终是令人厌恶的事情"②。

生产生活本应是人的类生活，是人的类特性的重要体现，包括生产生活在内的所有生活本身就应该是人的生活的直接目的。但是，在异化劳动的支配下，工人在自己的劳动产品中不断地被外化，劳动也不可避免地成为了生活的外化设定，劳动与生活处于尖锐的对立状态，两者完全割裂甚至背离，工人的主体性地位是缺失的，人不再是劳动过程及劳动成果的享受主体，而是沦为了工作的机器或是赚钱的工具，甚至自己的工作目的也是异己的，仅仅是为了和工作本身毫无关系的对象而工作。劳动这种生产生活形式沦为了只是为了维持生存需要的一种手段形式，生活的目的性存在成为了生活的手段性存在，"生活本身仅仅表现为生活的手段"③。"他甚至不认为劳动是自己生活的一部分；相反，对于他来说，劳动就是牺牲自己的生活。劳动是已由他出卖给别人的一种商品。因此，他的活动的产物也就不是他的活动的目的。工人为自己生产的不是他织成的绸缎，不是他从金矿里开采出的黄金，也不是他盖起的高楼大厦。他为自己生产的是工资，而绸缎、黄金、高楼大厦对于他都变成一定数量的生活资料，也许是变成棉布上衣，变成铜币，变成某处地窖的住所了。一个工人在一昼夜中有 12 小时在织布、纺纱、钻孔、研磨、建筑、挖掘、打石子、搬运重物等，对于他来说，这 12 小时的织布、纺纱、钻孔、研磨、建筑、挖掘、打石子能不能被看成是他的生活的表现，是他的生活

---

① 《马克思恩格斯文集》第 1 卷，人民出版社 2009 年版，第 160 页。
② 《马克思恩格斯文集》第 8 卷，人民出版社 2009 年版，第 174 页。
③ 《马克思恩格斯文集》第 1 卷，人民出版社 2009 年版，第 162 页。

呢？恰恰相反，对于他来说，在这种活动停止以后，当他坐在饭桌旁，站在酒店柜台前，睡在床上的时候，生活才算开始。"① 工作只是一种谋生的方式和手段，仅仅是作为类存在的生活前提或条件，而不是作为类存在的生活本身，因此，工人在这样异化劳动的条件下毫无幸福可言，甚至出现工人创造的幸福生活的条件越多，他自己获得幸福生活的可能性越小的悲惨结局。

马克思认为，劳动成为享受或幸福的现实前提是我们从事的劳动是在自愿的基础上，而非在强制条件下。只有在自觉自由的劳动中，人的主体地位才能得到彰显，人的创造性能力才能得到发挥；只有在自觉自由的劳动中，才能真正实现人的劳动向"感性的对象性活动"本质的彻底复归；只有在自觉自由的劳动中，才能真正实现劳动的价值并切实体会劳动所带来的幸福。劳动本应是个人天性的施展和体现，然而，在资本主义高度集中、分工严密、剥削严重的劳动条件下，劳动者已完全失去了自己的个性，"现代资本主义需要的人是一方面能感觉到自己是自由和独立的并相信自己不屈服于任何权威、原则和良心，另一方面他们又准备执行命令，完成别人交给的任务，服服帖帖地进入社会这部机器中去，规规矩矩地听人摆布，自愿服从领导，盲目地受人指挥"②。

恩格斯在《英国工人阶级状况》中也谈道，"如果说自愿的生产活动是我们所知道的最高的享受，那么强制劳动就是一种最残酷最带侮辱性的折磨。没有什么比必须从早到晚整天做那种自己讨厌的事情更可怕了"③。如果劳动已不是人的生存方式和目的本身，而只是人的生产手段，只是实现追求财富的手段，那么"在我看来是有害的、招致灾难的"④。工人在资产阶级的剥削中，在异化劳动的过程中，工人劳动成为了被迫的、强制性的劳动，工人每天从早到晚从事自己

---

① 《马克思恩格斯文集》第 1 卷，人民出版社 2009 年版，第 715—716 页。
② ［美］艾·弗洛姆：《爱的艺术》，李健鸣译，上海译文出版社 2008 年版，第 79 页。
③ 《马克思恩格斯文集》第 1 卷，人民出版社 2009 年版，第 432 页。
④ 同上书，第 123 页。

所厌烦的工作，没有空余时间可以让自己支配，没有时间享受，工作中体会到的是折磨和不幸，甚至"工人越是感到自己是人，他就越痛恨自己的工作，因为他感觉到这种工作是被迫的，对他自己来说是没有目的的。他为什么工作呢？是由于喜欢干活？是由于本能？决不是这样！他是为了钱，为了和工作本身毫无关系的东西而工作。他工作，因为他不得不工作，而且他要长时间地、不间断地做这种单调的工作，如果他还保有一点人的性情，仅仅这一点就足以使他在最初几个星期内感到工作是一种折磨。分工把强制劳动的这种使人动物化的作用增强了好多倍。在大多数劳动部门，工人的活动都局限在琐碎的纯机械性的操作上，一分钟又一分钟地重复着，年年如此"①。工人自身的主体意识越强烈，自身的缺失感就越明显；工人自身的自主性越突出，自身对工作的排斥感越强烈。这是因为他们"在自己的劳动中不是肯定自己，而是否定自己，不是感到幸福，而是感到不幸，不是自由地发挥自己的体力和智力，而是使自己的肉体受折磨、精神遭摧残"②，人的价值被全部剥夺，人的本质的东西被彻底丧失，人不仅自己成为了机器，甚至沦为了生产流程线上的机器的一部分，在这种强制的、外在的、不自由的劳动中，劳动仅仅成为了资本家获取资本和利益的工具。亚里士多德认为幸福是由那些人们自愿去做的事情组成的，从这个意义上讲，在资本主义制度内的强制劳动并不是我们生活的需要，并不是实现自我的需要，而仅仅是自我生存的需要，因此，在这样的条件下，劳动者只能无奈地体会痛苦和不幸，很难在劳动中获得满足感和幸福感，甚至"不劳动却是'自由和幸福'"③。工人体验的不幸福的主观情感一直是他的劳动的异化特征的另一种情绪表现。莫·赫斯也无奈地谈道："'汗流满面的劳动'把人变成奴隶和穷人，'欢乐的活动'将使人变得自由和幸福。"④

---

① 《马克思恩格斯文集》第 1 卷，人民出版社 2009 年版，第 432 页。
② 同上书，第 159 页。
③ 《马克思恩格斯文集》第 8 卷，人民出版社 2009 年版，第 174 页。
④ 转引自［南斯拉夫］普雷德腊格·弗兰尼茨基《马克思主义史》（Ⅰ），李嘉恩、韩宗等译，人民出版社 1986 年版，第 87 页。

马克思认为，异化劳动"把抽象形式的个人生活变成同样是抽象形式和异化形式的类生活的目的"①，马克思用"抽象"表达了人性在异化劳动中的被剥离的本质，用"抽象形式"描述了人性在异化劳动中残存的现象，旨在表明剥夺了人的所有特征存在的异化劳动也就剥夺了人的工作的目的和意义，劳动的实现功能和意义价值也就成为了工具化过后的残余。在资本主义制度下，异化劳动成为劳动的特征，劳动成为了人的枷锁，人在劳动中忍受煎熬，工人越劳动自己受奴役和束缚的程度越深。劳动对于劳动者而言，已完全背离了体现人的创造性特征，也完全丧失了品味幸福的工具特性，劳动者有强烈的逃离劳动的愿望。在那样的制度内，工人只有远离劳动才能接近自我，接近自由，从而获得幸福。可见，在马克思看来，"劳动是生命的乐趣"中的劳动必须是自觉、自愿的劳动而非被迫的强制劳动，也只有这样的劳动才是解放人的手段，人也只有在这样的劳动中才能充分地发挥自己的创造力，更有效地实现自己的劳动目标。劳动只有脱离了异化，真正成为复归人本身的自觉、自由的劳动时才能"从一种负担变成一种快乐"②。劳动成为光荣事业的时候，人才能充分享受这样的劳动过程并在这样的劳动过程中创造的劳动成果面前获得最大限度的满足感和幸福感。

在资本主义条件下，由于劳资双方对生产资料占有的"不对等关系"的现实前提，以及资本主义社会中普遍"交换原则"的扭曲，使劳动走向了自己的反面，表现出明显的"异化现象"并成为了滋生剥削的"现实场所"，劳动成为了满足资本自身增殖的"奴性工具"。马克思深刻揭示出这样的事实："物的世界的增值同人的世界的贬值成正比。"③资本主义条件下异化劳动对人的局限和束缚让人远离了劳动是幸福的源泉的价值主旨，这也决定了异化劳动在人类历史的进程中"只是一种暂时的低级的形式，它注定要让位于带着兴奋愉快心情自愿进行的联合劳动"④。在以自由联合为基础的"真实的

---

① 《马克思恩格斯文集》第1卷，人民出版社2009年版，第162页。
② 《马克思恩格斯文集》第9卷，人民出版社2009年版，第311页。
③ 《马克思恩格斯文集》第1卷，人民出版社2009年版，第156页。
④ 《马克思恩格斯文集》第3卷，人民出版社2009年版，第12页。

共同体"中，阶级及其对立消失，劳动和幸福的对立也消失，异化劳动让位于自由见之于活动的劳动，人以人的全面地占有自己本质的方式占有自己的幸福，有尊严地占有自己的幸福。马克思明确指出，只有"在社会主义的前提下，人的需要的丰富性具有什么样的意义，从而某种新的生产方式和某种新的生产对象具有什么样的意义。人的本质力量得到新的证明，人的本质得到新的充实。而在私有制范围内，这一切却具有相反的意义"①。在马克思看来，只有在社会主义条件下生产者才能从旧有的不合理分工中解放出来，使自己真正成为劳动的主人，依据自身的现实需要进行劳动，并在劳动中体现自身的主体性、能动性和创造性，避免资本主义社会中的人的异化命运。在社会主义的条件下，人的需要的丰富性才能充实人的本质的完善性，人的需要的不断满足才能彰显生产的人学意义，只有在社会主义条件下人在劳动中才能践行劳动的人学价值，确证人的本质力量，体会劳动的幸福主旨。

"马克思坚持认为，大多数不断进行的生产都不能算是真正意义上的生产。在他看来，人们单纯地为了生产而自主进行的生产活动才算是真正的生产。这样的愿望只有在共产主义制度下才能得到百分之百的实现。"② 只有真正的生产劳动才能成为幸福的源泉，马克思认为，共产主义社会意味着生产力的高度发达，物质匮乏的消除，人性的彻底解放，压迫性劳动的终结，虽然在共产主义社会依然可能存在艰苦的体力劳动，但是，在共产主义社会中的劳动已成为人的自由自主的劳动，劳动已不再仅仅是谋生的形式、生存的方式，劳动已成为人的生活需要，成为了自我本质生成的手段，劳动成为了生命实践的方式。这样的劳动成为了人的真正需要的劳动而非不得不的劳动，这样的劳动具有了纯粹的意义，也就真正成为了幸福的源泉。

---

① 《马克思恩格斯文集》第 1 卷，人民出版社 2009 年版，第 223 页。
② ［英］特里·伊格尔顿：《马克思为什么是对的》，李杨、任文科、郑义译，新星出版社 2011 年版，第 127 页。

四　劳动幸福的生活样态：休闲的实现

在马克思看来，劳动与休闲是人类生存和发展的两种基本样态和生活范式，劳动与休闲是辩证统一的，统一和服从于人的全面发展和幸福实现。一方面，劳动为休闲提供了物质前提和准备，也为休闲提供了自由时间这一必然要件，休闲成为了劳动幸福的直接现实结果。另一方面，休闲为劳动提供动力和源泉并体现着劳动的价值，休闲成为劳动幸福的重要现实前提。对此，肖恩·塞耶斯也谈道："休闲也是得体的人类生活中一个必不可少的部分。除了生产劳动之外人的全面发展和幸福并不仅仅需要诸如艺术活动之类任何狭隘的功利主义目标为目的的活动；而且，实际上，还需要娱乐、放松和休息。生活应该有它的乐趣。快乐，包括'较低级的'肉体的快乐都是人类幸福的一个必不可少的组成部分。"① 休闲作为人不可或缺的生活方式，能让人在其中获得放松和宁静，也能让人体验愉悦和幸福。

马克思辩证唯物主义以"现实的人"为逻辑主体，以"人的生活世界"为对象，以"人的存在方式"为主题，以"实践"为基石，以"劳动"为切入点揭示出人类社会发展的规律性，揭开了人类生活世界的奥秘，在劳动发展史中找到了理解人类社会和社会历史的钥匙。"任何一个民族，如果停止劳动，不用说一年，就是几个星期，也要灭亡，这是每一个小孩子都知道的。"② 在马克思看来，劳动作为人的类本质活动是个人和人类社会存在和发展的前提，也是人的全面自由发展的基础。恩格斯谈道："劳动是整个人类生活的第一个基本条件，而且达到这样的程度，以致我们在某种意义上不得不说：劳动创造了人本身。"③ 可以看出，生产劳动是人作为生命存在的第一需要。然而，人的第一需要满足后，即人的生存目标实现后，自然又会产生新的需要，正如马克思所说："已经得到满足的第一个需要本

---

① ［英］肖恩·塞耶斯：《马克思主义与人性》，冯颜利译，东方出版社2008年版，第43页。
② 《马克思恩格斯文集》第10卷，人民出版社2009年版，第289页。
③ 《马克思恩格斯文集》第9卷，人民出版社2009年版，第550页。

身、满足需要的活动和已经获得的为满足需要而用的工具又引起新的需要，而这种新的需要的产生是第一个历史活动。"① 这里所说的新的需要包括政治、科学、文学、艺术、美学、宗教等社会性活动，使人的社会性得到落实，这也是人之为人关键的环节，如果这一活动基于人们自身的兴趣、爱好而开展，那么，我们可以把这些活动归为休闲活动的范畴。

在马克思看来，劳动创造了人们的生活资料，满足了人们衣食住行等生存性需求，只有在生存性需求得以满足的前提下，休闲作为新的、更高的需求才被唤醒，因此，劳动成为了休闲的实践基础。而贬低劳动会使人们感到极度空虚，不知所措。闲暇本身不能决定工作的好坏，但劳动的不顺却会使闲暇失去乐趣，对于大多数人而言，只有让劳动充满意义，闲暇才变得更有意义。马克思十分强调劳动的重要性，认为休闲并不是空洞的抽象的概念，它需要丰富的物质财富基础作为前提，而物质财富的创造离不开人类的辛勤劳动，因此，劳动为休闲提供坚实的基础，尤其是在社会主义初级阶段，在劳动还是谋生手段的情况下，完全抛开劳动享受休闲并不现实。并且，劳动为休闲创造出了大量的物质条件或休闲产品，为休闲提供了精神保障和精神文化产品，劳动的发展拓展了更大的休闲空间，催生了更多元的休闲方式，提供了更高的休闲平台。

在马克思看来，人在劳动的存在形态中肉体或精神总是处于一种紧张的状态，人便容易感到身体疲劳或精神紧张，而休闲能缓解和消除身体的疲劳，调节和舒缓精神的紧张，休闲成为幸福劳动的重要现实前提。马克思认为，休闲应该包括"闲钱""闲时"和"闲情"三重维度，"闲钱"是休闲的物质前提，"闲时"是休闲的时间前提，"闲情"是休闲的主观心理前提，"闲钱""闲时""闲情"也为劳动幸福的实现提供了三重动力。

在马克思看来，"闲钱"并非特指劳动者获得的货币，而是泛指人的休闲所必需的一切物质内容，"闲钱"是劳动的物质动力。马克

---

① 《马克思恩格斯文集》第 1 卷，人民出版社 2009 年版，第 531—532 页。

思虽然极力批判人的物化现象，极力反对人的拜物教倾向，然而，马克思从不否认人的发展需要一定的物质基础这一事实。不过，马克思在分析资本主义条件下的劳动，在论述劳动创造"闲钱"的同时，也看到了劳动异化导致"闲钱"缺失这一问题。他强调："工人在劳动中耗费的力量越多，他亲手创造出来反对自身的、异己的对象世界的力量就越强大，他自身、他的内部世界就越贫乏，归他所有的东西就越少。"① 可以说，异化劳动导致了人与自己生产的产品相异化，人的幸福感也并未随着产品生产和销售的增加而增加，反而，人生产的产品越多，人被异化的程度越大，离自己的幸福越远，生活过得越压抑。

马克思谈到的"闲时"并非指人用来休息的时间，而是特指人的"自由时间"，是马克思所强调的人能自我支配和控制用于发展自我、实现自我的时间和条件。"闲时"是休闲必不可少的客观前提和条件，试想一个终日忙忙碌碌、身心疲惫不堪的人如何体验和享受休闲的乐趣。人有了"闲时"也就拥有了更多充足的自由时间，拥有了更多发展各种兴趣爱好的可能性，拥有彻底摆脱分工对人的束缚的条件，拥有实现人的自由全面发展的机会，同时，"闲时"也是劳动的发展动力。马克思一方面十分强调"闲时"的获得途径，强调通过提高劳动生产率，实现劳动时间的节约来实现。他强调："满足绝对需要所必需的劳动时间留下了自由时间（它在生产力发展的不同阶段上是不同的），因此，只要进行剩余劳动，就能创造剩余产品。目的是要消除［必要劳动和剩余劳动的］关系本身；这样，剩余产品本身就表现为必要产品了，最后，物质生产也就给每个人留下了从事其他活动的剩余时间。"② 可以看出，劳动推动着生产力的改进，推进了生产率的提高，同时也为自由时间的获得创造了客观条件。另一方面马克思也思考了异化劳动与自由时间的关系，认为异化劳动使得工人与自己的类本质相区别，工人沦为生产工具，无"闲时"可言。

---

① 《马克思恩格斯文集》第 1 卷，人民出版社 2009 年版，第 157 页。
② 《马克思恩格斯文集》第 8 卷，人民出版社 2009 年版，第 175 页。

在马克思看来,"时间是人类发展的空间。一个人如果没有自己处置的自由时间,一生中除睡眠饮食等纯生理上必需的间断以外,都是替资本家服务,那么,他就还不如一头役畜。他不过是一架为别人生产财富的机器,身体垮了,心智也变得如野兽一般"①。可以说,在异化劳动中,"劳动对工人来说是外在的东西,也就是说,不属于他的本质"②。劳动不属于工人,工人在劳动中也不属于自己,同时,工人也因为缺失了自由时间,没有任何自由时间属于自己,工人也就缺失了"闲时",从而失去了休闲的客观条件和可能性。

在马克思看来,一个人作为个体的充分发展乃至对生活的享受和休闲的体验依赖于自身能自由支配的时间的多少。个人的休闲和"全面的"的发展依赖于他能自由支配的闲暇时间。时间在马克思的未来社会中具有本质性,"全面的人"首先能有自由支配时间的可能性,而"闲时"的获得是以生产力的高度发达和个体较高的劳动效率为前提的。劳动的发展和生产力的提高,为人们获得更多的自由享受和支配的"闲时",也能够为人的全面发展提供更多的可能性。因为,"自由时间"不同于"劳动时间"即从事直接劳动的时间,它是指个人可以用来从事艺术、哲学、文学、科学等多方面活动的时间,正如马克思所说,"从整个社会来说,创造可以自由支配的时间,也就是创造产生科学、艺术等等的时间"③,当然这样的自由时间是要以积极参与劳动,并不断提高劳动技能和劳动效率为前提而获得的。

马克思谈到的"闲情"也并非是指人的懒散和涣散,而是指人追求美好事物的积极心理状态,"闲情"是休闲的主观心理前提和内心环境,同时,"闲情"也是劳动的心理动力。如果没有"闲情"这一主观条件,一方面,人便会缺少休闲的欲望和需求,即便有了"闲钱"和"闲时"的物质基础,人的休闲质量也会大打折扣,人的休闲满意度也会大大降低;另一方面,人也会缺少劳动的愿望和积极

---

① 《马克思恩格斯文集》第 3 卷,人民出版社 2009 年版,第 70 页。
② 《马克思恩格斯文集》第 1 卷,人民出版社 2009 年版,第 159 页。
③ 《马克思恩格斯文集》第 8 卷,人民出版社 2009 年版,第 86 页。

性，人的劳动激情也会大大降低，人的劳动效率也会大打折扣。马克思曾谈道："对于没有音乐感的耳朵来说，最美的音乐也毫无意义。"① 音乐对于没有"闲情"的人来讲是没有意义的。在没有"闲情"的心理情景中，一方面，休闲从一种人的积极自为的活动变成一种消极自在的活动，从一种情趣降低为一种本能；另一方面，劳动从一种激情的投入变成一种消极的应付，从一种价值实现降低为一种生存本能。

马克思认为，休闲为劳动提供了动力，劳动为休闲也创造了基础，劳动与休闲是统一的，两者密不可分，相互促进，两者的统一既是实现人的自由全面发展的条件，同时也是人之全面发展的必然要求。劳动为休闲提供物质基础，离开劳动的休闲是不具有"现实意义"的，休闲为劳动提供动力和源泉，离开休闲的劳动是不具有"乐生意义"的。劳动创造了人，劳动是人们生成自我和成就自我的需要，在劳动还是人的谋生手段时，劳动是休闲的前提。休闲是劳动的动力并体现着劳动的价值，休闲是人们实现自我的需要，它不仅可以优化人性，还能使人回到本真的生活状态。西方学者罗素曾指出："悠闲对于文明是必不可少的，在从前的时候，少数人的悠闲只因多数人的劳动才变为可能。但是他们的劳动是可贵的，不是因为工作是好的，而是因为悠闲是好的。有了现代的技术，应该可以公平地分配悠闲而无害于文明。"② 可以看出，休闲的魅力和价值是值得肯定的。休闲能让劳动者恢复体能、积蓄精神、提高技能、创造新的生活需要、产生新的产业和劳动领域。休闲与劳动密不可分。马克思一直强调，在人类生活中，劳动和休闲是一体两面的事情，离开了劳动，休闲缺失根基，没有休闲，劳动就会失去现实的意义。同时，在马克思看来，在理想的社会中，劳动和休闲应该是融合的，合二为一的，劳动即休闲，休闲即劳动。在这样的状态下，人们可以不再因生活资料

---

① 《马克思恩格斯文集》第 1 卷，人民出版社 2009 年版，第 191 页。

② ［英］伯特兰·罗素：《悠闲颂》，李金波等译，中国工人出版社 1993 年版，第 5 页。

的获得而奔波操劳，个人就可以在科学、文化、艺术等领域得到充分的发展，"节约劳动时间等于增加自由时间，即增加使个人得到充分发展的时间，而个人的充分发展又作为最大的生产力反作用于劳动生产力。从直接生产过程的角度来看，节约劳动时间可以看做生产固定资本，这种固定资本就是人本身"①。不难看出，在马克思看来，自由时间即可以支配的时间对人来讲就是财富本身，甚至直接生产人本身。休闲已然成为了劳动幸福成为可能的必要前提，同时，休闲也成为了劳动幸福的直接生活样态。

第三节　财富：服务于幸福目的的工具

马克思对于财富的关注体现了马克思对幸福的思考。马克思对财富问题的研究抛弃了"物的逻辑"演进中的"对象性形态"的理解范式，确立了"人的逻辑"演进中的"主体存在"的理解范式，强调财富的人学意义及幸福主旨。马克思对财富的关注彰显了马克思对人的主体价值和生存意义的高度关注。在马克思看来，财富对于人的最高价值便是服务于人的幸福目的。马克思将财富的本质概括为财富的"主体存在"，人的全面发展的对象存在，人的生命活动的外化存在。马克思财富思想在蕴含深刻的人学意蕴的同时也蕴含深刻的幸福意蕴：财富对于人之主体存在具有"享受意义"，更具有"发展意义"；追求财富的应有之义是热爱生活；财富的工具价值应当服务于人之幸福的目的。马克思通过对财富的形式和本质的深刻分析向我们揭示：货币是财富的"一般抽象形式"，货币成为致富欲望的对象的同时也成为致富欲望的源泉，致富欲望以"货币欲"的形式表现和存在，货币就"不仅成为致富欲望的一个对象，而且是致富欲望的唯一对象"②，于是，人们陷入对货币无限崇拜的境地，陷入了财富的幻象之中。在财富幻象中的"货币欲"总是以"享受欲"和"吝啬"

---

① 《马克思恩格斯文集》第8卷，人民出版社2009年版，第203页。
② 《马克思恩格斯全集》第30卷，人民出版社1995年版，第174页。

两种特殊形式表现，这两种极端态度就产生了人的生存悖论，人的异化危机，人的幸福悖论也随之出现，人的幸福异化也由此产生。在马克思看来，只有正确对待财富，才能正确对待货币，才能正确对待人自身，才能正确理解幸福，人才能真正成为财富的主人，成为自己的主人，成为自己幸福的主人。

一 人在财富幻象中的幸福悖论及其幸福异化

（一）财富幻象的根源性解释：货币只是财富的"一般抽象形式"

"财富幻象是人们脱离财富的物质实体构成、财富生成的社会历史关系和财富的属人性，而在主观上通过感觉、意念、联想和想象路径所形成的关于财富的意向性存在。这种意向性存在把作为财富一般形式和一般代表的货币理解为是财富的本质；把资本当作纯粹的物，幻想为财富生成的内在根据；把人们财富欲望的满足及其具有的享受功能，幻想为对人的本质的真正占有和人向自身、向合乎人性的人的复归。"① 为何把货币理解为财富的本质，只是一种对财富的幻象式解读？货币幻象为何只是财富幻象的直接表现？马克思对此作出的根源性解释是货币只是财富的"一般抽象形式"。马克思认为"使用价值"是财富的物质内容，他指出："不论财富的社会形式如何，使用价值总是构成财富的内容，而这个内容最初同这种形式无关。"② 并进一步将财富的本质概括为财富的主体存在。在马克思看来，货币作为财富的"一般抽象形式"，是财富的实现形式。它只是我们能在市场上获得"使用价值"的凭证和中介，马克思曾经对此做了一个生动而形象的比喻："货币，因为它具有购买一切东西的特性，因为它具有占有一切对象的特性，所以是最突出的对象。货币的特性的普遍性是货币的本质的万能；因此，它被当成万能之物……货币是需要和对象之间、人的生活和生活资料之间的牵线人。"③ 正因为货币具有

---

① 范宝舟：《财富幻象：马克思的历史哲学解读》，《哲学研究》2010 年第 10 期。
② 《马克思恩格斯文集》第 5 卷，人民出版社 2009 年版，第 4 页。
③ 《马克思恩格斯文集》第 1 卷，人民出版社 2009 年版，第 242 页。

购买一切商品的能力，它也就成为了一般等价物。作为一般等价物的货币虽然自身并不是财富的物质内容，也并不是具有使用价值的商品本身，可是，货币成为了财富的"一般抽象形式"和"一般存在形式"，于是，"财富以双重形式存在，既是商品又是货币①。

"财富作为价值，是对他人劳动的单纯支配权，不过不是以统治为目的，而是以私人享受等等为目的。"② 马克思在此谈到的财富具有支配他人劳动的价值，是指财富可以抽象为一种"一般形式"来度量人的具体劳动和抽象劳动，并在人具体劳动所生产的使用价值和抽象劳动所生产的价值之间建立起联系。货币成为财富的"一般形式"，以存在于个人之外并同他物并存的物的中介形式存在，成为了财富与具体实物商品达成统一的桥梁，于是，货币也就成为了财富的"纯粹的抽象形式"，具有了财富一般抽象的属性。"货币作为纯抽象财富——在这种财富形式上，任何特殊的使用价值都消失了，因而所有者和商品之间的任何个人关系也消失了——同样成为作为抽象人格的个人的权力，同他的个性发生完全异己的和外在的关系。但是，货币同时赋予他作为他的私人权力的普遍权力。"③ 作为纯抽象财富形式的货币把财富的特殊要素（商品）"一般化"，即把任何具体的、特殊的商品的使用价值抽象为一种广泛意义上的"使用性"，把具体的商品所有者和商品的个人关系抽象为一种普遍意义上的"个人权力"，货币可以换取任何需要的对象，货币拥有者可以以它作为中介交换到他所需要的任何具体财富和商品的使用价值。在马克思看来，如果个人拥有了货币也就是拥有了交换价值，那么便拥有了支配社会财富的权力，以及在此基础上形成的支配他人劳动的权力，于是，货币本质上就是人的关系的纽带和表现，具体表现为人与物、人与人及人与社会的相互关系，"每个个人行使支配别人的活动或支配社会财富的权力，就在于他是交换价值的或货币的所有者。他在衣袋里装着

---

① 《马克思恩格斯全集》第31卷，人民出版社1998年版，第317—318页。
② 《马克思恩格斯文集》第8卷，人民出版社2009年版，第137页。
③ 《马克思恩格斯全集》第31卷，人民出版社1998年版，第339页。

自己的社会权力和自己同社会的联系"①。

货币能成为财富的"一般抽象物"是以商品表现为"财富的一个特殊要素"为前提的。商品是财富的现实形式或具体实物形式，"一方面，财富是物，它体现在人作为主体与之相对立的那种物即物质产品中"②。这就不难理解马克思会说，"最初一看，资产阶级的财富表现为一个庞大的商品堆积，单个的商品则表现为这种财富的原素存在"③。财富是"使用价值"的这一属性在市场经济条件下最终要回归到具体商品对象上，以商品的使用价值的实现为前提，所以，拥有了商品就拥有了具体的物的使用价值。财富以商品形式存在是财富的"朴素存在"形式，这是由于货币作为财富的一般形式和符号化表征，本身就是一种体现人与人之间的交换关系的特殊"商品"，它充当了交换尺度和交换手段的角色，具有"特殊商品性"。对于财富的"特殊商品性"，马克思曾指出："在特殊商品上，财富表现为商品的一个要素，或者说，商品表现为财富的一个特殊要素。"④ 在特殊商品上，财富只是以一种尚未实现的观念的形式表现，每种特殊商品由于表现出使用价值和交换价值两个方面，因此，一方面，商品的使用价值属性或商品的"自然规定性"使它具有了它所能满足的某种特殊需要的功能，这一功能使商品成为财富的"特殊要素"——"一种使用的财富"，当然此时的商品"只表示财富的一个极其个别化的方面"⑤。另一方面，商品的交换价值属性或商品的"特殊规定性"使它总能以"一种不完备的形式表示一定量的货币"⑥。当然，商品以货币为中介才成为财富的要素，对于货币而言，"一般财富不但是形式，而且同时就是内容本身"⑦。于是，财富以货币为中介在一种特殊对象上实现了由"概念化"向"具体化"和"个体化"转

---

① 《马克思恩格斯文集》第 8 卷，人民出版社 2009 年版，第 51 页。
② 同上书，第 137 页。
③ 《马克思恩格斯全集》第 31 卷，人民出版社 1998 年版，第 419 页。
④ 《马克思恩格斯全集》第 30 卷，人民出版社 1995 年版，第 172 页。
⑤ 同上书，第 173 页。
⑥ 同上书，第 172 页。
⑦ 同上。

化的过程。货币充当了财富的"一般形式"并在此基础上所具有的和具体物质财富之间的兑换关系使它成为了财富的幻象。

(二)人在财富幻象中的生存悖论产生人的幸福悖论

马克思认为人生存在财富幻象中的一个直接后果便是货币欲的产生并支配了人。货币本身作为财富特殊存在方式的抽象——财富的"一般形式",然而,由于货币具有商品价格的实现功能,并在此基础上所具有的和具体物质财富之间的购买关系,货币实体就成为了人的欲望实现的基础,人的抽象欲望就以一种具体的、现实的货币欲的形式出现。不难发现,在财富幻象中日益增长的货币欲的实质是人贪欲的具体表现和现实表现,虽然贪欲在没有货币的情况下或货币出现以前也是可能的,但货币以一般等价物的身份出现以后就成为了财富的"一般形式",货币就成为贪欲这一抽象概念得以满足和实现的物质前提,"一切情欲和一切活动都必然湮没在贪财欲之中"①。然而,在马克思看来,人在货币欲的支配中不可避免地将会陷入人的生存悖论。马克思讲:"一般形式的享受欲以及吝啬,是货币欲的两种特殊形式。抽象的享受欲要求有一个包含一切享受可能性的对象。货币在它作为财富的物质代表的规定上,使抽象的享受欲得到实现;货币在它单纯是同作为财富的特殊实体的商品相对立的一般形式的财富时,使吝啬得到实现。为了把货币本身保存下来,吝啬不得不牺牲掉对于特殊需要对象的一切关系,放弃这一切关系,以便满足货币欲本身的需要。"②"享受欲"会成为人在财富幻象中的一种特殊形式或现实形式,因为具体的货币能让抽象的欲望得到实现。由于货币是商品的抽象存在,是商品价值的表现尺度,是财富的物质代表,货币作为"一般等价物",在充当购买商品的工具和手段时已经成为了商品交换的中介,商品价值表现的尺度,所以,"就空间规定来说,货币到处表现为一般商品,现在就时间规定来说,货币也表现为这种商品。货币在任何时候都可以作为财富保存。它有独特的耐久性。它是既不蛀又

---

① 《马克思恩格斯文集》第1卷,人民出版社2009年版,第227页。
② 《马克思恩格斯全集》第30卷,人民出版社1995年版,第174页。

不锈的财宝。一切商品只是暂时的货币；货币是永久的商品。货币是无所不在的商品；商品只是地方性的货币。而积累本质上是在时间中发生的过程"①。拥有商品就拥有了具体的某一物的使用价值，由于货币"一般等价物"的身份，因此，拥有了货币就拥有了商品，人们可以使用货币购买到一切所需的商品并占有所需的使用价值。货币在财富抽象性与具象性转换中充当了极其重要的角色，作为财富的对象性表征它是把财富还原为"实物形式"的"抽象形式"。但正是这一角色的特殊性，使它作为实体"商品"或具体财富的统一尺度，消解了货币作为马克思眼中商品的"交换价值"功能的特殊性和财富作为马克思眼中"使用价值"对象的指向性，而成为了"使用价值"的转换尺度甚至量化为"交换价值"的度量尺度。因此，把财富表征为货币形式，人们便会把抽象的货币等同于实体"商品"或具体的财富，甚至把货币表现的形式意义置于财富的实质意义之上。正如马克思所讲的，"货币代表商品的天上的存在，而商品代表货币的人间的存在。每种形式的自然财富，在它被交换价值取代以前，都以个人对于对象的本质关系为前提，因此，个人在自己的某个方面把自身对象化在物品中，他对物品的占有同时就表现为他的个性的一定的发展；拥有羊群这种财富使个人发展为牧人，拥有谷物这种财富使个人发展为农民，等等。与此相反，货币是一般财富的个体，它本身是从流通中来的，它只代表一般，仅仅是社会的结果"②，即货币是商品的抽象存在和概念存在形式，商品是货币的具体存在和实物存在形式。人们透过货币看到其背后代表的具体商品形态，甚至就是自己的利益、需求和欲望得到无限满足的可能性。货币成为人们之间联系的桥梁，成为满足人需要的中介，货币的价值在于它能买到商品，可以满足人的欲望。由于人们对货币的占有意味着对商品的占有和"享受欲"实现的可能性，财富幻象中的人在货币欲的支配下，人的"享受欲"便以自然的状态出现，对货币的渴求其实质是"享受欲"

---

① 《马克思恩格斯全集》第30卷，人民出版社1995年版，第185页。
② 同上书，第173页。

的满足。

"吝啬"根源于货币充当资本角色后的"自行倍增"的本性，在马克思看来，货币作为财富的一般形式，作为起价值作用的价值成为了商品交换价值的符号表现，被人格化以后的货币就具有了天生的增殖欲望，即与生俱来地具有"自行倍增"或"无限增长"的本性和需求。"作为财富，作为财富的一般形式，作为起价值作用的价值而被固定下来的货币，是一种不断要超出自己的量的界限的欲望：是无止境的过程。它自己的生命力只在于此；它只有不断地自行倍增，才能保持自己成为不同于使用价值的自为的交换价值。"① 当然，这是由财富的资本范畴所决定的，"货币是现实财富的纯粹抽象，因此，保留在这种形态上的〔货币〕是个想象的量。在一般财富显得是以完全物质的、可感觉的形式本身存在的地方，一般财富仅仅存在于我的头脑里，是一种纯粹的幻想。货币作为一般财富的物质代表，只有当它重新投入流通，和特殊形式的财富相交换而消失的时候，才能够实现。在流通中，货币只有被支付出去，才会实现。如果我把货币保留下来，它就会在我的手里蒸发为财富的纯粹的幻影。使货币消失，这正是保证货币成为财富的唯一可能的方式。花费积蓄来满足短暂的享受，这就是货币的实现。这样，货币又会被别的个人积蓄起来，不过那时同一过程又重新开始。货币对流通的独立性只是一种假象。因此，货币在它作为完成的交换价值的规定上扬弃了它自己"②。货币作为财富的"一般形式"具有有限性和相对性，要克服自身的有限性和相对性就必须要实现自身的超越，只有在流通中通过充当"资本"这一角色才能实现自我保值和增殖，体现自己的"永续性""真实性"的存在。货币"只有被支付出去"也就是在生产过程去购买劳动力和生产资料，尤其是在充当购买可变资本——劳动力的角色时，它就实现了从货币范畴向资本范畴的转换，货币作为一般等价物来讲，它的生命本质在于运动，生命表现形式在于交换，价值意义在于交换价值

① 《马克思恩格斯全集》第30卷，人民出版社1995年版，第228页。
② 《马克思恩格斯全集》第31卷，人民出版社1998年版，第367—368页。

的尺度体现，具体的现实意义在于体现交换对象的多样性和丰富性。那么，货币要凸显其价值和现实意义，表征更多的交换对象，就有自身不断倍增的要求。通过分析货币形态与资本形态的过渡，马克思得出了"资本的合乎目的的活动只能是发财致富，也就是使自身变大或增大"① 这一重要结论。并进一步分析货币向资本的角色转换实现了货币"无止境"的运动过程，从而实现了其"不断地自行倍增"的需求和目的，资本也就成为了"货币增殖的对象形式"。马克思深刻揭示了资本不是普通的物，而是能够创造新价值的价值这一道理。马克思在《资本论》中就详细地揭示了"货币—资本—财富"是资本主义制度的内在逻辑，揭示了在资本主义条件下货币充当了资本的角色而创造了大量的财富。货币（资本）的这一目的必须在绝对的运动和无止境的过程中才能实现资本作为货币运动的特殊形式，具有了满足货币增殖的需求属性。然而，资本一旦成为财富的幻象，资本的增殖也就成为了财富的存在方式，资本的增殖也就异化为财富的意义，追求资本的增殖和财富的增长就成为人们生活的目的，"绝对致富欲"便成为人们对待财富的唯一态度，并为了实现货币（资本）的增殖要以人的"吝啬"为代价。"货币在它单纯是同作为财富的特殊实体的商品相对立的一般形式的财富时，使吝啬得到实现。"②

货币欲的两种特殊形式——"享受欲"和"吝啬"，其中"享受欲"的满足要以大量地占有货币为前提，因为，有了货币才有商品使用价值的权利，而拥有更多货币是拥有更多商品的前提。马克思指出了货币经由雇佣劳动后的增殖可能性，那么，人们总是尽可能地利用手中的货币赚取或获得更多数量的货币，拥有更多抽象意义上的财富，以此来保障未来消费的无限可能和"抽象享受欲"的满足和实现。然而，"抽象的享受欲要求有一个包含一切享受可能性的对象"③，理所当然地，这必须是以牺牲货币对与任何商品兑换的可能性为前

---

① 《马克思恩格斯全集》第30卷，人民出版社1995年版，第228页。
② 同上书，第174页。
③ 同上。

提。当然，此时人们对抽象货币的追求实质是对资本的无限渴求。在财富的幻象中，人们为了满足货币欲本身的需要，为了把货币保存下来并实现增殖，为了"享受欲"的绝对满足，就不得不以放弃"享受欲"为前提，以"吝啬"为代价，放弃货币与一切特殊需要对象或具体商品的兑换关系。在这一逻辑线索中马克思也为我们分析出这样的结论："货币崇拜产生禁欲主义，节欲，自我牺牲——节俭和悭吝，蔑视世俗的、一时的、短暂的享受，追求永恒的财宝。"①人在财富的幻象中，为了全面满足人的"享受欲"却不得不以"吝啬"为代价，以"禁欲主义"为前提，过着一种"守财奴"式的生活方式。马克思在《1844年经济学哲学手稿》中用风趣的语言深刻地批判了被古典经济学家奉为神圣的"新教道德"："国民经济学，尽管它具有世俗的和纵欲的外表，却是真正道德的科学……它的基本教条是：自我节制，对生活乃至人的一切需要都加以节制。你越是少吃，少喝，少买书，少去剧院，少赴舞会，少上餐馆，少思考，少爱，少谈理论，少唱，少画，少击剑，等等，你积攒的就越多，你的那些既不会被虫蛀也不会被偷盗的财宝，即你的资本，也就会越多。"②在马克思看来，把货币的积累和资本的增殖看作财富的真正意义甚至把它当作唯一和终极目标是如此的荒诞、可笑和可悲。人在财富的幻象中，在货币欲的支配下，生存悖论成为了人的不可避免的生存命运：一方面渴望享受，一方面又不得不为了实现享受而以克制为代价。由此带来的人的幸福悖论也成为人不能逃离的宿命：一方面渴望幸福生活，一方面又不得不为了幸福生活而以不幸为代价。对此，格雷也曾谈道："绝大部分人被怂恿在追求财富中去找寻幸福。但是由于他们从来没有懂得怎样正确地使用财富，因此财富经常给他们带来麻烦"③。

（三）人在财富幻象中的异化导致人的幸福异化

马克思认为，货币一旦由财富的形式异化为财富的本质内容，人

① 《马克思恩格斯全集》第30卷，人民出版社1995年版，第186页。
② 《马克思恩格斯文集》第1卷，人民出版社2009年版，第226—227页。
③ ［英］约翰·格雷：《人类幸福论》，张草纫译，商务印书馆2013年版，第9页。

的异化便随之出现。货币原本只是我们在市场上能够得到财富的凭证，积累货币并不等于创造财富，对个体来讲也许个人货币的增加代表其财富的增加和购买力的提高，甚至"你自己不能办到的一切，你的货币都能办到：它能吃，能喝，能赴舞会，能去剧院，它能获得艺术、学识、历史珍品、政治权力，它能旅行，它能为你占有这一切；它能购买这一切；它是真正的能力。但是，货币尽管是这一切，它除了自身以外却不愿创造任何东西"①。对于社会来讲并非如此，货币数量的增长并不就直接意味着财富数量的增长，如果社会实体财富没有增加，货币的增加反而削减单位货币的购买力，货币所代表的真正财富也会缩减。货币由形式异化为本质内容，由表征对象异化为本体形态，成为真实的、唯一的财富形式，成为人们实践上获取各种财富的绝对手段，人们的创造财富活动就被异化为直接的纯粹的赚取货币。货币就有了魔力，成为人们的绝对需求和行为目的，对货币或金钱的追逐热情日益高涨。货币一旦成为财富的幻象，货币就由原来只是在流通过程中充当手段作用的"奴隶形象"一跃成为在商品世界中占统治地位的"上帝"，于是，货币就拥有了异己的力量和统治人的力量。于是"作为单纯的流通手段执行职能——，但是，在观念中，工人劳动的目的与结果仍然是抽象的财富，是交换价值，而不是特定的、受到传统和地方限制的使用价值。工人本人把货币转变为任意的使用价值，用货币购买任意的商品；他作为货币占有者，作为商品买者"②。在这一力量的支配下，人的存在不再是由人的个人特征决定，更不是由人的本质力量所决定，而是受制于这一外在的物质力量，货币处于高于一切的地位，成为人们生活的目的，人就沦为了"货币主义者"，成为了"交换价值追逐狂"。其实"占有货币不是占有者个性的某个本质方面的发展，倒不如说，这是占有没有个性的东西，因为这种社会［关系］同时作为一种可感觉的外在的对象而存在着，它可以机械地被占有，也可以同样丧失掉。因此，货币对个人

---

① 《马克思恩格斯文集》第 1 卷，人民出版社 2009 年版，第 227 页。
② 《马克思恩格斯文集》第 8 卷，人民出版社 2009 年版，第 377 页。

的关系，表现为一种纯粹偶然的关系，而这种对于同个人个性毫无联系的物品的关系，却由于这种物品的性质同时又赋予个人对于社会，对于整个享乐和劳动等等世界的普遍支配权。这种情形就如同我发现一块石头就使我占有全部科学，而同我的个性毫不相干一样。占有货币使我同财富（社会财富）发生的关系，就同哲人之石使我同科学发生的关系完全一样"①。马克思认为人们对"人的对象"的占有只不过是对"对象的本质力量"的占有，并非是对人的本质力量的占有，尤其当"人的对象"成为异己对象时人对"对象的本质力量"的占有就只是"在意识中、在纯思维中即在抽象中实现的占有，是对这些作为思想和思想运动的对象的占有"②。马克思一再要求把对象世界归还给人，强调人的本质力量应该由人的主体力量来体现，人的本质应该由人的主体性本质决定，人的对象世界不是人的意义世界，而只是人依据人的意义世界创造了人的对象世界，人也必定依据人的意义世界占有人的对象世界。货币作为马克思眼中的异化对象成为人们无限迷恋和崇拜的对象，货币甚至成为人的"价值概念"，成为了人的意义世界，具有了至上的价值评判意义，那么，货币的特性和本质力量就成为了货币占有者的特性和本质力量。"因为货币作为现存的和起作用的价值概念把一切事物都混淆了、替换了，所以它是一切事物的普遍的混淆和替换，从而是颠倒的世界，是一切自然的品质和人的品质的混淆和替换。"③ 货币一旦成了统治人、奴役人的力量，便足以把一切事物都混淆，货币就成为了人的对象化的异化了的"现实"，这种"现实"的实质是一种"幻象"，人痴迷于财富的货币幻象，并在此基础上产生了"货币崇拜"，"货币崇拜"是"拜物教"的具体化、对象化和表象化，是"消费主义"思潮的蔓延，是人的消费欲、享受欲极度膨胀的缩影。人沦为了"货币主义者"，对货币的无限崇拜其实质是对异己力量的肯定，对货币这一人的对象存在物

---

① 《马克思恩格斯全集》第 3 卷，人民出版社 2002 年版，第 174 页。
② 《马克思恩格斯文集》第 1 卷，人民出版社 2009 年版，第 203 页。
③ 同上书，第 247 页。

赋予了其"人格力量",甚至把这种力量置于人之上。货币本是财富的一般形式却异化为财富的物质内容,本是人生存的工具却异化为人的生存目的,在这一异化现象中,在对财富幻象的追逐中,人对货币的追逐过程就成为了人的生命被外化的过程,从这一意义上讲,人追逐的财富越多,人的生命本质被外化的程度就越大,人也就越被"物化"和"外化",人对其生命的本质占有就越小,人就越失去自我,本应作为主体性存在的个体,却沦为客体性存在的个体。

资本作为"货币增殖运动的特殊形式",同样,由财富的形式异化为财富的物质内容,人的异化也随之出现,不难理解马克思为何感叹道:"资本在具有无限度地提高生产力趋势的同时,又在怎样程度上使主要生产力,即人本身片面化……"① 财富的绝对增殖便成为其唯一存在属性,资本便具有了人格力量,具有了至上的发展意义,资本增殖成为人们生活的目的,"绝对致富欲"便支配了人,生产和致富的"为人目的性"就丧失了,人们便陷入了为了生产而生产的误区,陶醉于为了致富而致富的"机械目的性","不顾直接需要或直接享用的限度而去发展生产财富的生产力,这一点在配第那里是这样表述的:不是为了会使一切商品都被用掉的一时的享用,而是为了金银去进行生产和交换"②。资本一旦成为了统治人的力量,人也就被异化了,甚至出现马克思批判的"财富的增长却伴随贫困的增长"的现象,"在产生财富的那些关系中也产生贫困"。③ "资本把财富本身的生产,从而也把生产力的全面的发展,把自己的现有前提的不断变革,设定为它自己再生产的前提。……资本的限制就在于:这一切发展都是对立地进行的,生产力、一般财富等等,知识等等的创造,表现为从事劳动的个人本身的外化;他不是把他自己创造出来的东西当做他自己的财富的条件,而是当做他人财富和自身贫穷的条件。"④ 在马克思看来,资本最大的问题就是资本自己成

---

① 《马克思恩格斯全集》第 30 卷,人民出版社 1995 年版,第 406 页。
② 《马克思恩格斯全集》第 31 卷,人民出版社 1998 年版,第 334 页。
③ 《马克思恩格斯文集》第 1 卷,人民出版社 2009 年版,第 614 页。
④ 《马克思恩格斯文集》第 8 卷,人民出版社 2009 年版,第 171 页。

为了力量的主体，资本自己成为了行为的目的，一切都沦为了资本的手段，连人也不例外，人的发展也服务于资本自身的发展，在人对资本的无限追逐中人的异化也日益生成。马克思当时批判这一现象是在资本主义条件下，基于工人在资本家的剥削下，工人自身的劳动异化为异己的力量，工人在生产财富的同时也生产着自己的绝对贫困。虽然此处谈到的"财富的增长却伴随贫困的增长"现象所表达的内容与马克思当时所谈及的现象所表达的内容已不是一回事，但是，在"绝对致富欲"的支配下人的"吝啬"和"禁欲"便自然滋生，这无疑成为新的条件下"财富的增长却伴随贫困的增长"的表现，导致"新贫困"的"绝对致富欲"背后是"资本崇拜"的思想蔓延，人们对资本的崇拜本质上是人的"虚无主义"悲观思想的缩影和体现，人们把财富的发展当作唯一的目的，甚至不得不以"吝啬"或"禁欲"为代价，颠倒了财富的发展与人的发展两者之间的关系，异化了人的主体存在。

在财富的幻象中，人对财富的向往和追逐往往容易陷入对其符号即货币的绝对增殖的泥潭，人们把财富的创造简单地等同于抽象数字的增长，人们致富的目标就是赚取货币即追求货币的积累或资本的无限扩张，对财富的追求就异化为对货币或资本的绝对追求，忽视财富作为物的使用价值。甚至人们热衷于在虚拟经济中实现财富的创造和转换，把货币转换为资本当作唯一目的，把资本所带来的巨大收益的可能性绝对化，把资本创造财富的价值和意义神圣化。把赚取货币的过程视为财富创造的过程，强调财富的生产及过程手段性却忘却了财富的消费及目的意义性。在货币异化的同时人们对财富的观念也发生了异化，人们对财富的理解和认定又回到了马克思谈到的"财富的最初的自然发生的形式"这一层面，他指出："财富的最初的自然发生的形式，是剩余或过剩的形式，是并非作为使用价值而直接需要的那一部分产品，或者说，是对那些其使用价值不属于最需要范围的产品的占有。"① 人们对财富的追求陷入了一种追求"财富的剩余"或

---

① 《马克思恩格斯全集》第31卷，人民出版社1998年版，第521页。

"货币的剩余"的误区，人们追逐的目标不再是物本身，不再是具体的、生动的物的使用价值本身，而是追求一种抽象的、枯燥的交换价值。甚至不再是追求生活的享受，而是追求财富数字的绝对增长，抽象财富概念的占有，追逐一种未来享受的可能性和机会，具体表现出来就是人们赚取货币的欲望甚至比消费的欲望更强烈。人们的日常生活被货币化了，金钱成为了幸福的唯一源泉。不难理解，爱尔维修为何会说，"极端富有的观念就不是必然联系在极端幸福的观念上"①，马布利甚至说，"幸福是不能用金钱购买的"②。

在马克思看来，人身嵌财富幻象之中的根源在于颠倒了对财富的理解，把财富当作外在于主体的对象来理解，把财富的货币范畴和资本范畴当作了财富本身，从而财富的客体维度取代了财富的主体维度，主体世界屈从于客体世界。在财富幻象中的人将面临人的异化危机，而在人的异化危机中人的幸福也必然异化。财富原本只是人的本质力量的对象存在，却被当作人的本质力量的根本属性；财富原本只是人的生命价值和意义的证物，却被当作人的生命价值和意义本身；财富原本只是人和社会发展的手段，却被当作人和社会发展的绝对目的和最终归宿；财富原本只是幸福实现的工具，却被当作幸福本身。我们对财富的渴求甚至和我们自身对财富的真实需要失去了内在的一致性。本来财富只是通向幸福这一目的的手段，财富的意义也就在于给人一种更幸福的生活。但是，财富异化为人的自身目的，成为我们一切努力的根源。于是，人的本质力量被扭曲，财富对于个人享受的相对意义被绝对化，财富的占有欲被无限激发并极度膨胀，人们甚至把发财致富作为人生的唯一目标和信仰，对财富的追逐成为生存的唯一理由，对财富的占有成为幸福的唯一条件。作为创造财富的主体本应该支配和控制财富，却最终屈从于财富，成为了财富的奴隶，财富的价值凌驾于人的发展之上，人不自觉地就被财富束缚和统治。人的

---

① ［法］爱尔维修：《论人》，载北京大学哲学系外国哲学史教研室编译《西方哲学原著选读》（下卷），商务印书馆 1986 年版，第 186 页。

② 转引自戴清亮、李良瑜、荣民泰《社会主义学说史》，人民出版社 1987 年版，第 37 页。

幸福应该来自人的主体感受，却最终受财富支配和摆布。一旦把财富的力量当作人自身的力量并被这种异己的力量束缚时便会出现马克思在《1844 年经济学哲学手稿》中所谈道的：享受财富的人"一方面，仅仅作为短暂的、恣意放纵的个人而行动，并且把别人的奴隶劳动、把人的血汗看做自己的贪欲的房获物，所以他把人本身，因而也把自己本身看做可牺牲的无价值的存在物。在这里，对人的蔑视，表现为狂妄放肆，表现为对那可以维持成百人生活的东西的任意糟蹋，又表现为一种卑鄙的幻觉，即仿佛他的无节制的挥霍浪费和放纵无度的非生产性消费决定着别人的劳动，从而决定着别人的生存；他把人的本质力量的实现，仅仅看做自己无度的要求、自己突发的怪想和任意的奇想的实现。但是，另一方面，财富又被仅仅看做手段，看做应当加以消灭的东西。因而，他既是自己财富的奴隶，同时又是它的主人；既是慷慨大方的，同时又是卑鄙无耻的、性情乖张的、傲慢自负的、目空一切的、文雅的、有教养的和机智的。他还没有体验到这种财富是一种作为凌驾于自己之上的完全异己的力量的财富"①。对财富幻象的迷恋中，人沦为一种工具，以一种处于被奴役状态的物的形式存在，人的生命本质被异化，生命的自我存在的意义将日益缺失，内在的生命过程会不断地被外化，生命的本身意义也被淡化甚至背离。在马克思看来，财富幻象中的人的异化的另一直接表现就是消费的异化，消费本是满足人的需要的手段和形式，在货币异化为资本后，消费成为了人在异化劳动中失去主体自由之后的"自由"，在异化消费的活动中的"自由"表象却掩饰不了人的物化本质及人的主体地位丧失的事实。在异化消费的活动中人作为消费主体却不得不越来越依赖并受制于消费客体的存在和发展，消费成为了人的价值和目的，人也沦为了消费的奴隶，虽然人企图在消费中逃避不幸，但是，人并没有在消费中真正获得幸福。马尔库塞也谈道，"在消费主义下人过的是痛苦中的安乐生活"②。人同商品的关系彻底被颠倒，人的主体逻

---

① 《马克思恩格斯文集》第 1 卷，人民出版社 2009 年版，第 233—234 页。
② 转引自陈学明《"西方马克思主义"命题辞典》，东方出版社 2004 年版，第 41 页。

辑屈从于商品的运动逻辑，人拜倒在商品的面前，把物当作人的灵魂，没有什么幸福可言。只有把握财富的本质，克服对财富幻象的迷恋，才能克服"货币崇拜"和"资本崇拜"的不良影响，走出财富幻象中的人才能克服自身的异化，克服幸福的异化，真正成为物的主人，成为生活的主人，成为自己幸福的主人。

二 财富对于人之主体存在具有"享受意义"更具有"发展意义"

（一）财富是人全面发展的对象存在

马克思在《1844 年经济学哲学手稿》中，在分析异化劳动的具体表现形式时就告诉我们异化劳动使人与自己的类本质关系发生异化，在异化劳动的前提下，人的社会本质被他自身剥夺。从马克思批判创造财富的异化劳动中，我们能分析出创造财富的主体或劳动者应该是自由、全面、合理地占有自己的本质力量，而不应该是让自己的本质力量被束缚和剥夺。人在劳动实践中创造财富的过程，不仅体现着人与自然之间的依赖性的、互动性的关系，而且凝结着人与人之间的对象性的、现实性的关系。在马克思看来，人的全面发展必须以社会生产力的高度发展和物质财富的极大丰富为前提和基础，财富的发展和创造对人的发展也会产生积极的作用，因此，财富的发展应内含人的发展，财富的丰富和发展离不开人的全面发展。人的全面发展是财富创造的主体前提，财富的创造过程伴随着人的发展和实现过程，人的发展程度决定财富的发展程度。马克思在谈到财富与人的全面发展之间的关系时曾在《1857—1858 年经济学手稿》中做了如下论述："事实上，如果抛掉狭隘的资产阶级形式，那么，财富不就是在普遍交换中产生的个人的需要、才能、享用、生产力等等的普遍性吗？财富不就是人对自然力——既是通常所谓的'自然'力，又是人本身的自然力——的统治的充分发展吗？财富不就是人的创造天赋的绝对发挥吗？"① 结合马克思在其他地方的论述，我们不难发现，财富作为人的全面发展的"证物"，是人的全面发展的对象存在，具体表现在

---

① 《马克思恩格斯文集》第 8 卷，人民出版社 2009 年版，第 137 页。

以下三个方面：

1. 财富是人的能力的普遍实现。马克思强调财富的发展归根到底是社会中个人的发展，因为，财富生产、创造和交换的过程中无不体现人的主体本质，人的需要、才能、享用和主体生产力都会在这一过程中生成、发展和实现。马克思把财富看作是人的本质力量的实现，人的能力的发挥和人的全面发展的结果，财富体现着人们自由创造的积极性和实践性。"真正的财富就是所有个人的发达的生产力"①，作为财富内容所要表现的真正实质是"对人本身的一般生产力的占有"②。在马克思看来，由于人的主体性实践本质创造了财富，真正的财富就应该是人的全面发展的主体性生产力的体现和释放。人在财富的创造过程中推动了经济发展，促进了社会进步，同时也实现了人的历史性生成，因此，人自身的主体性得到发展也是财富创造和发展的应有之义。

2. 财富是人对自然力统治的充分发展。自然是人自身产生和存在的前提，是人自身的延伸，人在创造财富的过程中不仅体现人同自己的生产条件发生关系，同时体现人对自然的改造和利用关系，把自然的条件和人自身的条件一起当作生产的条件是实现财富创造的前提和基础。在马克思看来，劳动是价值的唯一源泉，但却不是社会财富（使用价值）的唯一源泉，马克思认为自然界和劳动都是使用价值的源泉。当然，马克思也指出自然界只是社会财富产生的客观基础和物质条件，人才是社会财富创造的主观前提和主体条件，劳动是人的主体能力的彰显和运用，劳动的过程是主体的人作用于客体的自然的过程。创造财富的劳动过程就是人的各种原始潜能被唤醒的过程，是人的体力、智力得以发展和实现的过程。"自然界为劳动提供材料，劳动把材料转变为财富。"③ 从人与自然关系的角度审视历史发展的过程，人类历史发展过程就是人对自然界改造能力发展和主体性生产力

---

① 《马克思恩格斯文集》第 8 卷，人民出版社 2009 年版，第 200 页。
② 同上书，第 196 页。
③ 《马克思恩格斯文集》第 9 卷，人民出版社 2009 年版，第 550 页。

实现的过程，同时也是自然界对于人的生成过程。马克思强调人对自身主体性生产力的占有是财富的宏大基石，人作为自然的组成部分，人的实践本质力量当然就体现出"自然的"本质力量，因此，财富创造的实践活动是这一自然本质力量的运用和实现，是人对自然力统治的充分发展。

3. 财富是人的创造天赋的全面释放。财富是人的实践本质的体现，财富的生产和创造活动本身就是人的创造性活动，需要充分调动和极力发挥人的主体能动性和创造性。财富创造的数量和质量无疑与人的创造天赋和创造能力是息息相关的，财富是人的创造性潜能的激发和创造性天赋运用的结果。人的创造天赋的绝对发挥本身就是人的自我能力提高和发展的要求和体现，也是人的全面发展的内在要素和具体内容。一个人的创造天赋越突出，个人素质越全面，实践能力和创造能力就越强，他所创造的财富也就越丰富。[①] 在马克思看来，财富作为人发挥自身能力和确证自身存在的一种方式无疑促进了人的创造天赋的绝对释放，当然，与此同时，这一过程也促进了人的全面发展即"生产出他的全面性"[②]。

（二）财富的意义：人之主体存在的"发展意义"

马克思主义唯物史观揭示人类社会生活的本质是实践的，人的实践本质在人的生存论意义上来讲就是生产或劳动，人通过劳动创造财富彰显人的主体存在的意义。财富满足了人的主体需求，更实现了人的自我发展，确证了人的本质力量，因此，财富对于人之主体存在具有"享受意义"的同时更具有"发展意义"。马克思认为人作为自然存在物"他的欲望的对象是作为不依赖于他的对象而存在于他之外的；但是，这些对象是他的需要的对象；是表现和确证他的本质力量所不可缺少的、重要的对象。……正像植物是太阳的对象，是太阳的唤醒生命的力量的表现，是太阳的对象性的本质力量的表现一样"[③]。

---

① 参见刘荣军《财富、人与历史——马克思财富理论的哲学意蕴与现实意义》，《学术研究》2006 年第 9 期。

② 《马克思恩格斯文集》第 8 卷，人民出版社 2009 年版，第 137 页。

③ 《马克思恩格斯文集》第 1 卷，人民出版社 2009 年版，第 209—210 页。

马克思揭示财富作为人的主体能力的对象性存在是人的主体性本质力量的产物，财富作为存在于人之外的人的欲望对象是人的现实的、感性的对象，是表现和确证人的本质力量所不可缺少的、重要的对象，财富的生产和创造就是人的主体能力的确证、实现和发展。马克思以哲学视野来审视财富的存在，以人学视角来考察财富的本质，以人文维度来把握财富的意义，以人的发展尺度来衡量财富的价值，赋予其深刻的人学内涵，在肯定财富"客体存在"的同时也强调财富的"主体性存在"。生产力的发展首先蕴含着人的主体性的实现和人的全面发展，人通过自觉运用包括自身在内的一切条件创造财富，因而财富对于人之主体存在具有实现其自身发展的价值意义。正如马克思所谈，人们在不停顿的社会生产过程中既"更新他们所创造的财富世界，同样地也更新他们自身"①。当然，马克思也强调要把财富作为促进人的主体能力的充分发展和全面提高的"外在手段"转变为人自身内在需要的"主体目的"，只有这样，财富才具有真正本体论意义上的人之主体存在的"发展意义"，财富才能真正避免成为统治人的异己力量。

马克思认为财富体现人与对象的本质关系，财富是人的主体性本质和对象性本质的统一，财富的主体性本质揭示了财富是作为"现实的人"的主体性存在，财富的对象性本质揭示了财富是作为"异己的对象"的客体性存在。财富不仅充当了"客体存在"的角色即财富是人的本质力量的对象化产物，并成为人享用的对象，财富还充当了"主体存在"的角色即财富是人的个性全面发展的促成力量，使人的潜能得以发挥和实现。"每种形式的自然财富，在它被交换价值取代以前，都以个人对于对象的本质关系为前提，因此，个人在自己的某个方面把自身对象化在物品中，他对物品的占有同时就表现为他的个性的一定的发展；拥有羊群这种财富使个人发展为牧人，拥有谷物这种财富使个人发展为农民，等等。"② 从这个意义上讲，财富创

---

① 《马克思恩格斯文集》第 8 卷，人民出版社 2009 年版，第 204 页。
② 《马克思恩格斯全集》第 30 卷，人民出版社 1995 年版，第 173 页。

造和实现的过程也是主体"对象化"过程和客体"主体化"过程的统一。财富的创造过程是主体"对象化"的过程，即财富的创造过程是主体的本质力量通过生产活动使之实现具体对象的过程。财富的创造过程是客体"主体化"的过程，即财富的创造过程是客体的能满足人需要的属性通过生产活动使之服务于主体需求的过程。因此，财富既是人的本质力量的对象化确证和人的主体性力量的发挥，同时又是人的生存意义的体现和主体价值的张扬。

一方面，人通过劳动在自我发展和实现的过程中创造财富，人在生产财富的同时也生产出人的社会关系。人在社会劳动和生产中创造了社会财富，实现了"主体生产力的占有"和"社会生产力的发展"。另一方面，财富的创造显然依赖于人的发展程度和自我价值实现的程度，财富的意义也表现在"财富创造了人"。财富是人的个体生命价值和意义的证物，财富作为人全面发展的对象存在，财富生产创造的过程也是人主体性生成的过程、人自由全面发展的过程和自我实现的过程，人在财富创造过程中成就了人作为"主体性存在"的全面发展，实现了自身能力的提高和发展，实现了人的个性解放、人的自由而全面发展及社会的全面进步。正如马克思所强调的，财富对于人的最大意义"不过是通向真正人的现实的道路"①。

马克思更进一步指出，"为生产而生产无非就是发展人类的生产力，也就是发展人类天性的财富这种目的本身"②。马克思站在唯物史观的至高点以最核心的要素——"生产力"为入口，以生产力的至高点——"发达生产力"为标准，以最鲜明的表达——"人类天性的"为限定来揭示财富的本源内涵即真正的财富是"所有个人的发达的生产力"，是人的自我发展和自我完善的积极表现。可见，马克思在界定财富时真正在意的是"人"，即人的主体性生产力的提高，人的实践能力的发展，人的主体素质的提升，总的一句话就是"人的全面发展"。在笔者看来，马克思在此处最想表达的是"人就是最大的财富"

———————

① 《马克思恩格斯文集》第 1 卷，人民出版社 2009 年版，第 204 页。
② 《马克思恩格斯全集》第 34 卷，人民出版社 2008 年版，第 127 页。

或"人就是创造财富的特殊财富",财富的高度发展与生产力的高度发展,以及人的全面发展具有高度的契合性、一致性和统一性。

财富的增长也意味着人的主体能力的提升、生产力的发展和社会的进步,人在生产财富的过程中也生产出人的全面性,财富促进了个人生产力的发达和个人广泛社会关系的生成,并以此为路径成就了人的全面发展。财富的生产和消费不仅为人类社会的进步和繁荣提供了物质基础和发展前提,并且,极其丰富的物质财富在满足了人的丰富性和多样性需要的同时也将人们从劳动中解放出来,使人的能力乃至个性得到更大程度的发挥和体现,"由于给所有的人腾出了时间和创造了手段,个人会在艺术、科学等等方面得到发展"①。人在生产财富的同时也生产了解放自己的条件和可能性,创造了自由发展的时间和条件,人的消费、休闲、娱乐甚至对艺术的追求就有了更多的机会得以实现。因此,财富的创造和增长成就了人作为"主体性存在"的全面发展。

财富本身并不是最终的目的,人自身的发展和完善才是最终的目的,财富是主体的存在方式即人的本质力量的对象化存在,作为主体的人不应该只立足于以财富的创造和占有来肯定自己的本质力量,更应该着眼于以此来满足自己的需要并在此基础上实现自己的发展。财富的发展不仅仅是经济的发展,更应该是人的发展。一方面,财富对于人的意义和价值首先体现在它满足了人的劳动存在及劳动创造价值的意义和快乐,因为财富从其活动过程来看体现了"劳动的对象性"。另一方面,人们所拥有的财富不应该只有商品、货币或资本,财富的要素不能只有客体属性的物的要素,还要包括主体属性的人的要素,并且也只有人才是最核心的要素。人作为"创造财富的财富"的重要前提是人的自我发展和自我实现,我们在追求财富物质要素的同时,更应该追求财富创造主体素质的提高。财富是人全面发展的对象存在,是个体生命价值和意义的证物,因此,对财富意义的理解不能仅仅停留在物的生成和物的价值上,应该着眼于人的发展和生命价值,不能仅仅停留在财富对于人的"享受意义",应该更注重财富对

---

① 《马克思恩格斯文集》第8卷,人民出版社2009年版,第197页。

于人的"发展意义"，财富的增加应该伴随着人的综合素质的提高，道德观念的升华，自我发展的实现。

三　财富是人生命活动的外化存在：追求财富的应有之义是热爱生活

（一）财富是人生命活动的外化存在

马克思说："我们首先应当确定一切人类生存的第一个前提，也就是一切历史的第一个前提，这个前提是：人们为了能够'创造历史'，必须能够生活。但为了生活，首先就需要吃喝住穿以及其他一些东西。因此第一个历史活动就是生产满足这些需要的资料，即生产物质生活本身。"[①] 从马克思的这段话中，我们可以得出："一切人类生存"或"一切历史"的第一个前提是"人能够生活"即"人的生活存在"这样的结论。然而，使人能生活的前提是"生产物质生活本身"即"物质资料的生产"，"物质生活是人的生活的基本前提"这一基本观点也是唯物主义历史观的基本观点。在《德意志意识形态》中马克思恩格斯曾把唯物史观描述为："这种历史观就在于：从直接生活的物质生产出发阐述现实的生产过程。"[②] 从这一描述中我们可以看出从物质生产出发来考察现实的生产过程是唯物史观的基本特点，物质生活的生产和财富的创造既是人生活的基本前提也是人生活的重要内容。并且，物质生产和财富创造都要服从和满足于人的"直接生活"。

马克思从生存论的角度谈到过"人们的存在就是他们的现实生活过程"[③]，人存在的客观属性就是人的现实生活的客观属性，人生存的价值就是人在现实生活中实现的价值，人的历史性生成就是人的现实生活的实现和生成。"人的存在"抽象意义上的理解就是人的自我生成和发展，现实意义上的理解就是人的生活的实现和展开。马克思

---

① 《马克思恩格斯文集》第 1 卷，人民出版社 2009 年版，第 531 页。
② 同上书，第 544 页。
③ 同上书，第 525 页。

曾谈到人的本质"是他自己的活动，他自己的生活，他自己的享受，他自己的财富"①，财富作为人的本质力量的外化，在一定意义上讲，财富的本质就是人的本质。"财富的独立的物质形式趋于消灭，财富不过表现为人的活动。凡不是人的活动的结果，不是劳动的结果的东西，都是自然，而作为自然，就不是社会的财富。"② 在马克思看来，财富作为人的实践活动的产物是人的实践本质的"对象化存在"，是人的主体能力的体现和人的主体意识作用于客观对象的结果。财富作为"人的活动的结果"，也就具有了"人的活动"的现实意义，因此，财富在人的生成视域中就是人的生命活动的外化存在。

虽然马克思的财富概念一般意义上讲的是物质财富即"物的使用价值"，但马克思也说过财富"包括一切以物的形式存在的物质财富和精神财富，既包括肉，也包括书籍"③。不难发现，马克思的财富思想中对财富的界定并不拘泥于物质财富，也包含了精神财富、文学艺术等内容。显然，财富作为"人的活动的表现""人的活动的结果"和"人的生命活动的外化性存在"本身就具有了丰富性和生动性的特征，因为，生活是人作为主体存在具体展开的"人的生命活动"的独特表现形式，"人的存在"现实意义上的表现就是"人的生活存在"，人的丰富性决定人的生活的丰富性，人的生活的丰富性也呈现人的丰富性，人的生活的丰富性决定财富形式的丰富性。随着生产力的不断发展、人类文明的不断进步和人的生活的不断丰富，人的生活需要领域也不断扩大。生活的内容应该包括人们作为生命存在所从事的满足自身生存需要的一切活动，人的生活不仅局限于物质生产生活，也涵盖了精神生产生活、人与人社会关系的生产生活和人自身能力的生产生活等内容。财富作为人的生命活动的外化存在则应该表现为人的物质生活、精神生活和文化生活的全部内容，并且，这些活动的结果也应该成为财富的形式。人学视野中的财富内涵无疑体现人

---

① 《马克思恩格斯全集》第 42 卷，人民出版社 1979 年版，第 24 页。
② 《马克思恩格斯全集》第 26 卷（第 3 册），人民出版社 1974 年版，第 473 页。
③ 《马克思恩格斯文集》第 8 卷，人民出版社 2009 年版，第 235 页。

的主体性、全面性、过程性和生动性，立足于财富内涵的人学解读，财富外延的延展性、具体性和丰富性也日益明朗，它的"属人"特征和"生活本质"特征也日益彰显和突出，财富就不仅局限于物质财富的内容，应该包括人需要的、生活内含的一切内容，如精神财富、文化财富、社会关系财富和人力资源财富等内容。"财富是人的生命活动的外化性存在"的最直接表达即人的生活本身就是财富。

（二）财富的真谛：热爱生活、享受幸福

物质生产是生活的前提和基础，生产创造生活、生产决定生活、生产实现生活，因此，生产只有为生活服务才是"属人的生产"，而离开了生活的生产就是异化的生产，就是"非人的生产"。在这个意义上讲，生产是人的生活的生产，而生活是人自身的生产。马克思认为在未来的共产主义时代生产和生活的界限消融了，在理想的社会中，生产和生活早已融为一体了，生产就是生活，人已不再是生存论意义上需要生产，而是生成论意义上需要生产，生产不再仅仅是生存的条件和手段，更是生活的形式和内容，生产不再是生存的需要，更是生活实现的需要和实践自我价值的需要。在未来的条件下，财富的生产、创造和享用本身早已成为生活的方式。

生活是人自我表现的生命形态，人作为生活的主体，是财富创造的主体和享受财富的主体。财富的生产和创造本身是人的"主体存在"的表现，是个人全面发展的对象存在，同时也是人的现实生活的需要。生活（物质生活、精神生活、文化生活）本身即财富，生活本身涵盖的内容就是财富作为"主体存在"需要确证的内容。财富的生产是为满足人的需要服务的，它的最终目的不是物的增长和扩张而是人自身的生产和发展。生活规定了全部生产活动的过程和意义，当然也规定了财富创造活动的过程和意义，生活的内容决定了财富生产和享用的内容，生活的意义赋予了财富的意义，从而，生活的价值引导着财富的价值。真正的财富存在应该是人的生活存在，财富的最大意义不是满足物的自我增殖需要，而是满足人的自我丰富的需要。财富作为人的需要对象和欲望对象，人们渴望财富、追求财富与创造财富其实质是对美好生活的渴望、向往和追求。生活需要财富，财富成就生活，生活的全部内容成为财富的所有外延。财富的生产、创造和享用的过程是个人个性化生活需要被满足的过程，同时也是个人丰富生活具体展现的过程，在这一过程中实现了人的主体性，确证了人在生活中的价值主体地位，人真正成为生活的主人。

马克思在《1844年经济学哲学手稿》中说道："富有的人同时就是需要有人的生命表现的完整性的人，在这样的人的身上，他自己的实现作为内在的必然性、作为需要而存在。"① 在马克思看来，"富有的人"应该是有"生命表现的人"，而有"生命表现的人"不仅是存在的人、活着的人，更应该是人的内在本质得到彰显的人、人的生命全面性得到体现的人、人的生活丰富性得到实现的人。"贫困是被动的纽带，它使人感觉到自己需要的最大财富是他人。"② 财富作为对象性存在的本质在人身上的体现应该是人的本质活动的体现，而人的本质活动的"感性爆发"便是激情，激情作为人的本质活动的主观要素便表现出对生活的激情和对生活的热爱。财富对于"富有的人"的意义更应该是人在创造财富和享受财富的过程中多大程度地实现了自我，完善了自我，成就了自我。真正"富有的人"必定是热爱生活的人，是能最大限度地实现自己人生价值的人。对财富的向往和追求不应该只是对物的向往和追求，更应该是对美好生活的向往和追求，对人生价值的肯定和实现。热爱自己、热爱生活、热爱生命是热爱财富的最本质的表达，对财富的追求是对美好生活的向往和追求，然而，对美好生活的向往之情更应该体现在对生活的积极态度，在追求财富的过程中注重人和财富的共同发展，生活和财富的统一发展，物质财富、精神财富、文化财富及人自身财富的协调发展。

四　财富的工具价值服务于人之幸福的目的

（一）财富是一种价值存在

马克思财富思想的最大贡献就在于从财富的主体维度来理解财富的

---

① 《马克思恩格斯文集》第1卷，人民出版社2009年版，第194页。
② 同上书，第194—195页。

内涵和本质，对财富的考察实质上是对人的考察，着重从人的主体性角度来分析财富的本质、价值和意义。马克思早在分析资本主义条件下劳动被异化为异己的力量，私有财产作为财富的对象时就曾指出："私有财产的意义——撇开私有财产的异化——就在于本质的对象——既作为享受的对象，又作为活动的对象——对人的存在。"① 可见，人学视野一开始就是马克思审视私有财产的根本出场，"人的存在意义"是马克思分析私有财产的价值维度，然而，马克思又超越了私有财产对象的狭隘性和资本主义制度历史的局限性，克服了财富的异化表现，从人存在的主体意义出发揭示："财富的本质就在于财富的主体存在。"②

马克思始终强调人在社会生活中的主体地位，高度关注财富所彰显的人的主体价值和生存意义，将财富的本质概括为"主体存在"，这也表明马克思在考察作为"物的存在"的财富时更关注财富背后所反映的"人的存在"关系即人与自然的存在关系、人与人的存在关系及人与社会的存在关系。马克思从实践的特性入手深刻地揭示了财富凸显的人与人之间的关系，否定了财富只是作为"私有财产"而体现的物与人的从属关系，也就是"物属于人"或"人占有物"的单一经济关系，并一步指出财富实质上是体现创造主体的人的价值存在。这一思想体现了马克思洞察了被财富"人物关系"表象屏蔽的"人与人的关系"，并揭示了财富背后所彰显的人自身的价值。在人学视野的观照下，马克思基于对财富"主体存在"的本质理解，实现了"双重还原"，即把已异化为"物与物"的人的社会关系还原为"人与人"的社会关系，并把在人与物的买卖关系支配下的"物的社会价值"还原为支配买卖关系的"人的社会价值"，并在此基础上，实现了"物与物"的价值表达范式向"人与人"的价值表达范式转换。

（二）财富的价值：人之幸福体验的工具价值

马克思在人学视野下揭示出财富是作为人的"主体存在"的这一本质，深刻指出财富虽然首先是以物的形式存在，"一方面，财富是

---

① 《马克思恩格斯文集》第 1 卷，人民出版社 2009 年版，第 242 页。
② 《马克思恩格斯全集》第 3 卷，人民出版社 2002 年版，第 292 页。

物，它体现在人作为主体与之相对立的那种物即物质产品中"①，但由于它是社会中"现实的人"创造出来的产物，它的本质并不是物的关系，而是物背后所反映的人的关系，财富是主体性存在的基本维度，体现的更是一种价值关系，如马克思所说："另一方面，财富作为价值，是对他人劳动的单纯支配权，不过不是以统治为目的，而是以私人享受等等为目的。"② 当然，这是以商品表现为"财富的一个特殊要素"并且是"一个靠自己的属性来满足人的某种需要的物"③为前提。财富不应该仅仅表现经济学意义上的"增长目的性"，而更应该表现的是人学意义上的"价值目的性"。

马克思早已指出财富只是生产目的，而生产则是人的目的，突出强调经济活动中财富作为目的的"属人性"和人作为目的的"主体性"，他曾经谈道："古代的观点和现代世界相比，就显得崇高得多，根据古代的观点，人，不管是处在怎样狭隘的民族的、宗教的、政治的规定上，总表现为生产的目的，在现代世界，生产表现为人的目的，而财富则表现为生产的目的。"④ 可见，在马克思看来，人是生产的目的，是唯一的利益主体，并且"人"作为"目的性"存在具有"原初性"的逻辑特点和"崇高性"的意义价值。马克思还指出了现代世界中的人颠倒这一关系的荒谬性，把生产当作人的目的及把财富当作生产的目的的"非崇高性"。马克思强调从人和物的主客体关系中看待人与财富的关系问题，高度重视人的主体地位，主张把人摆在至高无上的地位，既充分肯定人在财富生产、创造中的历史地位和主体作用，又突出强调财富满足于人自由、全面发展的意义，批判了把财富当作主体的荒谬思想，同时也否定了把财富凌驾于人之上的错误行为。马克思在强调财富"主体存在"的本质的同时无疑暗含了财富对于人具有的只是"工具性"价值，认为财富是人发展的手段，是人实现其价值的形式，是人实现其幸福的工具。

---

① 《马克思恩格斯文集》第 8 卷，人民出版社 2009 年版，第 137 页。
② 同上。
③ 《马克思恩格斯文集》第 5 卷，人民出版社 2009 年版，第 47 页。
④ 《马克思恩格斯文集》第 8 卷，人民出版社 2009 年版，第 137 页。

第四节　社会协同：个人幸福的生成逻辑

马克思认为个体是人最直接的生存单位，也是人最真实的存在形态，因此，人的全面发展和普遍幸福归根结底只能立足于人类个体发展和个人幸福之上。然而，个人幸福是否就独立于社会幸福之外呢？个人幸福是否可以凌驾于社会的普遍幸福之上呢？马克思的回答当然是否定的。马克思、恩格斯在《德意志意识形态》中就曾深刻地指出，在"真正的共同体"中，个人与集体应该是高度统一、和谐共存、互利共生的关系，"在真正的共同体的条件下，各个人在自己的联合中并通过这种联合获得自己的自由"①。在马克思、恩格斯看来，集体利益与个体利益高度一致，个人和社会、国家、民族集体利益应该是共存、共生并协调发展的，"个人以整体的生活为乐事，整体则以个人的信念为乐事"②。在这样的和谐关系中，集体的使命在于为实现各个人的自由和利益创造条件，集体的价值目标在于为每个个体的幸福和发展创造条件。每个人的自由、幸福和发展成为"真正的共同体"的显现和特征，也成为了"真正的共同体"的发展动力和目标。恩格斯在《在北爱斐特的演说》中就谈道，每一个人的利益、福利和幸福都同他人的利益、福利和幸福有着紧密的联系，并指出这是一个不言而喻的真理。在《共产主义信条草案》中，恩格斯更是明确地谈道："个人的幸福和大家的幸福是不可分割的。"③ 并强调这是无须证明的、颠扑不破的真理，是每个人都应该具有的意识和觉悟，是每个人都应遵循的道德原则。马克思、恩格斯认为幸福是社会协同生成的，人的主体间存在决定个人幸福具有社会共存性；人的平等性存在决定个人幸福具有社会共享性；人的社会性存在决定个人幸福具有社会共生性。任何个人都是在主体间关系中实现价值、获得意

---

① 《马克思恩格斯文集》第 1 卷，人民出版社 2009 年版，第 571 页。
② 《马克思恩格斯全集》第 1 卷，人民出版社 1995 年版，第 217 页。
③ 《马克思恩格斯全集》第 42 卷，人民出版社 1979 年版，第 374 页。

义的，个人幸福也必然在主体间关系中生成。追求幸福的过程和手段应该符合道德原则，必须建立在平等的基础上，尊重他人追求幸福的权利，把自己置于社会和集体中，把他人和社会的幸福置于自己的幸福信仰中。每个人在确证社会整体幸福的过程中也确证自身幸福，人的幸福不只是个体幸福的孤立生成，而必然是社会幸福的集体涌现。

一 个人幸福具有社会共存性

马克思、恩格斯在《德意志意识形态》中对德国"真正的社会主义者"的批判中指出：他们总是以任何单个生命都只是依靠自己的对立面即在对异己的力量的斗争中获得生存和发展为逻辑起点，把自觉的生命同不自觉的生命对立起来，把单个生命同普遍的生命对立起来，于是，在他们的观念中，人的"个别性"也就等同于个人幸福和自身福利，因此，他们得出了这样的结论：人只有在对有意识的他人和无意识的外部世界的斗争中才能获得自由的权利，人只有在社会的"限制力量"与自我力量的对抗中获胜才能获得自决的权利，并使外部世界服从自己并成为自己享受生活的条件，完全按照自己的本性实现自己生活的发展，实现对生活的自觉享受并最终获得自己的幸福。马克思、恩格斯批判了这一推理逻辑及由此得出的结论的荒谬性，一针见血地指出其虚设立场的拙劣性及其自私情怀的狭隘性，"真正的社会主义者"片面地把人的对象当作自己的对立面，把他人乃至整个社会当作自己的"约束力量"，并把他人乃至社会视为人的异己对象。马克思、恩格斯并引用了黑格尔的《法哲学》中的观点来论述自己的不同意见，"我促进自己的目的，也就是促进普遍的东西，而后者反过来又促进我的目的"①，并指出公民和国家的关系"最终结果的是单个生命和总合生命的有意识的统一，是和谐"②。马克思、恩格斯还进一步谈道："只有在共同体中，个人才能获得全面发展其才能的手段，也就是说，只有在共同体中才可

---

① 《马克思恩格斯全集》第 3 卷，人民出版社 1960 年版，第 568 页。
② 同上。

能有个人自由。"① 在马克思、恩格斯看来，个人自由和全面发展只能在"共同体"中实现，个人的幸福当然也是在"共同体"中实现，幸福是个体幸福和社会普遍幸福的统一。在真实的"共同体"中，任何个人和自由联合体的发展将不再以其他个体或群体的非自愿牺牲为代价来实现，真正实现人的自由和无限性，从而克服在虚假"共同体"中的人的有限性和限制性。"共产主义者既不拿利己主义来反对自我牺牲，也不能拿自我牺牲来反对利己主义，理论上既不是从那感性的形式，也不是从那夸张的思想形式去领会这个对立，而在于揭示这个对立的物质根源"②。马克思、恩格斯认为，在真实的"共同体"中，个体与他人及群体的自由发展和幸福具有高度统一性和相互协调性，个人与他人，个人与集体在利益协调的和谐关系中实现共同幸福。

萨特等人认为马克思过分强调了人的社会性、抽象性和本质性，而忽视了人的个体性、具体性和存在性，认为人的个体存在先于本质存在，然而，马克思其实非常关注个人，关注个人的价值实现和个人的发展。"我们要特别强调马克思对于个人的关注，因为这与一般对马克思主义的错误理解完全不同。在这种扭曲的认识中，马克思主义就是冷面无情的集体残忍地压迫个人生活。这与马克思的真正看法相差十万八千里。……马克思在《神圣家族》中写道，坚持一个人的个体性，是'一个人存在的重要体现'。这一点贯穿了马克思道德的始终。"③ 只是，马克思强调的"个体性"在主体间关系的视野中往往被曲解成了一种简单的、单向度的甚至是粗暴的集体主义。

在马克思看来，人作为社会生活中的个体，从其自身对象性存在角度来讲无疑都是主体，但从关系性存在角度来讲，任何主体对于其他人来讲同样也是客体或对象。马克思指出："人的本质不是单个人所固有的抽象物，在其现实性上，它是一切社会关系的总和。"④ 马

---

① 《马克思恩格斯文集》第 1 卷，人民出版社 2009 年版，第 571 页。

② 《马克思恩格斯全集》第 3 卷，人民出版社 1960 年版，第 275 页。

③ ［英］特里·伊格尔顿：《马克思为什么是对的》，李杨、任文科、郑义译，新星出版社 2011 年版，第 90—91 页。

④ 《马克思恩格斯文集》第 1 卷，人民出版社 2009 年版，第 501 页。

克思洞察了人的本质，深刻地回答了人是如何成其为人，从本质上把握人的根本特征及人的本质的具体生成。马克思揭示了人的社会性存在特征，即人的存在离不开他人，离不开社会，人的主体存在性离不开他人的"反映"，人的本质是在社会中生成的，这充分反映了马克思对人的关系性特征的具体思考，体现了马克思对人的社会性存在的深刻理解，这也成为了马克思思考幸福问题的理论基础，成为了马克思论述幸福的社会共存性特征的重要理论前提。马克思还谈道："在某种意义上，人很像商品。人来到世间，既没有带镜子，也不像费希特派的哲学家那样，说什么我就是我，所以人起初是以别人来反映自己的。名叫彼得的人把自己当作人，只是由于他把名叫保罗的人看作是和自己相同的。因此，对彼得说来，这整个保罗的肉体成为人这个物种的表现形式。"① 马克思认为他人是自我的一面镜子，他人是自我存在的一种对象性方式，在别人身上往往能呈现我们自身，彰显我们自身的价值。在马克思看来，人在一定程度上犹如商品，因为，人的主体价值和意义往往要通过他之外的其他主体来表现，他人会成为主体意义和自我幸福确证的对象性存在。

马克思对人的本质的深刻描述中其实蕴含着主体间关系的主体思想，即人的"一切社会关系的总和"是在每个人的相互关联中生成和实现的，各个主体的存在都成为构成总和的社会关系的主体，每个人都是构成这一逻辑关系的主体间的关系。马克思指出，人与人的关系都体现出人与人的现实关联性和实际统一性，每个人在自我的意识中意识到"别人是同自己平等的人"，每一个人都应该"把别人当做同自己平等的人来对待"②，这也表现出人的本质最终要在主体间得到表现，在社会中实现统一。马克思正是从人的社会性角度阐述人的主体间关系存在，并在人的主体间视域下谈道"每个人是手段同时又是目的，而且只有成为手段才能达到自己的目的，只有把自己当作自我目的才能成为手段，也就是说，每个人只有把自己当作自为的存在

① 《马克思恩格斯文集》第 5 卷，人民出版社 2009 年版，第 67 页。
② 《马克思恩格斯文集》第 1 卷，人民出版社 2009 年版，第 264 页。

才把自己变成为他的存在，而他人只有把自己当作自为的存在才把自己变成为前一个人的存在"①。

幸福体验主体虽然是一个纯粹私人性主体，幸福也必然显现为个人幸福，幸福永远是属于个人的，但任何一个幸福体验的主体都是在主体间关系中实现价值和获得意义的，个人幸福也必然在主体间关系中生成。马克思认为，幸福问题必定要涉及他人及社会因素，必定不是完全由自我因素所决定，这是因为，"人是类存在物"②，人总是以"类本质"的特征存在。人是社会存在物，同时也是关系性存在物，每个人的存在都与他人处于一种相互依存性的关系，与他人处于一种共存的状态，虽然每个人总是从自己的主体性出发，但每个人总是处于既定的历史发展阶段，存在于一定的关系范围内，"而不是意识形态家们所理解的'纯粹的'个人"③。

马克思曾谈道："一个存在物如果在自身之外没有对象，就不是对象性的存在物。一个存在物如果本身不是第三存在物的对象，就没有任何存在物作为自己的对象，就是说，它没有对象性的关系，它的存在就不是对象性的存在。"④ 显然，"马克思是在（现实的或潜在的）'主体的对象物'这一意义上使用'对象'这个术语的……因此，对于马克思来说，人们以任何方式形成联系的一切事物都是一个对象"⑤。在马克思看来，人作为一种类存在物，肯定不是孤独的存在个体，每一个我都是我之外的对象的对象或他人的"他物"，人作为对象性的存在物决定了人具有现实性存在而非抽象性存在的主体特征。人以主体间的状态存在，人的价值和幸福也具有了主体间的意义特征，"就像他自己的实现会涉及他本人一样，他们的实现也会涉及他"⑥。因此，在马克思看来，幸福既是"我"的追求同时也是我的

---

① 《马克思恩格斯全集》第 30 卷，人民出版社 1995 年版，第 198 页。
② 《马克思恩格斯文集》第 1 卷，人民出版社 2009 年版，第 161 页。
③ 同上书，第 571 页。
④ 同上书，第 210 页。
⑤ ［美］奥尔曼：《异化：马克思论资本主义社会中的人的概念》，王贵贤译，北京师范大学出版社 2011 年版，第 97 页。
⑥ 同上书，第 132 页。

"对象"的追求，是每一个自我主体的愿望，也必然要表现为主体间存在的集体诉求。因此，马克思讲，"追求幸福的欲望是人生来就有的"①，在马克思看来，幸福对于每一个人来讲都是最根本的人生欲望，具有最高的价值意义。每个人对于其他所有人之间的关系是一种对象性的现实关系，对于每个人来说，其他人都是自己的对象和感性内容，同理，对于其他人来说，每个人都是他的对象和感性内容。正是由于各个个体对于自我来讲是客体，同时每一个自我在其他个体的主体关系中又成为了客体，主体间关系成为个体幸福生成的集体场域并为个人幸福的实现提供条件。他人的存在和发展是我们每个人存在和发展的外在条件，也是每个人实现幸福的必要外在条件，当然，也可能是破坏或阻碍实现幸福的因素。马克思认为，每个人在追求个人幸福的过程中都不能漠视其他主体存在者的幸福，每个个体都是平等的，在追求幸福方面都享有平等的权利，如果否认这一点，应该说，任何一个主体都丧失了获得幸福的可能性。

马克思在主体视域中来审视和分析幸福问题，超越了简单的"自我"主体思维局限。马克思认为，幸福体验主体虽然是一个纯粹私人性主体，幸福也必然只能在真实的个人身上得到体验，但任何一个幸福体验的主体都是在主体间关系中实现价值和获得意义的，个人幸福也必然在主体间关系中生成。从主体间的关系上讲，他人的价值实现，成就了他人自身幸福的实现，也成就了他人之外的"他人"幸福的实现。马克思在描绘未来共产主义社会中的新的主体图景——"共同体"的时候就指出，到那时"别人的感觉和精神也为我自己所占有"②。"共同体"成为了一种超越于狭隘的独立个体局限性的全新的主体形式，在马克思看来，在"共同体"的主体视野中，在人的所有关系中，最直接的现实表现就是人们彼此之间的相互占有的关系，自己利益及幸福的实现会涉及自己，同样也不可避免地要涉及他人，他人的利益及幸福实现亦是如此，社会的实现也会涉及每个个

---

① 《马克思恩格斯文集》第 4 卷，人民出版社 2009 年版，第 291 页。
② 《马克思恩格斯文集》第 1 卷，人民出版社 2009 年版，第 190 页。

体，每个人在他人的实现和幸福中充当了重要的角色，并在这一过程中逐渐确证人的所有本质。每个人的成就和幸福都是他在社会中逐渐认识和实现人的所有本质的结果，每个人价值的实现离不开其他个体价值的实现。因此，马克思断言，在共产主义社会，"需要和享受失去了自己的利己主义性质"①。每个人的需要和享受再也不是通过剥削别人来满足和实现，更为重要的是，"在这个时代人们相信，别人占有的所有东西（它或者是在生产过程中被占有，或者是在消费中被占有）同样也属于他，而他占有的东西同样也属于别人"②。应该说，人的本质理论中蕴含的主体间关系是马克思思考个人幸福的主体关系的逻辑起点，在主体间关系中，马克思向我们阐明了人的主体间关系的存在决定个人幸福具有社会共存性。

二　个人幸福具有社会共享性

马克思在《神圣家族》中，在"对法国唯物主义的批判的战斗"中就谈道："既然人是从感性世界和感性世界中的经验中获得一切知识、感觉等等的，那就必须这样安排经验的世界，使人在其中能体验到真正合乎人性的东西，使他常常体验到自己是人。既然正确理解的利益是全部道德的原则，那就必须使人们的私人利益符合于人类的利益。"③ 人天生就是社会的产物，人的需要的满足，以及人的所有社会关系的生成必然都是在社会中实现的。因此，在马克思看来，人的天性的发挥不应当只依赖个人的力量，因为，人的天性只有在社会中才能充分展现并真正实现。个人幸福不能局限于个人私利的满足，因为，个人利益必须符合全人类的利益，个体的发展必须服从社会的整体发展。

在马克思看来，普遍的平等是有机社会的基础，是个人与普遍成员、个人与社会和谐发展的基础，因此，幸福的道德原则必然是建立

① 《马克思恩格斯文集》第 1 卷，人民出版社 2009 年版，第 190 页。
② ［美］奥尔曼：《异化：马克思论资本主义社会中的人的概念》，王贵贤译，北京师范大学出版社 2011 年版，第 133 页。
③ 《马克思恩格斯文集》第 1 卷，人民出版社 2009 年版，第 334 页。

在平等的基础上。费尔巴哈也讲："道德的原则是幸福，但不是集中在同一个人身上的那种幸福，而是分布在各个人（包括我和你）身上的幸福，因而，幸福不是单方面的，而是双方面的或是各个方面的。"① 费尔巴哈甚至谈道："看见他人的不幸而无动于衷，或不注意这种不幸所带给我们自己的对于幸福追求的损害，也是不道德的。积极关心他人的幸福与不幸，与他们同甘共苦（其目的自然只在于消除万一可能发生的不幸），这是真正的道德。"② 追求幸福的过程和手段也应该合乎道德，不能与他人的、社会的利益相冲突，我们追求幸福的同时要尊重他人追求幸福的愿望和权利，否则我们的幸福愿望就是狭隘的、自私的，也是不现实的。

马克思曾经讲："私人利益总是怯懦的，因为那种随时都可能遭到劫夺和损害的身外之物，就是私人利益的心和灵魂。"③ 马克思指出了私人利益的根本特征及其本性，在马克思看来，如果对于个人幸福的追求不融入到他人幸福和集体幸福中去，那么个人的幸福也就沦为了私人利益的代名词，追求的个人幸福势必染上"怯懦"的特性，个人也势必随时都害怕自己的幸福会被别人掠夺和损害。马克思并深刻地批判了资本主义社会中资产阶级极端利己主义幸福观，揭露了他们把绝对的个人幸福当作自己人生目的的狭隘性和自私性。

马克思认为把他人幸福、集体幸福和社会幸福统一起来，作为自身的目标这才是幸福的道德要求。康德也讲："一个排斥他人幸福的准则，在同一意愿中，就不能作为普遍规律来看待。"④ 马克思曾引用霍尔巴赫的话："人为了自身的利益应该爱别人，因为别人是他自身的幸福所必需的……道德向他证明，在一切存在物中，人最需要的是人。"⑤

---

① 转引自周辅成编《西方伦理学名著选辑》（下卷），商务印书馆 1987 年版，第453—454 页。

② ［德］费尔巴哈：《费尔巴哈哲学著作选集》（上卷），荣震华、李金山等译，商务印书馆 1984 年版，第 577 页。

③ 《马克思恩格斯全集》第 1 卷，人民出版社 1995 年版，第 255—256 页。

④ ［德］康德：《道德形而上学原理》，苗力田译，上海人民出版社 2005 年版，第62—63 页。

⑤ 《马克思恩格斯文集》第 1 卷，人民出版社 2009 年版，第 337 页。

并指出，真正的道德应该像真正的政治一样，根本目的都是促使人们增进彼此的了解和信任，彼此愿意为相互间的幸福而努力工作，把我们自身的利益和他人、集体、社会的利益联系起来，只有为了相互间的幸福而努力工作的道德才是真正的、有意义的、顺应天性的道德，真正有道德的人应该是自觉地把幸福给予那些回报他人幸福的人，给予那些为他人创造幸福条件的人。实际上，马克思坚持的幸福实现的道德原则就是在尊重他人和社会幸福的基础上实现个人幸福。

恩格斯曾谈道："要是我们不尊重他人同样的追求幸福的欲望，那么他们就会反抗，妨碍我们自己追求幸福的欲望。"① 每个人都有追求幸福的愿望和权利，追求幸福的个体必然与他人及社会相互联系，个人与他人都是平等的个体，个人与社会全体成员组成一个有机整体，每个人可能获得的幸福都必定包含在社会共同体的幸福之中，而且社会共同体的幸福也能有效地促进个人幸福的实现。虽然他人为个人幸福的实现创造了条件，但每个人不能把他人仅仅当作自己实现幸福的手段或工具，每个人也要努力地为他人的幸福实现创造条件和可能，如果我们破坏他人实现幸福的权利，仅仅把他人看作是自我实现的工具，就不能得到他人的尊重和认可，自身幸福的实现也必然会受到阻碍。可见，在马克思、恩格斯看来，道德的原则是幸福实现的重要基础，幸福本身是一个涉及多个主体利益的问题。马克思、恩格斯依据道德原则阐明了由于人的平等性存在决定个人幸福具有社会共享性。

三 个人幸福具有社会共生性

"在马克思看来，个人作为主体无例外地从属于一定的社会关系这一事实表明，主体性并不等于任意性，它永远只能在自己的界限内发生作用。"② 马克思摒弃了一切把个人与社会（个体与类）二元对立的旧有观念，科学地、人本地认识了个人与社会（个体与类）之

① 《马克思恩格斯文集》第4卷，人民出版社2009年版，第292页。
② 俞吾金：《自然历史过程与主体性的界限》，载俞吾金《被遮蔽的马克思》，人民出版社2012年版，第343页。

间的关系。马克思指出，人从人的类本性出发理解和认同人自身，也只有在自己的类范围中生活才成为人自身，人以共生的方式生成自己也生成了他人，人对人的一切关系都是一种属人的关系，都必须是人的现实的个人生活的表现，都是人的生命表现与人的意志对象一致的特定表现。① 因此，人"不仅是一种合群的动物，而且是只有在社会中才能独立的动物"②。人不是脱离他人、脱离社会而孤立存在的，人的最高本质是一切社会关系的总和，人因此具有了关系性的特征，与自然和他人建立起丰富的联系，在关系中实现自己的对象化活动，确立自己的对象性。"个体是社会存在物。因此，他的生命表现，即使不采取共同的、同他人一起完成的生命表现这种直接形式，也是社会生活的表现和确证。人的个体生活和类生活不是各不相同的，尽管个体生活的存在方式是——必然是——类生活的较为特殊的或者较为普遍的方式，而类生活是较为特殊的或者较为普遍的个体生活。"③马克思讨论幸福从来都是在集体的范围内进行的，从来没有忘记个人的集体身份，以及个人幸福的集体生成。马克思认为，人既是个体的独立存在也是与外界有关联的社会存在，作为个体的存在的人是孤独的，因为，每个人作为一个独特的实体，都会意识到自己的独立主体存在并认识到与他人的不同，对此，弗洛姆曾谈道："人又不能忍受孤独，不能忍受和他同胞隔绝。他的幸福完全看他是否觉得和他同胞、祖先以及后代休戚相关而定。"④ 马克思、恩格斯在《德意志意识形态》中谈道，"费尔巴哈关于人与人之间的关系的全部推论无非是要证明：人们是互相需要的，而且过去一直是互相需要的。他希望

---

① 马克思认为，人对世界的关系是一种人的关系，在人的关系中，人只能用爱来交换爱，用信任来交换信任。马克思形象地谈道："如果你想得到艺术的享受，那你就必须是一个有艺术修养的人。如果你想感化别人，那你就必须是一个实际上能鼓舞和推动别人前进的人。你对人和自然界的一切关系，都必须是你的现实的个人生活的、与你的意志的对象相符合的特定表现。"《马克思恩格斯文集》第1卷，人民出版社2009年版，第247页。

② 《马克思恩格斯文集》第8卷，人民出版社2009年版，第6页。

③ 《马克思恩格斯文集》第1卷，人民出版社2009年版，第188页。

④ ［美］艾·弗洛姆：《自我的追寻》，孙石译，上海译文出版社2013年版，第36页。

确立对这一事实的理解，也就是说，和其他的理论家一样，他只是希望确立对现存的事实的正确理解"①。虽然马克思、恩格斯认为费尔巴哈并没有找到人们之间相互需要、相互联合的真正实践路径，但马克思、恩格斯认可了费尔巴哈希望证明的人不能孤立生存的事实，人与人之间是相互需要和相互依赖的，人不能在孤立中实现自己的幸福，必然在相互的普遍联合中实现自己的幸福。在马克思看来，人是社会存在物，同时也意味着人是关系性存在物，每个人的存在都与他人处于一种相互依存性的关系，与他人既处于一种共存的结构状态，也形成一种共生的互利关系，虽然每个人总是从自己的主体性出发，但每个人总是处于既定的历史发展阶段，存在于一定的关系范围内，"而不是意识形态家们所理解的'纯粹的'个人"②。"对于马克思来说，在他们所有的关系中，人们彼此之间是相互占有的。而且像自然界中的其他对象一样，各司其职的个人作为对象必须达到他正在被占有的层面；否则，其他人将不能从他身上实现他们的力量。"③

马克思所揭示的"人的本质"的社会关系性特征隐喻了马克思对幸福的理解，无论是自己还是别人，作为人的人是在社会中产生的，并且，人的本质只有对社会的人来说才是存在的，当然，社会也是由人生产的。因此，马克思讲："活动和享受，无论就其内容或就其存在方式来说，都是社会的活动和社会的享受。"④ 在马克思看来，个人的生命活动和幸福体验即使不采取共同的直接形式，仍然是社会生活的表现和确证。人的活动和享受或社会的活动和享受也不总是狭隘地存在于直接的共同活动和共同享受的形式中，而要在社会中通过与他人的实际交往表现出来并得到确证。人在绝对的孤立中无法获得幸福，每个人的幸福都必然要与他人的幸福具有整体的一致性，这也是马克思谈到的人的"类本质"即共同的人性的现实表现和价值追求。

---

① 《马克思恩格斯文集》第 1 卷，人民出版社 2009 年版，第 548—549 页。

② 同上书，第 571 页。

③ ［美］奥尔曼：《异化：马克思论资本主义社会中的人的概念》，王贵贤译，北京师范大学出版社 2011 年版，第 131—132 页。

④ 《马克思恩格斯文集》第 1 卷，人民出版社 2009 年版，第 187 页。

霍尔巴赫也谈道"人凭着本性，就不仅应当爱自己，而且应当爱一切协助他取得幸福的东西；由此可见，人为了自己的利益，应当爱其他的人，因为他们是他的存在、他的保存、他的快乐所必需的"①。

人的社会属性决定人的存在总是在一定的社会关系中，社会关系是人的本质存在及现实表现，社会关系中蕴含着个人存在和发展必需的一切社会条件。人的幸福必然不只是个体幸福的孤立生成，而必然是社会幸福的集体涌现，并且，个人幸福的实现也必然要在与他人和社会的相互关联中生成。马克思认为幸福是个人意识到自身生命表现及价值被他人和社会充分认可后产生的愉悦感，"如果你在恋爱，但没有引起对方的爱，也就是说，如果你的爱作为爱没有使对方产生相应的爱，如果你作为恋爱者通过你的生命表现没有使你成为被爱的人，那么你的爱就是无力的，就是不幸"②。在马克思看来，作为社会存在物的人必然在社会关系中感受和实现自己的幸福，"按照自己的本性，只有在同其他人们的交往中并通过这种交往，我才能够达到自己生活的发展，才能达到对这生活的自觉的享受，才能够获得自己的幸福"③。幸福作为一种我们建立在生活实践中的具有共享趋向性的主体间性的经验必然在共享的社会生活中生成。另外，每个个体在追求个人幸福的过程中必然要与他人和社会发生各种联系，社会幸福也为个人幸福的实现提供更大程度的可能性。恩格斯也谈道，个人幸福的追求和实现往往都离不开社会和他人的协助，大多满足幸福的手段都是在和他人、社会的交往中获得的，要实现幸福的愿望要求我们同外部世界打交道，即每个人获得满足幸福愿望的种种手段如"食物、异性、书籍、娱乐、辩论、活动、消费和加工的对象"等要素都是在社会实践和社会交往中获得，"如果一个人只同自己打交道，他追求幸福的欲望只有在非常罕见的情况下才能得到满足，而且决不会对己对人都有利"④。霍尔巴赫也曾谈道："社会对于人的幸福是有益

---

① 转引自周辅成编《西方伦理学名著选辑》（下卷），商务印书馆1987年版，第89页。
② 《马克思恩格斯文集》第1卷，人民出版社2009年版，第247—248页。
③ 《马克思恩格斯全集》第3卷，人民出版社1960年版，第561页。
④ 《马克思恩格斯文集》第4卷，人民出版社2009年版，第292页。

的和必需的；人不能独自使自己幸福；一个软弱而又充满各种需要的生物，在任何时刻都需要它自己所不能提供的援助。"①

在马克思看来，从主体的静态存在结构看，个人幸福具有社会共存性，从互利的动态发生机制看，个人幸福无疑具有社会共生性。作为社会存在物的主体，作为关系性存在的个人，他的幸福往往都与他人的存在相关联。人的所有努力、产品、思想、情感和幸福体验都必然要体现个体和他人的联系，而这些要素都要在社会中生成和实现，因此，个人幸福和他人幸福及社会幸福具有高度的关联性、协同性和统一性，每个人在确证人的本质的过程中实现自我价值，每个人在确证社会整体幸福的过程中也确证自身幸福。个人幸福只有在与他人的社会交往中才能实现，每个人的幸福欲望和追求都是在他人、群体追求幸福的集体场域中实现的。虽然个人幸福总是个人的体验，但作为社会存在物的主体，作为关系存在主体的个人幸福都往往与他人的存在相关联。个人幸福与他人幸福及社会幸福应该协同发展，只有将个人幸福融入到集体幸福之中才能更好地实现自己的幸福。法国著名的空想社会主义者摩莱里曾经在其《自然法典》中也谈到过相同的观点："人始终不渝地谋求幸福；他的软弱无力不断提醒他：没有他人的帮助，无法得到幸福。他也知道，怀有同样希望的人是无穷无尽的。他每时每刻都相信，他的幸福依赖别人的幸福。"②虽然，每个人都以自己的方式、自己的力量实现自己的幸福，然而，每个人的能力是有限的，由于人自身的局限性，每个人都不可能完全给自己提供自身追求幸福欲望所需要的一切条件，每个人都离不开其他社会成员的协助和支持，每个人自身幸福的实现往往都离不开他人的帮助，因此，从这个意义上讲，每个人的幸福都在社会中生成。对此，昆布兰更是曾鲜明地谈道："除了通向全体人的共同幸福的那条道路而外，

---

① [法]霍尔巴赫：《社会体系》，载北京大学哲学系外国哲学史教研室编译《西方哲学原著选读》（下卷），商务印书馆1986年版，第230页。

② [法]摩莱里：《自然法典》，黄建华、姜亚洲译，商务印书馆1982年版，第90—91页。

再没有其他道路可以使个人能够遵循着它达到自己的幸福。"①

第五节　共产主义②：幸福的必由之路

一　资本主义社会中人的异化命运及其幸福疏离

（一）马克思异化概念的历史考察及其内涵

众所周知，异化是德国古典哲学的一个重要概念，它并非由马克思创造和最早使用。所谓异化一般是指主体经过转化，成为外在的、

---

① 转引自周辅成编《西方伦理学名著选辑》（上卷），商务印书馆 1987 年版，第 699 页。

② 本节的"社会主义"和"共产主义"是同义语，在本节不同处的不同表达主要是依据马克思的表达习惯和读者的阅读习惯。马克思在对资本主义的批判基础上，对超越资本主义的人类理想社会的具体称谓不尽相同，在不同的时期，根据不同的形势有不同的表达，如，"共产主义""完成了的自然人道主义""社会主义""自由人联合体"。作为未来社会的名称，马克思谈及的"共产主义"和"社会主义"是指同一个社会，同一阶段，同一形态，它们在内涵上并没有差别，也不是两个不同发展阶段的名称。只是，在马克思主义发展史上，列宁第一次把共产主义两个阶段分别称为"社会主义"和"共产主义"。另外，迄今为止，还没有发现马克思在自己论著或手稿中直接使用过"社会主义社会"这一概念。马克思一直用"共产主义社会"这一概念来称呼未来社会。到 19 世纪 90 年代初，恩格斯才开始使用"社会主义社会"这一术语。即便是恩格斯讲到的"社会主义社会"也和马克思一贯追求的"共产主义社会"是一致的，而不是后来列宁所说的作为共产主义第一阶段的社会主义。参见：傅长吉、丛大川《对卡尔·马克思"共产主义"另想的解读》，《广东社会科学》2007 年第 1 期；成保良《论共产主义、社会主义用语含义的演变和发展》，《当代经济研究》2004 年第 9 期；赵智奎《马克思恩格斯的科学社会主义学说及其当代启示》，《马克思主义研究》2011 年第 1 期。虽然，在不同时期，马克思具体使用的"社会主义"和"共产主义"一词有其特定含义，但依然具有典型的融通内容，例如：《1844年经济学哲学手稿》中，"社会主义"并不是指一种必然走向共产主义社会的社会形态，恰恰相反，"共产主义"是走向"社会主义"的"必然的形式"和"有效的原则"。"社会主义"在《1844 年经济学哲学手稿》中指的是以"社会化人类"为目标的社会形态，它是私人与公民的结合，是个体与社会的融合，类似于马克思在《关于费尔巴哈的提纲》中所提出的"新唯物主义"立脚点的"人类社会或社会的人类"，在某种意义上相当于《哥达纲领批判》中的"共产主义社会"。参见刘同舫《马克思的哲学主题》，人民出版社 2017 年版，第 50 页。另外，根据法国历史学家布罗代尔的考证，马克思在自己的著作中几乎没有或者说很少使用"资本主义"（Kapitalismus）这样一个名词性的概念。而更多是用"资本主义生产方式"（kapitalist Produktionsweise）、"资本家社会"（kapitlaist Gesellschaft）、"资产阶级社会"（bürgerlich Gesellschaft）来描述我们今天称之为"资本主义"的社会现实。"资本主义"这样一个术语的出现，反倒是在 19 世纪末期，在社会主义运动中被逐渐创造出来的。参见张亮、周嘉昕、孙乐强《理解马克思——卡尔·马克思的生平与核心著作导读》，人民出版社 2016 年版，第 76 页。

异己的东西。在黑格尔和费尔巴哈的哲学体系中用过这一概念，马克思对异化问题的研究显然受到了黑格尔和费尔巴哈的影响，但马克思又超越了二者对于异化的理解，创新了异化概念的内涵。黑格尔将绝对精神或抽象的哲学思维看作是异化的主体，将异化定义为精神"分裂为二的过程或树立对立面的双重化过程"①。黑格尔用异化概念来说明绝对精神发展的各个不同阶段，最终又复归绝对精神的这一逻辑过程。在黑格尔的哲学语境中异化概念就是外化、对象化的意思，但并不包含对人的主体性本质的否定或与主体敌对的含义。费尔巴哈拒绝了黑格尔异化概念的主体界定，把感性存在的人作为异化概念的主体，把异化理解为人同自己的类本质相对立，人同自己相分离甚至敌对的状态，并把宗教视为人的本质的异化。费尔巴哈认为，上帝是人的本质对象化为独立于人的精神本体，上帝统治了人，并被人崇拜。在费尔巴哈人本主义哲学语境中，我们看到了异化概念显然已经包含了对人的主体性本质的否定或与主体敌对的含义。但是，费尔巴哈仅仅是从抽象的人出发来运用异化这一概念，这也决定了费尔巴哈的异化概念终究还是没有完全走出黑格尔的主观精神领域。马克思哲学语境中的异化概念既不同于黑格尔，也有别于费尔巴哈。异化概念是马克思从对私有制的分析和批判中引申出的概念，马克思把异化定义为"人作为主体在自己的发展过程中，由于自身的活动而产生出自己的对立面，这个对立面作为一种外在的、异己的力量反过来反对主体自身，从而形成了一种人与人自己的本质相对立的、对抗性的一种物质的、现实性关系"②。不难看出，马克思把异化概念定位为一个表述主客体关系的哲学范畴，并把主体与客体之间的颠倒关系确定为异化的本质表现。在马克思看来，异化的直接现实表现就是主体所创造的客体成为了支配主体的异己力量。③　马克思使用"异化"一词的本意

---

① 转引自魏中军《论马克思的异化理论同黑格尔、费尔巴哈异化理论的差别》，载《关于人的学说的哲学探讨》，人民出版社1982年版，第202页。

② 同上。

③ 参见张之沧、龚廷泰《从马克思到德里达：当代西方马克思主义研究》，人民出版社2002年版，第558页。

是恢复本真的主体与客体的关系，通过人的异化来揭示人的本质的"远离"及关系的"颠倒"的存在状态。马克思声称，异化的表现形式之一就是它"表现为一种非人的力量统治一切"①。"在马克思看来，异化概念植基于存在和本质的区别之上，植基于这样一个事实之上：人的存在与他的本质相疏远，人在事实上不是他潜在地是的那个样子，或者，换句话说，人不是他应当成为的那个样子，而他应当成为他可能成为的那个样子"②，异化中的人丧失了人的存在基础，变成了孤立的抽象物。

马克思一系列的相关论述也构成了他的异化理论，异化理论是马克思的一种学术构建，是马克思在揭示资本主义社会中的生产及由此基础上产生的社会生活的批判的基础上建立起来的理论。马克思的异化理论语境中的异化状态就是"一种'远离'的非异化的人类存在状态"，是"不应有的偏差、缺陷"的生存状态，其实质就是"人的非异化状态的缺失"③。马克思认为在未来理想社会探照下的资本主义社会对人的肉体和精神都产生了毁灭性的影响，真正的人的生存本质被剥离了，非人的力量统治了一切，统治了人，人与人的劳动、人的劳动产品、人的生活活动、他人的关系都被异化，以一种扭曲的、断裂的方式组合而呈现，人沦为了"抽象物"。那么人的生存形态、生存价值、生存意义也发生异化，人对自己的"意义世界"的认知和体验当然也同样不可避免地发生了异化，人文价值的缺失，价值的物质形态化，从而导致资本主义社会中幸福异化或"人本缺失"。

（二）普遍异化的资本主义成为不幸福的社会制度

恩格斯对资本主义社会给予了尖锐的批判，指出在资本主义社会中追求幸福的权利只是在口头上被空洞地承认了，恩格斯认为，追求

---

① ［美］奥尔曼：《异化：马克思论资本主义社会中人的概念》，王贵贤译，北京师范大学出版社2011年版，第162—163页。

② 陈学明主编：《二十世纪哲学经典文本》（西方马克思主义卷），复旦大学出版社1999年版，第350—351页。

③ ［美］奥尔曼：《异化：马克思论资本主义社会中人的概念》，王贵贤译，北京师范大学出版社2011年版，第16页。

幸福的欲望不能只靠空洞的观念和口号来实现，绝大部分要靠物质的手段来实现，而资本主义生产所关心的是对绝大多数拥有空洞平等权利的人给予仅有的必需品来勉强维持生活，马克思曾经也引用过斯密的观点，"通常的工资就是同'普通人'即牲畜般的存在状态相适应的最低工资"[①]。恩格斯一针见血地指出："资本主义对多数人追求幸福的平等权利所给予的尊重，即使有，也未必比奴隶制或农奴制所给予的多一些。"[②] 马克思曾指出，"大多数人遭受痛苦的社会是不幸福的"[③]，在马克思看来，在资本主义社会中，即便是在社会最富裕的状态时都会造成大多数人遭受痛苦，显然这样的社会不是理想的社会，不是充满幸福的社会。傅立叶也认为，这种充满剥削和不公的生产对人类来说已经成了一种阴险的礼物，这种生产异化为对人的本性的嘲弄，甚至是对人的一种惩罚。因为，它使进行生产的劳动者处于绝望的境地，他们甚至比那些在自然、原始状态下享受幸福的愚昧的人更可怜。[④]

"货币及资本是理解资本主义社会的秘密所在，所谓资本主义，主要是以追求资本和利润为主要价值取向的社会。"[⑤] 在马克思看来，异化的生存状态是资本主义私有制的一种人的不可避免的必然。在资本主义社会中，"人类劳动和社会组织的性质都导致人只能以扭曲的形式理解自己和自己的潜在价值。人们感觉到自己处在非人格化的权力和力量掌握之中，而事实上这是他们自己的社会生活方式，是他们自己行为的结果，这种结果被虚假地客观化了，被赋予了独立存在的权利"[⑥]。"资产阶级——资本主义世界是错误的，因为，在其中发生了'异化'，因为在其中，所有（孤立的）个人有意识的单个行为的结果，都被自主化、异化、物化为一种与他们相对峙

---

① 《马克思恩格斯文集》第1卷，人民出版社2009年版，第115页。

② 《马克思恩格斯文集》第4卷，人民出版社2009年版，第293页。

③ 《马克思恩格斯文集》第1卷，人民出版社2009年版，第122页。

④ 参见《傅立叶选集》第4卷，冀甫译，商务印书馆1964年版，第274页。

⑤ 陈东英：《赫斯与马克思早期思想关系研究》，人民出版社2011年版，第61页。

⑥ ［美］阿拉斯代尔·麦金泰尔：《伦理学简史》，龚群译，商务印书馆2003年版，第279页。

的物质力量。"① 在资本主义的异化世界里个人的意识及其行为结果都被简单地物化为与自身相对峙的物质力量，人的丰富人生被还原为物化人生。异化了的人常常感到痛苦和矛盾，因为，他既时常感觉到他是他自己，而又时常感觉到他不是他自己，他既时常感觉到他是一个人，又时常感觉到他是一件物，他既时常感觉到他是一个活生生的人，又时常感觉到他是一部受别人控制的机器。马克思谈道，"同自身相异化的人，也是同自己的本质即同自己的自然的和人的本质相异化的思维者"②，在马克思看来，让一个同自己相异化的人，一个同自己的本质相异化的思维者在不能全面占有自己人的本质的前提下很自然地、真切地感受幸福是不现实的。因此，马克思认为幸福的实现要在人向自身，向合乎人性的人的复归的过程中，在对一切异化的积极扬弃过后才能真正实现。弗洛姆更是鲜明地指出，"异化的人是不快乐的"③。

马克思认为，在资本主义的条件下，资本俨然成为了具有人格化力量的主体，于是"对这种社会具有意义的不是使用价值，而是交换价值，不是享受，而是财富"④。在利己主义的支配中，在资本的主体逻辑中，人的异化不断生成，"每个人都指望使别人产生某种新的需要，以便迫使他作出新的牺牲，以便使他处于一种新的依赖地位并且诱使他追求一种新的享受，从而陷入一种新的经济破产。每个人都力图创造出一种支配他人的、异己的本质力量，以便从这里面获得他自己的利己需要的满足"⑤。奴役人的异己的力量不断膨胀和扩张，人的本质力量在被支配和被利用中日益消散，资本作为一种物的力量却雇佣了一种活的生命力量，在资本主义的价值评判等级中，资本的地位高于劳动力的地位，创造出来的物的地位高于创造者的地位，物

---

① ［德］费彻尔：《马克思与马克思主义：从经济学批判到世界观》，赵玉兰译，北京师范大学出版社 2009 年版，第 172—173 页。
② 《马克思恩格斯文集》第 1 卷，人民出版社 2009 年版，第 220 页。
③ ［美］艾里希·弗洛姆：《健全的社会》，孙恺祥译，上海译文出版社 2011 年版，第 170 页。
④ 《马克思恩格斯全集》第 33 卷，人民出版社 2004 年版，第 329 页。
⑤ 《马克思恩格斯文集》第 1 卷，人民出版社 2009 年版，第 223 页。

的存在优越于人的生命表现，因此，"人作为人更加贫穷"①。在马克思看来，只有在社会主义的条件下，人的本质力量才能得到新的证明和充实。

马克思认为，异化导致人的价值的贬低，人的感觉的对象化，人的主体体验的物化，降低了人对幸福的主体思考的可能性，淡化了人对幸福的主体价值判断和主体选择理性，使人的自主体验特权沦丧为物的主体目的。随着人的主体性的丧失，人作为主体追求幸福的权利也让渡于对象，于是被非人的力量主宰，被非人的力量分配幸福，"像古典古代的命运之神一样，遨游于寰球之上，用看不见的手把幸福和灾难分配给人们……"② 在马克思看来，人的主体价值、人的本质力量是不可估量的，当然也是不可让渡的，更是不能用来交易的。而在资本主义社会，资本拥有了主宰人的力量，追求资本的增殖和利润的增长是整个社会的价值取向和直接目标。追逐资本代替了人的主体价值，成为了一切价值的标准，对资本的占有欲吞噬了人的主体价值、本质力量，并让人对待人的自由和幸福变得麻木。③ 马克思认为，生活在资本主义社会中的利己主义的个人已经"在他那非感性的观念和无生命的抽象中可以把自己夸耀为原子，即同任何东西毫无关系的、自满自足的、没有需要的、绝对充实的、极乐世界的存在物"④。异化了的人同自己失去了联系，就像他同他人失去联系一样。他感受自己及其他人的方式就像感受物一样，他有感觉，也有常识，可是他同自己及同外界之间并不存在创造性的关系。异化了的人体验幸福的立场不再是人对人自身的立场，而是人对物的立场，评价要素和标准也不再是人的要素和标准，而是物的要素和标准。幸福的主体体验功能让渡给了物的自身价值功能。格雷甚至谈道，人在资本主义制度下不是在物质需要上得不到满足，便是在精神需要上得不到满足。因此，在资本主义制度下，无论是

---

① 《马克思恩格斯文集》第 1 卷，人民出版社 2009 年版，第 224 页。
② 同上书，第 539 页。
③ 参见陈东英《赫斯与马克思早期思想关系研究》，人民出版社 2011 年版，第 63 页。
④ 《马克思恩格斯文集》第 1 卷，人民出版社 2009 年版，第 321 页。

富人或是穷人都是不幸的。①

马克思认为，资本主义的生产是狭隘的和片面的生产，是异化的生产，是为了生产而进行的生产，资本家和工人都不可避免地发生了异化，工人经历辛苦劳作的痛苦却无法获得幸福，资本家经历资本扩张及增殖的压力，也无法真正享受生活。英国著名的马克思主义学者特里·伊格尔顿在论及这一问题时也谈道，"'为生产而生产'是资本主义的心跳，但资本主义对'生产'的理解是片面和狭隘的。马克思认为，人类的自我实现是值得我们努力追寻的宝贵目标，而不是为实现其他目的而服务的工具。但只要那种狭义的'为生产而生产'的论调还在统治我们的社会，人类的自我实现就无从谈起，因为在这样的体制下，我们不得不将绝大多数的精力用来养家糊口，因而根本无法享受生活"②。在资本主义制度内，资本主义创造出大量的财富和经济剩余，足以大大减少人的劳动时间，但"颇具讽刺意味的是，资本主义创造这些财富的方式要求资本不停地积累和扩展，而这也就意味着依然无休止的人类劳动。同时，资本主义创造财富的方式还滋生了贫穷和困苦。这是一个何等自相矛盾的体制！结果，生活在现代社会的男男女女们坐拥着我们先辈做梦也想不到的富足生活，工作量和工作时间比起过去的采猎者、奴隶和封建雇农却丝毫没有减小"③。在资本需要无限增殖的本性中，人被彻底异化，被资本奴役，人的活劳动将不得不不间断地为资本的运动服务，在这异化的劳动中，人为了生产而生产，在这无休止的劳动中，人放弃了解放自我的条件，失去了解放自我的机会，无法真正地享受生活，体会幸福。

马克思认为，在资本主义条件下，人的劳动对象甚至劳动成果都作为了人的异化状态的体现存在，劳动对象和劳动产品本应该成为人的主体力量的具体结果和客体对象，却成为了统治人的支配动力和主

---

① 参见［英］约翰·格雷《人类幸福论》，张草纫译，商务印书馆 2013 年版，第 3 页。
② ［英］特里·伊格尔顿：《马克思为什么是对的》，李杨、任文科、郑义译，新星出版社 2011 年版，第 119—120 页。
③ 同上书，第 130 页。

体力量。人以自己的力量创造出异己的力量，以人的本质形式创造出约束人的本质形式，物的存在性成为了人的存在的前提和基础，物的丰富性成为了人的本质的丰富性的引导力量和决定力量，人的生活意义都由物的存在来映射，其实质是让渡了把自己当作是自身力量的积极承担者的主体身份。于是，人不自觉地向物投射自己的感情、思想、意志和情绪，满足于在对物的依赖中获得幸福的幻想。如果说，自由是幸福的基础，不难发现，资本主义所倡导的人的自由其实只是一种假象，人的自由屈从于资本的自由逻辑，资产阶级剥夺了无产阶级的自由，而资本的自由却剥夺了资产阶级的自由，人普遍处于物的奴役状态或不自由的境地。在异化条件下，人丧失了主体性，成为了物的奴隶，成为了资本的客体，受对象支配，人的价值及人的幸福都由物来决定，人本来是幸福的主体却成为了物的客观作用对象，人的幸福本来是人的主观直接目的，却成为了物的客观边际效果。所以，在马克思看来，人要真正获得幸福必须要消灭一切人的异化现象和异化可能。只有在超越资本主义制度后，才能克服人的异化，只有当人的自由全面发展成为了社会发展的主题时，社会的进步才能伴随着人的进步，社会的发展才能伴随着人的自由全面发展和普遍幸福。马克思所要追求的幸福是要在摆脱资本及任何对人的束缚，恢复人的主体地位，真正拥有人的主体自由的基础上实现的。

二　共产主义的幸福社会图景

（一）幸福社会的应然

关于共产主义的幸福社会图景，马克思的科学社会主义理论给我们提供了线索及答案。一些人曾对马克思的科学社会主义理论有一些误区，认为社会主义理论的"理性"极其乏味。他们认为，社会主义理论中弥漫着一层厚厚的清教徒色彩，社会主义的思想中把社会发展的规律和趋势作为宏观主线，却忽视了个人的发展和主体幸福的微观线索。在他们的印象中，共产主义的建设中就是具有清教徒般的纯洁和诚实等其他品质的工人辛苦劳作的场景，而不见人的自由、休闲、发展和幸福的色调。① 其实不然，马克思的科学社会主义理论是在对人类异化状态否定的基础上科学揭示人类的历史命运和应然状态，科学社会主义理论作为科学的理论体系也充满了人道主义的价值关怀。因此，我们要窥见后资本主义的幸福社会的真正面貌和现实图景可以从马克思的科学社会主义理论中找到答案。波兰著名哲学家亚·沙夫在其《人的哲学》中也曾谈道，科学社会主义的实质是他的人道主义，而这种人道主义的实质是他的个人幸福观。马克思在科学社会主义理论中谈及的人类未来的理想社会——共产主义②是我们全面理解幸福的一个时空场域。马克思心目中的共产主义显然是一个具有多维属性的范畴，它不仅是一种社会制度也是一种社会形态，不仅是一种崇高理想也是一种现实运动，不仅是一个思想体系也是一种价值理念。因此，马克思的科学社会主义理论不仅是人类社会发展的理论，同时也是人类实现幸福的理论。马克思所憧憬的共产主义虽然仍是一种有待于不断实践和探索的理想社会形式，但马克思一贯追求和科学预见的共产主义表达了马克思对人类幸福的深切关注，以及对人类幸福的信念和态度。"我们会回忆起来，'人'是马克思通常留着用来描述共产主义的一个形容词。"③ 马克思的科学社会主义理论既是揭示社会发展规律的理论，也是关于人的解放事业的学说，人在科学社会主义理论体系中是具有绝对至上的地位和意义的。在马克思看来，人的解放就是人的关系回归于人自身，解放是为了人，为了人的全面发展，为了人的幸福。人的自由、全面发展和普遍幸福作为人类解放的现实目标当然也要回归人自身。毋庸置疑，科学社会主义理论的所有立足点、出发点和归宿点都是人。共产主义的最高价值命题是围绕人展开的，一切为了人的自由全面发展，为了实现人的价值。

① 参见［英］肖恩·塞耶斯《马克思主义与人性》，冯颜利译，东方出版社 2008 年版，第 43 页。

② 鉴于马克思的表达习惯及读者的阅读习惯，将科学社会主义理论中对于未来理想社会的称谓统一表述为"共产主义"。

③ ［美］奥尔曼：《异化：马克思论资本主义社会中人的概念》，王贵贤译，北京师范大学出版社 2011 年版，第 162 页。

共产主义的社会组织意味着"一切为了人，为了人的幸福"这个原则得到最充分和最全面的体现。①

在马克思的科学社会主义理论中我们不但能看到人的一种应然生存图景和人的真实幸福样貌，我们也能找到人的全面发展和人的幸福的实现途径。马克思的价值目标是让人从被剥削、被奴役、被压迫的社会中解放出来，消除一切反人道的社会现象，扬弃人的一切异化，实现人的本质的真正复归。马克思认为，共产主义运动是人类实现争取自由全面发展的运动，共产主义作为超越资本主义的最明显的意义便是以"人"为社会主体取代了以"资本"为社会主体。以人为目的的共产主义作为真正的人道主义必然具有实现人类的解放，实现人类的全面发展和自由幸福的价值意义，共产主义的积极的人道主义的现实表现就是"人的本质的现实的生成，是人的本质对人来说的真正的实现，或者说，是人的本质作为某种现实的东西的实现"②。在人的本质的生成过程中实现了人向自身的复归及合乎人性的人的还原。③共产主义的直接目标是人的解放，实现人类的普遍幸福。"人"是共产主义的唯一现实对象，"人"的发展是共产主义的根本直接价值目的，"人"的幸福是共产主义的终极意义。"共产主义是对私有财产即人的自我异化的积极的扬弃，因而是通过人并且为了人而对人的本质的真正占有；因此，它是人向自身、也就是向社会的即合乎人性的人的复归，这种复归是完全的复归，是自觉实现并在以往发展的全部财富的范围内实现的复归。"④

在马克思看来，人的幸福问题与人的价值、人的意义等问题一样都依赖于对人的本质的理解及对人的本质的占有。马克思认为，人是幸福的实践主体及体验者，物是使人幸福的对象和实践客体，幸福要

① 参见［苏］彼·尼·费多谢耶夫《现代世界的人道主义》，载中国社会科学院哲学研究所《哲学译丛》编辑部编译《关于马克思主义人道主义问题的论争（译文集）》，生活·读书·新知三联书店1981年版，第46页。

② 《马克思恩格斯文集》第1卷，人民出版社2009年版，第217页。

③ 参见《马克思恩格斯文集》第1卷，人民出版社2009年版，第185页。

④ 《马克思恩格斯文集》第1卷，人民出版社2009年版，第185页。

真正归属人自身就要避免幸福的主体物化，要摆脱幸福的异化，前提是摆脱人的异化，使人复归人本身。具有人的最高本质特征的人才能获得人的最大限度的幸福。"对人的本质的真正占有"是幸福的最高抽象本质，在对人的本质全面占有下，人就能够真正自由地发挥自己的体力和智力，人也就实现了人的理想状态。① 马克思认为，共产主义是人类真正获得普遍幸福的一种社会形式，因为，共产主义为实现人对自我异化的积极扬弃提供了条件。只有在积极克服了人的异化的共产主义社会中，人的本质才能得到全面的释放，人的特性才能得到立体的显现，人的解放才能得到彻底的实现，人的自由、全面发展才能得到充分的展示，人才能真正走向人性的完全复归，真正全面获得人的真实幸福，真正获得抛弃了利己主义性质的幸福。② 在马克思看来，如果说生产力的发展和社会的进步是共产主义的内在客观要求，那么，个人的自由全面发展和社会全体成员的共同幸福则是共产主义的内在价值规定。马克思把共产主义社会的人的全面发展和普遍幸福的状态作为标准，依据这一标准，在此之前的社会中，所有的阶级在某些方面和一定程度上都被认为是异化的，因为，社会成员还远没有达到共产主义的人的自由全面发展状态。③ "对马克思来说，非异化状态是人类在共产主义社会过的生活状态。如果没有对未来理想社会的认识，那么异化受到的批评仍然不能被澄清。……马克思在异化状态和非异化状态之间设置了一种关系。"④ 因此，马克思称共产主义革命是一个具有恢复人的全面"占有"意义的活动，这意味着，在共产主义的进程中，人们将获得一切长久以来与人相异化的事物的真正关系。⑤

---

① 参见高建军、史殿武《人的本质和人的幸福》，载《关于人的学说的哲学探讨》，人民出版社 1982 年版，第 294 页。
② 参见许春玲《马克思幸福观的唯物史观解读》，载周树智主编《幸福社会价值论》，社会科学文献出版社 2013 年版，第 167 页。
③ 参见［美］奥尔曼《异化：马克思论资本主义社会中人的概念》，王贵贤译，北京师范大学出版社 2011 年版，第 163 页。
④ ［美］奥尔曼：《异化：马克思论资本主义社会中人的概念》，王贵贤译，北京师范大学出版社 2011 年版，第 162 页。
⑤ 参见陈学明主编《二十世纪哲学经典文本》（西方马克思主义卷），复旦大学出版社 1999 年版，第 250 页。

马克思的科学社会主义理论在对人类私有制积极扬弃的基础上揭示了人类幸福前途的现实路径。马克思的社会目标是以更为人性的共产主义取代资本主义，消灭和推翻不合理的社会制度，"共产主义宣布大家幸福，正是消灭那些至今仍靠利息为生的人的幸福"①。在马克思看来，对私有财产的扬弃是人类获得真实幸福的重要前提。莫尔也认为，私有制是造成劳动人民处于贫穷和不幸境地的根本原因，因此，消灭私有制是保证劳动人民获得幸福的唯一道路。"如果不彻底废除私有制，产品不可能公平分配，人类不可能获得幸福。私有制存在一天，人类中绝大的一部分也是最优秀的一部分将始终背上沉重而甩不掉的贫困灾难担子。"② 当然，莫尔作为空想社会主义者却期望通过和平的方式废止私有制。摩莱里甚至认为，原始社会的人虽然受制于自然，但他们统一也过着"自然"的幸福生活即共同劳动、共同生产、共同占有产品，"任何一种状况也不能比简单的自然状态更幸福"③。摩莱里所谈及的让人最能体会幸福的"自然状态"显然不是破坏了原始公有制的私有制的生存状态，摩莱里也意识到人类要想复归幸福生活必须要放弃违背自然状态的私有制，复归公有制。然而，摩莱里虽然认识到私有制是一切罪恶的根源，公有制才是人类获得平等和幸福的社会制度，但他也并没有意识到真正的能给人带来普遍幸福的公有制并非只是作为违背自然状态的私有制的对立面的存在，并非只是对私有制的一种简单否定的存在，而应该是对违背自然状态的私有制的全面超越。马克思显然没有同意摩莱里认为的"人类处于自然状态的时期就是人最幸福的时期"这样的观点。马克思虽然在平等可以带来最大福利这一问题上与摩莱里一致，可是，马克思并不赞同摩莱里认为以财产共有为基础的原始社会是人类最幸福的时期。马克思超越了摩莱里对公有制代替制的唯心主义论证的局限性，指出什么样的公有制才能真正给人带来幸福及这样的公有制需要什么

① 《马克思恩格斯全集》第 3 卷，人民出版社 1960 年版，第 238 页。
② ［英］托马斯·莫尔：《乌托邦》，戴镏龄译，商务印书馆 1982 年版，第 44 页。
③ 转引自戴清亮、李良瑜、荣民泰《社会主义学说史》，人民出版社 1987 年版，第 33 页。

样的物质力量才能实现。马克思指出，人类要获得普遍的幸福离不开生产力的高度发达和物质财富的极大丰富，只有更高水平的生产力才能改善人们的物质文化生活，才能给人们带来普遍的社会福利，只有更高水平的生产力才能让公有制度的幸福效能最大限度地发挥出来。共产主义也只有建立在生产力高度发达的基础之上才能真正具有实现普遍幸福的意义。"共产主义是幸福的（eudaemonistic）。对马克思而言，幸福意味着自由地成为一个完整的人，也即自由地、尽情地发挥我们所有的生产力和表达能力。"[1]

（二）幸福社会的实践

在马克思看来，资本主义制度是一种具有不幸福属性的制度，"因此，旧的生产方式必须彻底变革，特别是旧的分工必须消灭。代替它们的应该是这样的生产组织：在这样的组织中，一方面，任何个人都不能把自己在生产劳动这个人类生存的必要条件中所应承担的部分推给别人；另一方面，生产劳动给每一个人提供全面发展和表现自己的全部能力即体能和智能的机会，这样，生产劳动就不再是奴役人的手段，而成了解放人的手段，因此，生产劳动就从一种负担变成一种快乐"[2]。只有超越了资本主义社会，生产者才能从旧有的不合理的分工中解放出来，才能从异化劳动中解放出来，使自己真正成为劳动的主人，依据自身的现实需要进行劳动，才能在劳动中体现自身的主体性、能动性和创造性并在自主性的劳动中实现自我价值，体验劳动幸福。[3] 马克思认为："在社会主义的前提下，人的需要的丰富性具有什么样的意义，从而某种新的生产方式和某种新的生产对象具有什么样的意义。人的本质力量得到新的证明，人的本质得到新的充实。而在私有制范围内，这一切却具有相反的意义。"[4] 对此，欧文

---

[1] ［美］麦卡锡：《马克思与古人》，王文扬译，华东师范大学出版社 2011 年版，第 88 页。

[2] 《马克思恩格斯文集》第 9 卷，人民出版社 2009 年版，第 310—311 页。

[3] 参见李荣梅、陈湘舸《论马克思主义的幸福本质与幸福构建》，《马克思主义研究》2012 年第 1 期。

[4] 《马克思恩格斯文集》第 1 卷，人民出版社 2009 年版，第 223 页。

也谈道："私有财产把私有者的思想局限在只顾自己的狭隘范围内，妨碍人们去考虑有关人类幸福的重大问题，以及去了解那些可以大大有助于改善人的性格和生活条件的伟大的普遍思想。"①

马克思认为，只有让无产阶级占有生产资料，彻底改变无产阶级作为"无产者"的经济地位，才能使他们真正掌握自己的命运，实现自身解放的同时实现全人类的解放，才能使无产阶级自身和全人类真正获得自由和幸福。② 马克思认为，超越资本主义的社会主义是一种能给人提供最优越、最幸福的社会条件的社会制度，是能使社会上的大多数人而不仅仅是少数人过上幸福生活的社会制度③。马克思讲："我们的目的是要建立社会主义制度，这种制度将给所有的人提供健康而有益的工作，给所有的人提供充裕的物质生活和闲暇时间，给所有的人提供真正的充分的自由。"④ 马克思认为，社会主义本来就应该具有使一切物质财富充分涌流的功能和使命，"保证一切社会成员有富足的和一天比一天充裕的物质生活，而且还可能保证他们的体力和智力获得充分的自由的发展和运用"⑤。在马克思看来，社会主义类型社会是一种没有压迫、没有剥削，全体人民都有自由、平等、博爱、幸福和全面发展的社会。只有社会主义才是真正的具有幸福属性的社会，只有社会主义制度才能彻底摆脱资本主义制度下少数人的幸福建立在大多数人不幸福的基础上的现实局限，让广大人民群众获得幸福。马克思相信，社会主义的人道实质就是普遍幸福社会⑥，社会主义的基本目标就是让人们过上幸福美好的生

① 转引自朱高正《自由主义与社会主义的对立与互动》，《中国社会科学》1999 年第 6 期。

② 参见许庆朴《马克思恩格斯学说与中国现实》，人民出版社 2007 年版，第 125 页。

③ 鉴于这一部分的原著引文中，马克思对未来社会的称谓大多表达为"社会主义"，为了统一语境，在这一部分的论述中，超越资本主义社会的后资本主义阶段统一表述为"社会主义"。

④ 《马克思恩格斯全集》第 21 卷，人民出版社 1965 年版，第 570 页。

⑤ 《马克思恩格斯文集》第 3 卷，人民出版社 2009 年版，第 563 页。

⑥ 王占阳教授更是指出，社会主义实质上就是普遍幸福主义，社会主义最基本、最一般的价值取向就是公民的普遍幸福。详见王占阳《新民主主义与新社会主义》，中国社会科学出版社 2004 年版，第 2 页。

活。社会主义主张使社会成员普遍幸福，而不仅仅是少数人的幸福。公民的普遍幸福应该是社会主义最本质、最深刻的价值取向。列宁也曾谈道："只有社会主义才可能广泛推行和真正支配根据科学原则进行的产品的社会生产和分配，以便使所有劳动者过最美好的、最幸福的生活。而马克思主义的全部困难和它的全部力量也就在于了解这个真理。"①

勒弗特曾谈道，"过去的一切历史都只是'史前历史'，只是自我异化的历史，因为，只有社会主义预告了人类自由、人类普遍幸福的开始，世界新的历史是一个表现为具有理性、正义、友爱和幸福的无阶级的社会，过去的一切历史都是朝着这样的目标前进"②。马克思主张要彻底地扬弃异化，一方面，要扬弃人的社会生活中的物质的、现实的社会关系的异化，另一方面，还要扬弃扎根在这关系中的人的内心的、精神上的自我意识的异化。在人的解放进程中不断消除人的异化，实现对人的本质的全面占有，实现人的自由全面发展是马克思的最高现实目标。马克思所追求的幸福是指人在摆脱了异化后，在全面占有并确证自身本质力量的基础上实现人的自由全面发展的满足感和愉悦感。在马克思看来，幸福的缺失及幸福观的异化这样的自我意识问题还需要在扬弃异化的过程中实现。③ 在未来的理想社会中，人实现了自身的全面发展，个人彻底摆脱了个体的狭隘局限性和虚幻共同体的束缚，个人的全部生产力自然地置于个人自主联合体中，生成全面而丰富的社会关系，"在真正的共同体的条件下，各个人在自己的联合中并通过这种联合获得自己的自由"④。

"马克思的目的不是仅限于工人阶级的解放，而是通过恢复一切人的未异化的、从而是自由的能动性，使人获得解放，并达到那样一

① 《列宁选集》第3卷，人民出版社2012年版，第546页。
② 参见［美］艾里希·弗洛姆《健全的社会》，孙恺祥译，上海译文出版社2011年版，第200页。
③ 参见魏中军《论马克思的异化理论同黑格尔、费尔巴哈异化理论的差别》，载《关于人的学说的哲学探讨》，人民出版社1982年版，第212页。
④ 《马克思恩格斯文集》第1卷，人民出版社2009年版，第571页。

个社会，在那里，目的是人而不是产品，人不再是'畸形的'，变成了充分发展的人"①。基于对异化的扬弃，马克思不仅关注无产阶级的解放及自由全面发展，而且关注一切在异化过程中被物奴役的人的主体人性的复归，从而实现全人类的自由发展和普遍幸福。从这个意义上我们便能理解马克思倡导的社会主义的人学立场及马克思解放全人类的宏大心愿。"对马克思来说，社会主义不仅是一种社会经济形态，更是一种人的新的生存方式"②，马克思谈到的社会主义的本质要求就是让人从异化中解放出来，回归到人自身。社会主义从人的生存方式来解读应该是充满人道主义色彩的，社会主义向我们科学地展示了每个人都可以幸福生活的生存方式及和谐图景，人在这种生存方式及和谐图景中，能享受充足的物质生活，能享受民主的政治生活，社会能为每个人的自由全面发展提供可能性和条件，在社会主义社会中的人是摆脱了异化命运的人，真正成为了自己主人的人。马克思所追求的社会主义事业是要消灭人剥削人、人压迫人的社会，改变人类被压迫、被异化的命运，创建一个共同富裕、共同幸福的社会，实现自由、幸福的人类命运。马克思认为，超越了资本主义的社会主义是对人与人之间对抗关系的否定，是对私有制的超越，是对人的异化命运的扬弃，把人还给人，把人复归为社会的主体和人自身的主体，把人的自由全面发展、人的解放和人的幸福当作最高的价值目标。社会主义的人道实质就是幸福社会，人们生活的普遍幸福应该是社会主义的普遍现实状态和人道主义特征。

小　结

　　马克思对于幸福的思考是建立在对人的全面思考及人类社会的深刻思考基础上的，马克思幸福思想体现了马克思对人的本质解读及对

---

　　① 陈学明主编：《二十世纪哲学经典文本》（西方马克思主义卷），复旦大学出版社1999年版，第353页。
　　② 李杰：《马克思开辟的人学道路及其当代价值》，人民出版社2012年版，第3页。

人类社会规律的深刻揭示，它具有丰富的内涵，是个完整的思想体系。马克思幸福思想既有对幸福形而上的沉思，也有对幸福形而下的审视；既有对幸福实现形式的判断，也有对幸福实现手段的思考；既有对幸福工具的理性反思，也有对幸福源泉的哲学省思；既有对幸福生成逻辑的探析，也有对幸福实现路径的探索。具体来说，马克思幸福思想深刻地揭示了：自由是幸福的实现形式；劳动是幸福的源泉；财富是服务于幸福目的的工具；社会协同是幸福生成的逻辑；共产主义是幸福的必由之路。不难发现，马克思幸福思想是个科学的思想体系，既体现静态的逻辑结构，又体现动态的逻辑过程；既体现了结构的立体性与合理性，也体现了内容的丰富性与多维性；既蕴含有人的自由意蕴，也蕴含有社会发展的诉求；既包含有马克思对人的个体思考，也包含有马克思人的类主体思考；既体现了马克思对实然生存状态的批判性否定，也体现了马克思对理想生活状态的向往与憧憬；既彰显了马克思对人类命运的深切关怀，也彰显了马克思对人类社会历史规律的高度关注。

第五章 马克思幸福思想的理论特质

马克思幸福思想与其他幸福思想的根本区别在哪里？它具有哪些鲜明的特点？它所呈现出来的理论特点与马克思学说体系的理论特点是否具有一致性？这一思想又是否具有自身独特的价值旨趣？要回答这些问题，我们有必要在系统分析了马克思幸福思想内容的基础上深入考察马克思幸福思想的理论特质。了解马克思幸福思想的理论特质有助于我们全面解读马克思幸福思想，也有助于我们整体上把握马克思幸福思想的深刻内涵。马克思幸福思想具有鲜明的阶级性，立足改变无产阶级不幸的事实，旨在实现无产阶级以至全人类的幸福。马克思幸福思想具有强烈的斗争性，是无产阶级的积极行动哲学，旨在摧毁一切束缚人的枷锁。马克思幸福思想具有明确的现实性，其内涵有生动的实践意蕴，旨在摆脱虚幻的幸福臆想，以现实的实践活动实现幸福。

第一节 阶级性：鲜明的无产阶级性

一 阶级性的根源：无产阶级的不幸事实

毋庸置疑，马克思的理论及其思想具有鲜明的阶级性，马克思的幸福思想同样具有鲜明的阶级特征，马克思对无产阶级在资本主义社会普遍不幸福的生存状况表示同情。马克思认为，在资本主义条件下，无产阶级生活在社会的最底层，他们沦为机器，"即使在对工人最有利的社会状态中，工人的结局也必然是劳动过度和早死，沦为机器，沦为资本的奴隶（资本的积累危害着工人），发生新的竞争以及一部分工人饿死或行乞"①。恩格斯在《英国工人阶级状况》中在表述当时英国工人阶级的悲惨命运时也谈道，无产阶级总是处于被剥削的状态，在强制状态下劳动，并且，"这种强制劳动剥夺了工人的一切可支配的时间，工人只有一点时间用于吃饭和睡觉，而没有时间从事户外活动，在大自然中获得一点享受，更不用说从事精神活动了，这种工作怎能不使人沦为牲口呢！"② 工人在强制劳动中，体会不到工作的乐趣，只能感到工作是一种折磨，所以，恩格斯发出这样的感叹：他们"还能保留多少人的感情和能力呢？"③ 由于"他们穷，生活对于他们没有任何乐趣，几乎一切享受都与他们无缘，法律的惩罚对他们再也没有什么可怕的"④。恩格斯并引用了卡莱尔对于棉纺工人的评价："他们的生计像不停的赌博一样，今天还十分景气，明天就一蹶不振；他们的生活也很像赌徒，今天奢侈豪华，明天就忍饥挨饿。阴郁的反叛的不满情绪，一个人心中所能埋藏的最痛苦的感情，吞没了他们。英国商业，连同它的世界范围的痉挛和动荡，连同它的无可比拟的普罗特斯——蒸汽，就像魔力一样，把他们的一切生路都弄得很不可靠；冷静、坚定、长期的安宁，人类最起码的幸福，他们是没有的……对于他们，这世界并不是家，而是一个充满了荒唐而无谓的痛苦，充满了抗争、哀怨、对自己和对全人类的仇恨的阴森的监牢。"⑤ 恩格斯认为这样的处境适用于英国的一切工业工人。工人在资产阶级的奴役下，生活状况极度不稳定，生活受各种偶然事件支配，生活的主体性地位丧失，自己人格尊严都难以得到体现和尊重，人不再是生活的主体，只不过是在"各种各样错综复杂情况下的没有意志的物件"。⑥ 在这样的条件下，自己的命运任凭资产阶级摆布，工人为改变自己命运所做的一切努力都只能淹没在完全不能控制的偶

① 《马克思恩格斯文集》第 1 卷，人民出版社 2009 年版，第 121 页。
② 同上书，第 433 页。
③ 同上。
④ 同上书，第 428 页。
⑤ 同上书，第 431 页。
⑥ 同上书，第 430 页。

然事件的洪流中而已，丝毫不能改变自己的处境，毫无安全感可言，得不到任何的保障，当然也无任何的幸福感可言，能够勉强生存下去，就算幸运了，作为被压迫阶级，他们追求幸福的愿望早已"依法"变成了统治阶级实现自身幸福欲望的牺牲品。"即使我没有在许多场合一一证明，大家也会同意我的意见：英国工人在这种状况下是不会感到幸福的；处于这种境况，无论是个人还是整个阶级都不可能像人一样地思想、感觉和生活。因此，工人必须设法摆脱这种非人的状况，必须争取良好的比较合乎人的身份的地位。如果他们不去和资产阶级本身的利益（它的利益正是在于剥削工人）作斗争，他们就不可能做到这一点。但是资产阶级却用他们的财产和他们掌握的国家政权所能提供的一切力量来维护自己的利益。工人一旦想要摆脱现状，资产者就会成为他们的公开敌人。"① "生产工人的概念决不只包含活动和效果之间的关系，工人和劳动产品之间的关系，而且还包含一种特殊社会的、历史地产生的生产关系。这种生产关系把工人变成资本增殖的直接手段。所以成为生产工人不是一种幸福，而是一种不幸"②，因为，他们的存在意义仅仅是为他人生产财富。

　　无产阶级在这样的剥削社会中，也清醒地知道自身的悲惨命运，并非像"聪明的资产阶级"所宣传的那样只要愿意工作就能找到工作，只要勤劳就能致富，只要诚实就能得到尊重，只要发挥一切美德就能获得幸福等类似的谎言。他们知道在这样不平等的社会中，自己的命运并不能由自己掌握，自己并无幸福可言。"有谁能使工人相信只要愿意工作就能找到工作，使他相信聪明的资产阶级向他宣传的诚实、勤劳、节俭以及其他一切美德真正会给他带来幸福？谁也不能。工人知道他今天有些什么东西，他也知道明天有没有却由不得他；他知道，任何一点风吹草动、雇主的任何逞性、商业上的任何滞销，都可以重新把他推入那个可怕的漩涡里去，他只是暂时从这个漩涡里面挣扎出来，而在这个漩涡里面是很难而且常常是不可能不沉下去的。

---

① 《马克思恩格斯文集》第 1 卷，人民出版社 2009 年版，第 448 页。
② 《马克思恩格斯文集》第 5 卷，人民出版社 2009 年版，第 582 页。

他知道，如果他今天还能够生存，那末，他明天是否还有这种可能，就绝对没有把握了"①。由于，"无产者除了自己的两只手什么也没有，昨天挣的今天就吃掉，受各种各样的偶然事件支配，没有丝毫的保障可以使自己能够获得最必要的生活必需品——每产生一次危机，雇主每发一次脾气，都可能使他失业——，无产者已经被置于人们所能想象的最令人愤怒的非人的境地。奴隶的生存至少会因为他的主人的私利而得到保证，农奴也还有一块用来养活他的土地，二者都至少还有不至于饿死的保障；无产者却只有指靠自己，同时，人们又不许他把自己的力量变为完全可以指靠的力量。无产者为了改善自己的状况所能做的一切，不过是淹没在那些支配着他而他却丝毫不能控制的偶然事件的洪流中的一滴水而已"②。

英国工人在令人绝望的条件中"不得不牺牲他们的人类本性的优良品质"③ 为代价创造着伦敦的现代文明，他们却在异化的劳动中，每个人都有着"不近人情的孤僻"，"好像他们彼此毫不相干"在冷淡人际中生存。因此，恩格斯不免发出了这样的感叹："难道这些群集在街头的、代表着各个阶级和各个等级的成千上万的人，不都是具有同样的属性和能力、同样渴求幸福的人吗？难道他们不应当通过同样的方法和途径去寻求自己的幸福吗？"④ 多年以后，罗斯福在实行"新政"时谈到这样的触目惊心的事实："少数人的手里已经几乎全面掌握着别人的财产，别人的金钱，别人的劳动——别人的生命。对于我们许多人来说，生活已经不再是自由的了，自由已经不是现实的：人们已不再能追求幸福。"⑤

恩格斯一针见血地指出这样的事实：资本主义社会中，资产阶级虽然在法律上明确和实现了每个人法律上的平等权利包括追求幸福的

---

① 《马克思恩格斯全集》第 2 卷，人民出版社 1957 年版，第 306 页。
② 《马克思恩格斯文集》第 1 卷，人民出版社 2009 年版，第 429—430 页。
③ 《马克思恩格斯全集》第 2 卷，人民出版社 1957 年版，第 303 页。
④ 同上书，第 304 页。
⑤ ［美］罗斯福：《罗斯福选集》，关在汉编译，商务印书馆 1982 年版，第 126 页。

权利，但这样的平等权利也只是"在口头上被承认了"①，况且，"追求幸福的欲望只有极微小的一部分可以靠观念上的权利来满足，绝大部分却要靠物质的手段来实现"②。一方面，恩格斯在一般意义上主张人的幸福主要依靠物质条件或物质基础来实现，另一方面，恩格斯在此旨在暗喻资本主义社会中资产阶级对多数人追求幸福承诺的虚伪性和欺骗性，批判资产阶级在法律上、观念上明确赋予人们追求幸福的平等权利却在事实上和实现手段上剥夺了多数人追求幸福的权利。在光鲜的"观念"或坚定的"承诺"下的事实却是被压迫阶级追求幸福的权利和欲望被"依法"变成了统治阶级实现自身幸福权利和欲望的牺牲品，被压迫的人们并没有真正享有追求幸福的权利，他们追求幸福的可能性成为了压迫阶级追求幸福的残酷代价。"所以毫不奇怪，这些被当做牲口对待的工人，不是真的变得像牲口一样，就是只有靠着对当权的资产阶级的强烈仇恨，靠着对资产阶级永不熄灭的内心愤慨才能保持合乎人性的意识和感情。只有他们对统治阶级感到愤怒，他们才是人；如果他们驯顺地让人把挽轭套在脖子上，只想把挽轭下的生活弄得比较舒适些，而不想打碎这个挽轭，那他们就真的成了牲口。"③

二　阶级性的价值旨趣：实现无产阶级以至全人类的幸福

马克思把幸福看作是人类的历史和文化的产物，人们追求幸福的欲望及其实现要受制于他所从属的阶级。以往的幸福思想往往都是维护统治阶级的利益，往往是在幸福的普遍性和永恒性的外衣下掩盖了其狭隘的阶级性。马克思、恩格斯在《共产党宣言》中就曾谈道，"过去的一切运动都是少数人的，或者为少数人谋利益的运动。无产阶级的运动是绝大多数人的，为绝大多数人谋利益的独立的运动"④，提出无产阶级运动的根本宗旨在于实现绝大多数人即广大人民群众的

① 《马克思恩格斯文集》第4卷，人民出版社2009年版，第293页。
② 同上。
③ 《马克思恩格斯文集》第1卷，人民出版社2009年版，第428页。
④ 《马克思恩格斯文集》第2卷，人民出版社2009年版，第42页。

切身利益和普遍幸福，而非少数人的利益和幸福，并把它当作无产阶级运动和其他运动的根本区别。在马克思看来：奴隶主阶级的幸福是建立在对奴隶的绝对占有和使用的基础上，以剥夺奴隶实现幸福的可能为前提而实现自己的绝对自私利益来谋求自己的幸福；封建地主阶级的幸福是建立在对土地等生产工具占有的基础上，以农民对地主的人身依附关系为事实前提，通过对农民的压迫和剥削而实现自己的幸福；资产阶级的幸福是建立在对生产资料占有的基础上，以对无产阶级的生产和劳动的占有为事实前提，通过对无产阶级的压迫剥削而实现自己的幸福。在马克思看来，在以往的剥削社会中，统治阶级的幸福往往依赖于对被统治阶级的剥削，倚仗对财富的绝对占有，贪婪也就成为了幸福追求过程中的必然衍生物，扭曲和异化也就成为了幸福追求的本质特征，因此，只有消灭私有制，消灭剥削，人的幸福才能以人的主体形式出现，才能以幸福的本来模样出现。马克思认为以往的统治阶级对幸福的理解和追求都具有狭隘性和片面性，甚至具有非道德性特征，这也决定了他们的幸福并非一种合理的、可持续的幸福。马克思的幸福思想的显著特征在于马克思深刻批判了那种以牺牲一部分甚至绝大部分个体的利益和幸福而成全一部分人的利益和幸福的狭隘的幸福观。①

马克思把幸福问题的阐述置于宏大叙事表达范式中言说，把幸福问题纳入唯物史观的叙述视野以人类解放的维度来讨论，马克思认为，无产阶级只有解放全人类，才能最后彻底解放自己，无产阶级的解放是伴随着全人类的解放这一基本事实的。"而无产阶级由于自己的整个社会地位，只有完全消灭一切阶级统治、一切奴役和一切剥削，才能解放自己。"② 因此，无产阶级的幸福是在人类彻底解放的现实路径中实现的，无产阶级幸福的实现必然伴随着人的自由全面发展和全人类的解放，只有全面实现了人类的彻底解放，才能真正获得

---

① 参见李海清《公民幸福：中国特色社会主义价值理念的人学解读》，载中共中央党校马克思主义理论研究部、中国马克思主义研究基金会编《马克思主义关于人的学说》，人民出版社 2011 年版，第 271—284 页。
② 《马克思恩格斯文集》第 3 卷，人民出版社 2009 年版，第 460 页。

幸福。不难发现，无产阶级的先进性、超越性让马克思的幸福思想具有鲜明的阶级特征的同时又具有普遍幸福的价值旨趣。马克思所追求的幸福体现出的博大胸怀和广阔胸襟，超越了一切以往统治阶级的狭隘性和自私性。众所周知，马克思学说的最终对象是人，不是特定的人，而是全体人类，马克思学说的最终目标是人的解放、人的自由全面发展和人的幸福，不是特定的人或阶级的解放、自由全面发展和幸福，而是作为自由联合体的"共同体"的普遍幸福。马克思既关注无产阶级、受苦受难的穷人及一切受压迫、受剥削的民族和人民的幸福，又着眼于全人类的自由全面发展的普遍幸福。马克思幸福思想的最终愿景是全人类的普遍幸福，马克思要实现的幸福理想是在无产阶级解放的基础上，实现全人类的解放，实现全人类的普遍幸福。马克思希望未来的理想社会在全人类解放的事实中每个人都能无区别地享有享受幸福和繁荣的权利。因此，从这个意义上讲，马克思的幸福思想又是名副其实的"人类幸福思想"①。这也正是马克思幸福学说的个性之处和伟大之处，也让马克思的幸福学说具有持久的理论生命力和永恒的现实生命力。

第二节　斗争性：积极的行动哲学

一　斗争性的根源：资产阶级对无产阶级的残酷剥削

马克思深刻地揭示了 19 世纪中叶资本主义世界弱肉强食的不公平的生存境遇，资本家的幸福和发展是建立在无产阶级的痛苦和受压抑的基础上的。"工人不得不按照人家同意的价格出卖自己的人身和力气。加在他们身上的劳动，时间越长，越使他们痛苦和厌恶"②。资本家总是把"尽可能贫乏的生活（生存）当做计算的标准"③ 来衡量工人的需要、工人的存在和工人的生活，"把工人的需要归结为维

---

① 参见王鲁宁、马永庆《马克思幸福观的若干难点问题探析》，《理论界》2011 年第 12 期。
② 《马克思恩格斯文集》第 1 卷，人民出版社 2009 年版，第 129 页。
③ 同上书，第 226 页。

持最必需的、最悲惨的肉体生活，并把工人的活动归结为最抽象的机械运动"①，甚至是工人的被动享受都被看作是奢侈的。资本家通过占有工人的劳动成果，使工人饱受剥削和屈辱，在马克思看来，在劳动对资本的形式从属场合，资本家主要通过延长工作日来榨取剩余价值。因此，一切不直接参加物质生产的社会阶层所享受的自由时间都意味着工人的过度劳动。资本家和工人日益成为对立的两极，"在一极是财富的积累，同时在另一极，即在把自己的产品作为资本来生产的阶级方面，是贫困、劳动折磨、受奴役、无知、粗野和道德堕落的积累"②。

马克思揭示了在资本主义制度内，资本家和工人之间是一种对立关系，工人在资本家的剥削下生存，资本家所获得的自由时间、生活条件、财富乃至享受都是工人以丧失自己的自由时间、生活条件、财富乃至幸福为代价换来的。"资本家财富的增长，不是像货币贮藏者那样同自己的个人劳动和个人消费的节约成比例，而是同他榨取别人的劳动力的程度和强使工人放弃一切生活享受的程度成比例的。因此，虽然资本家的挥霍从来不像放荡的封建主的挥霍那样是直截了当的，相反地，在它的背后总是隐藏着最肮脏的贪欲和最小心的盘算；但是资本家的挥霍仍然和积累一同增加，一方决不会妨害另一方。"③对此，格雷也曾深恶痛绝地谈道，在资本主义制度内"一个人的毁灭成了另一个人的幸福"④，甚至，贡献自己的劳动的人往往受人鄙视，而那些依靠自己财产来支配别人劳动的人却受人尊敬。⑤ 马克思认为，工人所能获得的生活享受的可能空间是以资本家愿意放弃的对工人劳动力剥削的空间为前提的。工人的幸福在某种程度上不是自己能创造的，而是资本家施舍的。"资本家侵占了工人的生活条件和维持工人

---

① 《马克思恩格斯文集》第 1 卷，人民出版社 2009 年版，第 226 页。
② 《马克思恩格斯文集》第 5 卷，人民出版社 2009 年版，第 743—744 页。
③ 同上书，第 685 页。
④ ［英］约翰·格雷：《人类幸福论》，张草纫译，商务印书馆 2013 年版，第 45 页。
⑤ 参见 ［英］约翰·格雷《人类幸福论》，张草纫译，商务印书馆 2013 年版，第 3 页。

生活所必需的劳动时间。"① "工人在生活上所失去的，是资本家在货币上所得到的，而在另一种情况下，工人在生活享受上所得到的，是资本家在占有他人劳动的比率上所失去的。"② 马克思在《1844 年经济学哲学手稿》中谈道："如果工人的活动对他本身来说是一种痛苦，那么这种活动就必然给他人带来享受和生活乐趣。"③ 马克思在这里所指的"他人"是指作为同工人相对立的异己力量而存在的剥削者，"他们"不生产劳动产品却占有劳动产品，工人为"他们"劳动，劳动产品供"他们"享受，"他们"的享受、生活乐趣来自工人的异己劳动，"他们"的幸福建立在工人的痛苦之上。恩格斯谈道，资产阶级甚至无耻地宣称："你们工人是奴隶，并将永远做奴隶，因为只有你们当奴隶，我们才能增加自己的财富和幸福，因为你们不做奴隶，我们这个国家统治阶级就不能继续统治下去。"④ 恩格斯也深刻批评了建立在私有制基础上的雇佣劳动，无产阶级受剥削的残酷程度并不比以往少，造成了富有和贫穷的对立，然而，"富有和贫穷的对立并没有化为普遍的幸福……劳动群众的贫穷和困苦成了社会的生存条件"⑤，社会矛盾更加尖锐了。对此，托马斯·莫尔也曾谈道："资本暴发户们为了追求自己的幸福，极尽压迫、剥削他人之能事，把别人打入苦难的深渊。"⑥

马克思指出，资本主义的文明基础是建立在一个阶级对另一个阶级的剥削和压迫基础上的，所以，文明的发展不得不在经常的矛盾中进行并得以实现。"资本家作为资本家，无非是资本本身的这种运动。他在现实中是怎样的，他在意识中也是怎样的。因为他体现着关系的肯定的统治的一方，所以这些矛盾并不使他不安，相反，只有处在这些矛盾中间，他才感到很美好，而受这同一种被歪曲了的观念束缚的

①　《马克思恩格斯全集》第 32 卷，人民出版社 1998 年版，第 266 页。
②　同上。
③　《马克思恩格斯文集》第 1 卷，人民出版社 2009 年版，第 165 页。
④　《马克思恩格斯全集》第 10 卷，人民出版社 1998 年版，第 283 页。
⑤　《马克思恩格斯文集》第 9 卷，人民出版社 2009 年版，第 272—273 页。
⑥　吕世荣、周宏：《唯物史观的返本开新》，人民出版社 2006 年版，第 208 页。

雇佣工人，则只是处在这种关系的另一极上，是被压迫的一方，实践迫使他反对所有这种关系，从而反对与这种关系相适应的观念、概念和思维方式。"① 资本家在资本运动、资本增殖的过程中充当主体角色，处于绝对的统治和支配地位，并在这一过程中获利，既获得物质上的享受也获得精神上的愉悦，而受他们剥削和奴役的雇佣工人在资本运动、资本增殖的过程中充当工具角色，处于绝对的被统治和被支配地位，并在这一过程中被压迫，既献出了自己创造的剩余价值也失去了精神上的满足感和幸福感。因此，马克思认为，资本主义的发展并没有带来普遍的社会福利和普遍的幸福。恩格斯更是鲜明地指出："生产的每一进步，同时也就是被压迫阶级即大多数人的生活状况的一个退步，对一些人是好事，对另一些人必然是坏事，一个阶级的任何新的解放，必然是对另一个阶级的新的压迫。"② 因此，恩格斯鲜明地谈道，"在这个时代中，任何进步同时也是相对的退步，因为在这种进步中，一些人的幸福和发展是通过另一些人的痛苦和受压抑而实现的"③。涂尔干甚至谈道："快乐，像痛苦一样，本质上是相对的。客观上可以肯定的是，没有随着人类的进步可以逐渐接近的绝对幸福。……较低级社会的幸福不可能是我们的，反之亦然，更高级社会的幸福也不可能是我们的。……在劳动的分工中，幸福和进步的变化没有什么联系。"④

在马克思看来，虽然，在资本主义制度内资产阶级也不可避免地与自我发生了异化，"有产阶级和无产阶级同样表现了人的自我异化。但是，有产阶级在这种自我异化中感到幸福，感到自己被确证，它认为异化是它自己的力量所在，并在异化中获得人的生存的外观。而无产阶级在异化中则感到自己是被消灭的，并在其中看到自己的无力和非人的生存的现实。这个阶级，用黑格尔的话来说，就是在被唾弃的

① 《马克思恩格斯全集》第 32 卷，人民出版社 1998 年版，第 414 页。
② 《马克思恩格斯文集》第 4 卷，人民出版社 2009 年版，第 197 页。
③ 同上书，第 78 页。
④ 转引自［英］肖恩·塞耶斯《马克思主义与人性》，冯颜利译，东方出版社 2008 年版，第 112—113 页。

状况下对这种被唾弃的状况的愤慨，这是这个阶级由于它的人的本性同作为这种本性的露骨的、断然的、全面的否定的生活状况发生矛盾而必然产生的愤慨"①。但是无产阶级只能承受着由自己无意识地、被动地创造出来的异化的结果和痛苦，然而，资产阶级却是这种异化的"助手"和受益者。② 马克思认为，资产阶级在支配无产阶级异化劳动的过程中获得自己的一切生活条件，在生成无产阶级异化的同时也生成了自我的异化。资产阶级占有无产阶级的劳动并剥削他们所生产的劳动产品，却让自己所固有的本质"闲置"乃至"腐化"。资产阶级利用无产阶级的本质力量确证和成就自己的本质力量的现象背后表明资产阶级在貌似主动占有或支配人的本质力量却实际上是遗失或放弃自己本质力量的实质。不过，资产阶级在这样的异化中却感到幸福，因为，他们获得了他们需要的生活状况。无产阶级在异化中却感到愤慨，因为，他们只是成为资产阶级获得其生活状况的工具而已。

不难理解，马克思晚年在接受约翰·斯温顿的访问时，被问到"什么是存在"时，马克思的回答是"斗争"③。"斗争"是马克思对无产阶级的不幸生存状态的积极应对。马克思谈到的斗争表面看只是对资产阶级的抗争，其实，马克思所理解的斗争其实质是对不自由的抗争、对异己力量的抗争、对人类不幸的抗争。马克思认为幸福植根于人类反对压迫、反对奴役、反对异化、反对剥削、反对贫困的一切形式的斗争中，幸福是人类在实现解放自身、克服异化、摆脱贫困和剥削，追求美好社会的斗争中实现的。

二　斗争性的价值旨趣：摧毁一切束缚人的"枷锁"

恩格斯曾谈道："在古代的奴隶和奴隶主之间，在中世纪的农奴和领主之间，难道谈得上有追求幸福的平等权利吗？"④ 在恩格斯看

---

① 《马克思恩格斯文集》第 1 卷，人民出版社 2009 年版，第 261 页。
② 参见［德］费彻尔《马克思与马克思主义：从经济学批判到世界观》，赵玉兰译，北京师范大学出版社 2009 年版，第 174 页。
③ 参见《马克思恩格斯全集》第 25 卷，人民出版社 2001 年版，第 688 页。
④ 《马克思恩格斯文集》第 4 卷，人民出版社 2009 年版，第 292—293 页。

来，幸福虽然是人与生俱来的愿望和美好追求，可在人类的历史上，在很长的时间内，尤其是在传统的剥削社会中，要实现真正的人民的幸福，首先要争取自身获得幸福的平等权利，这一切必须在斗争中获得。1871 年马克思在给路德维希·库格曼的回信中曾谈道："如果斗争只是在机会绝对有利的条件下才着手进行，那么创造世界历史未免就太容易了。"① 马克思认为，工人阶级在创造历史的斗争中实现自己的幸福，工人阶级的消沉会是"比无论多少'领导者'遭到牺牲更严重得多的不幸"②。幸福只能通过斗争的方式来实现，而且，追求人民的福利和所有人的幸福也应该成为"斗争的法则和惯例"③。

马克思对于幸福的第一意象就是——斗争，马克思的斗争意象就是要摧毁一切束缚人的"枷锁"。一方面，马克思认为人要获得幸福必须摆脱人的异化命运，消解人被奴役的生存情境，跳脱人的不幸事实，在全面占有自己的本质的基础上获得自由、全面的发展，实现人的解放，然而，在马克思看来并没有超人的力量能实现人对本质的占有和人之个性的解放，必须以斗争的形式从人的狭隘性和片面性中解放出来，因此，幸福必然要以斗争的手段获得。另一方面，马克思立足于无产阶级不幸福的种种社会根源，认为无产阶级要获得幸福必须摆脱被压迫、被剥削的链条。马克思对斗争的深邃的实质性理解无疑是广泛的、深入的、全面的，既具有划时代的意义又具有超强的现实意义，马克思对斗争的实质性理解既从历史发展的客观规律出发又顾及了个人的主体发展。"马克思把自身幸福的定义，也是斗争的意义凝集到了《共产党宣言》的字里行间：共产党人为工人阶级的最近的和最终的目的而斗争，他们是各国工人政党中最坚决的、最先进的队伍，他们能够科学地理解无产阶级运动的条件、过程和一般结果。他们的第一部党章的开头就规定：生活方式，整个活动都应当与伟大的目的相一致。马克思在踏上共产主义战士的征途时十分清楚地意识

① 《马克思恩格斯文集》第 10 卷，人民出版社 2009 年版，第 354 页。
② 同上。
③ 《马克思恩格斯全集》第 5 卷，人民出版社 1958 年版，第 25 页。

到，他所选择的道路是荆棘丛生的，但他坚信，不管将会出现多大的艰险，他决不会偏离目标，绝不会丢弃原则和荣誉。"① 马克思充分肯定无产阶级为了改善生存条件和获得幸福而进行的各种斗争的意义，马克思认为，无产阶级把消灭私有制，消灭剥削，解放全人类，实现共产主义的崇高理想作为自己的最高需要，并把为实现这一理想所进行的斗争当作最大的幸福。

马克思倡导的革命和斗争其实质是对异己力量的反抗和斗争，是对约束自己主体本质力量发挥的一切因素的反抗和斗争，是对造成自己不幸力量的反抗和斗争，是争取自身自由和幸福的斗争。因此，恩格斯强调，工人群众要有足够的判断力及更大的智慧，要"超出身边的事物而看得更远一些"，"要看见世界大事的巨大联系"，不能由于生活条件的狭隘性而导致眼界的狭隘性，从而由于"狭隘的主观性"而陷入"自满自足的'客观性'"②，工人阶级的反抗和斗争必须要认识到真正的对象和目标，即反抗斗争的目标是同一切异己的力量斗争，摆脱自身的不幸，实现自身幸福。"无论是社会斗争或政治斗争，都是琐碎的和微不足道的，都是围绕着一些在别的地方早已解决了的琐碎的事情打转，而工人的斗争是唯一伟大的、唯一站在时代高度的、唯一不使战士软弱无力而是不断加强他们的力量的斗争……"③

在马克思看来，人类获得真正的普遍幸福是在一切阶级和整个人类都得到彻底解放的前提下实现的。全人类要获得全面解放和普遍幸福必须以实现无产阶级的幸福为前提，否则人类的普遍幸福只是悬置的理想信念。无产阶级自身的解放必须依靠无产阶级革命摧毁现存的压迫人、奴役人的剥削制度，从而在解放无产阶级的基础上，消除一切不合理现象，消除一切人的异化现象，让人都重新占有自己的全面本质。马克思认为，无产阶级是实现人类普遍幸福的主体力量，这是

---

① ［苏］瓦·奇金：《马克思的自白》，蔡兴文、孙维韬、柏森、寒薇译，中央编译出版社 2011 年版，第 62 页。

② 参见《马克思恩格斯文集》第 10 卷，人民出版社 2009 年版，第 470 页。

③ 《马克思恩格斯文集》第 10 卷，人民出版社 2009 年版，第 470 页。

由无产阶级在社会中"由于自己的直接地位、由于物质需要、由于自己的锁链本身的强迫"① 所决定的，这让他们也直接具有了"普遍解放的需要和能力"②，列宁也谈道："工人阶级抱有最伟大的、具有世界历史意义的目的：把人类从各种各样的人压迫人和人剥削人的制度下解放出来。为了实现这一目的，数十年来它一直在全世界范围内进行顽强的努力，不断地扩大自己的斗争，组织成百万人的政党，不为个别的失败和暂时的失利而灰心。"③

众所周知，马克思的哲学就是无产阶级的哲学，无产阶级与哲学在扬弃异化的过程中实现了融合的可能性，无产阶级与哲学在实现人的全面发展的价值维度内结成了统一的关系。因此，马克思讲，"哲学把无产阶级当做自己的物质武器，同样，无产阶级也把哲学当做自己的精神武器"④。马克思认为，斗争就是对异化所固有的逻辑的内在行动逻辑：斗争把无产阶级当作自己的物质武器，斗争给予了无产阶级认识自我、解放自我的理论；无产阶级也把自己的武力交给了批判，无产阶级给予了批判物质力量，二者汇合成一股统一的不可分割的合力。⑤ 因此，马克思鲜明地指出，无产阶级是实现自身幸福和全人类幸福的物质力量。麦克司·比尔也曾指出："在马克思以前，无产阶级还是政治上的婢仆，是社会学者加以同情怜悯的对象；但在马克思以后，无产阶级，是政权的要求者，是将来的统治阶级，是旧社会的破坏者，最后一个社会阶段的建造者。"⑥ 马克思在揭示无产阶级是实现自身幸福和全人类幸福的唯一现实主体力量之后同时也表明无产阶级实现幸福的方式只能是无产阶级的革命斗争。马克思深刻阐明了无产阶级只有解放自身才能解放全人类的路径逻辑，也揭示了无

---

① 《马克思恩格斯文集》第 1 卷，人民出版社 2009 年版，第 16 页。
② 同上。
③ 《列宁全集》第 9 卷，人民出版社 1987 年版，第 113 页。
④ 《马克思恩格斯文集》第 1 卷，人民出版社 2009 年版，第 17 页。
⑤ 参见陈学明主编《二十世纪哲学经典文本》（西方马克思主义卷），复旦大学出版社 1999 年版，第 635 页。
⑥ ［德］麦克司·比尔：《社会主义通史》，嘉桃、启芳译，生活·读书·新知三联书店 1958 年版，第 534 页。

产阶级实现自身幸福乃至实现全人类幸福的路径逻辑。

马克思指出，无产阶级"要求抛弃关于人民处境的幻觉，就是要求抛弃那需要幻觉的处境。因此，对宗教的批判就是对苦难尘世——宗教是它的神圣光环——的批判的胚芽"①。因此，无产阶级要清醒地认识到自身的不幸现实，要有争取自身幸福的勇气和胆量，无产阶级的幸福绝不能幻想将来自资产阶级的馈赠或天然的获得，必须要依靠自己的革命手段而获得，要通过艰苦的斗争而获得。马克思谈道："批判的武器当然不能代替武器的批判，物质力量只能用物质力量来摧毁。"② 马克思告知无产阶级要有用"物质力量"来摧毁一切让自身不幸和痛苦的锁链的决心。革命的目标和愿望要通过革命的形式来实现，无产阶级对幸福追求的权利要通过革命斗争的形式来获得，幸福的实现要通过无产阶级的革命斗争来实现。因此，马克思号召无产阶级要有巨大的勇气和胆量同一切不合理的社会现象作斗争，扫清一切阻碍其获得自由和幸福的障碍。

马克思曾谈道，"人们为之奋斗的一切，都同他们的利益有关"③。马克思认为，"自由""公平""正义"和"幸福"不仅是无产阶级革命的道德话语，更是无产阶级革命的现实目的。无产阶级革命的目的通过斗争改变被剥削、被压迫的生存状况使这些抽象的道德话语成为现实的直接目的。马克思幸福思想的斗争性无疑表明马克思幸福思想是一种积极的行动哲学，表明马克思跳脱了纯粹沉思的抽象性，坚持从具体的革命实践出发，从改造世界的具体实践中探讨实现现实的幸福。马克思并不满足于宣示无产阶级有实现幸福的权利，应该追求并获得自己的幸福，而且，马克思向无产阶级指明了一条获得幸福的现实道路即通过无产阶级革命。正如阿格尔所言："马克思主义人道主义的战斗性同这一幸福概念是紧密相连的：它要求同作为普遍现象的人类不幸的原因——从而同人类不幸的社会

① 《马克思恩格斯文集》第 1 卷，人民出版社 2009 年版，第 4 页。
② 同上书，第 11 页。
③ 《马克思恩格斯全集》第 1 卷，人民出版社 1995 年版，第 187 页。

基础作不妥协的斗争。这是实现的目标，其目的是为幸福生活创造机会。"① 马克思从无产阶级的立场出发，以无产阶级消灭剥削和压迫为前提，进而实现全人类的幸福。马克思幸福思想的斗争性实质上宣示了马克思的幸福观是为无产阶级和一切被压迫、被剥削阶级谋求解放和幸福。马克思强调无产阶级斗争的意义在于消灭剥削和压迫，废除不合理的私有制度，摆脱人类的异化命运，斗争的现实目标便是争取无产阶级乃至全人类的普遍幸福。

第三节　现实性：生动的实践意蕴

一　"现实性"的根源：对宗教的批判

马克思曾谈道，"对宗教的批判是其他一切批判的前提"②。马克思的根本用意是批判这个世界的一切颠倒现象，旨在强调对一切不合理的、异化的世界的批判与改造，"反宗教的斗争间接地就是反对以宗教为精神抚慰的那个世界的斗争"③。马克思在《黑格尔法哲学批判》中揭示了人在神圣形象映照中的自我形象的异化本质，进而揭示了人在现实生活世界场域中的自我异化本质。马克思批判宗教的直接目的是主张用人民现实的幸福取代虚幻的幸福。在宗教批判中，马克思深刻指出了人以神的绝对存在否定自身主体性存在，以及以神的绝对圆满否定自身不圆满存在的双重荒谬逻辑，进而揭示了在这样的双重逻辑中"人"与"幸福"的双重异化，即人异化为缺失幸福创造能力的主体，幸福异化为疏离主体的异己幻想。应该说，宗教批判是马克思幸福思想的现实性生成的直接理论根源。马克思正是在宗教批判的展开中实现了对虚幻幸福的批判，在宗教批判中，马克思在幸福主体、幸福场域及幸福的实现手段等三个方面完成了"虚幻"至"现实"的超越，进而也生成了其幸福思想的现实性。

---

① 转引自张之沧、龚廷泰《从马克思到德里达：当代西方马克思主义研究》，人民出版社 2002 年版，第 129 页。

② 《马克思恩格斯文集》第 1 卷，人民出版社 2009 年版，第 3 页。

③ 同上。

马克思在其博士论文中就谈道，神"居住在现实世界的空隙中，它们没有躯体，但有近似躯体的东西，没有血，但有近似血的东西"①。马克思深刻指出，神的本质是人虚构出来的对象，是由于人自身不完美的局限性和想要追求完美的倾向性而构建的对象，是人依据自身的需要和愿望所构建的对象。神之所以能够处于绝对幸福的宁静中是由于它们的非现实性和绝对完美性，它们不必关心现实的世界，不必谋取利益，不必关心现实的疾苦和困惑，它们"不听任何祈求，不关心我们，不关心世界"②。马克思认为，神的幸福的"实现"是毋须实现的，只是一种具有不可抗拒的强烈规定性的预设命题，神的幸福的"现实"前提却是非现实的，具有虚幻的本质。

马克思进一步批判了人在基督教中的异化存在，上帝成为了至高无上的偶像，对上帝的崇拜成为了人超越自身进程中最大的精神障碍，人将自己的爱的品质和幸福的能力投射到上帝身上，人不再感到这些品质和力量属于自己，于是，人又不得不依赖上帝的恩赐，祈求上帝赐还给人一部分由人投射到上帝身上的品质和能力。对上帝全能的认可及其幸福至上性的认知是来自人意识到自我直接经验的片面性和圆满幸福自我生成的非至上性，这两种景象之间的巨大鸿沟让人的感情外向，通过对绝对及无限的寻求来满足人对自我的超越及其对幸福的渴望。马克思完全赞同费尔巴哈的观点，并在《1844年经济学哲学手稿》中复述了这一观点，"人奉献给上帝的越多，他留给自身的就越少"③，为了使上帝富有，人就必须使自己贫穷，为了使上帝具有给人带来无限幸福的能力和可能，人就必须丧失自身创造幸福的能力和可能。人给上帝留下的空间和可能性越大，留给自己的空间和可能性就越小。人赋予上帝能给我们带来永恒幸福的绝对权力越大，人留给自己实现现实幸福的主动权力就越小。马克思认为那些信仰宗教的人"他对自然界的直观不过是他把对自

---

① 《马克思恩格斯全集》第1卷，人民出版社1995年版，第35页。
② 同上书，第35—36页。
③ 《马克思恩格斯文集》第1卷，人民出版社2009年版，第157页。

然界的直观加以抽象化的确证行动，不过是他有意识地重复的他的抽象概念的产生过程"①。费尔巴哈更是认为上帝的属人性越强，人自身的人性就越弱。②

马克思在《神圣家族》中第八章"批判的批判之周游世界和变服微行，或盖罗尔施坦公爵鲁道夫所体现的批判的批判"部分谈到一个被称为"玛丽花"③的女性由于受基督教影响深刻，由"本来的、非批判的形象"发生转向的案例。"原来玛丽花虽然十分纤弱，但立刻就表现出她是朝气蓬勃、精力充沛、愉快活泼、生性灵活的"④。虽然生活条件和环境不理想，却能在非人的境遇中得以合乎人性地成长，甚至能体会愉快和幸福。这是因为"她用来衡量自己的生活境遇的量度不是善的理想，而是她固有的个性、她天赋的本质"⑤。坚信她的处境并不是她的愿望的实现，不是她自己自由创造的结果，不是她实践能力的体现，不是她自己本能的表露，更不是自己本质力量的体现，而是一种自在的自然和条件，这样非人的环境和不幸的命运并不是必然，也并不是她不能逃离的宿命，这样的不幸是可以改变的也是应该改变的。她原本"可以自由地表露自己固有的天性，因此她流露出如此蓬勃的生趣、如此丰富的感受以及对大自然美的如此合乎人性的欣喜若狂，所有这一切都证明，她在社会中的境遇只不过伤害了她的本质的表皮……"⑥ 然而，玛丽花在经过"批判的改造"后，"教士已经成功地把玛丽对于大自然美的纯真的喜爱变成了宗教崇拜。对于她，自然已经被贬为适合神意的、基督教化的自然，被贬为造物。晶莹清澈的太空已经被黜为静止的

---

① 《马克思恩格斯文集》第 1 卷，人民出版社 2009 年版，第 221 页。

② 参见《费尔巴哈哲学著作选集》下卷，商务印书馆 1984 年版，第 57 页。

③ 法国作家欧仁·苏小说《巴黎的秘密》中的人物。马克思在论及这个人物时，也进行了交代："玛丽是一个卖淫妇，是那个犯罪麇集的酒吧间老板娘的奴隶。尽管她处于极端屈辱的境遇中，她仍然保持着人类的高尚心灵、人性的落拓不羁和人性的优美。这些品质感动了她周围的人，使她成为犯罪圈子中的一朵含有诗意的花，并获得了玛丽花这个名字。"引自《马克思恩格斯全集》第 2 卷，人民出版社 1957 年版，第 215 页。

④ 《马克思恩格斯全集》第 2 卷，人民出版社 1957 年版，第 215 页。

⑤ 同上书，第 217 页。

⑥ 同上。

永恒性的暗淡无光的象征"①。玛丽花放弃了原来本真乐观的人生态度转而认为"她的本质的一切人性都是'罪孽深重'的"②，她的自然的、原生的和精神的力量都被传教士掏空，人身上所体现的各种自然的赋予也消失殆尽，进而认可上帝的、外在的力量并自然地接受人是超自然的赋予结果。

玛丽花彻底丧失了人的本质，否定了人的主体性，笃信只有上帝才能让自己得到启示并得到救赎，因此，玛丽花认为，对人的爱应该让位于对上帝的爱，对人的交往必须转化为对上帝的交往，对幸福的追求必须在脱离于现实世界的绝对神圣世界中实现，并在上帝的绝对支配中行动。在马克思看来，"一个人既然把自己的迷误看做渎犯上帝的无限罪行，那末他就只有完全皈依上帝，对尘世和世俗的事情完全死心，才能确信自己的得救和上帝的仁慈。玛丽花既然已经领悟到使她解脱非人的境遇是神的奇迹，那末她要配得上这种奇迹，她自己就必须成为圣徒。她的人类的爱必须转化为宗教的爱，对幸福的追求必须转化为对永恒福祐的追求，世俗的满足必须转化为神圣的希望，同人的交往必须转化为同神的交注。上帝应当完全掌握住她"③。

马克思认为，基督教熏染下的玛丽花把上帝当作真实的救星，把非人性的东西当作人性的本质，把人性的自然本质力量让渡给上帝的超自然力量，对上帝力量的动摇态度必将让她陷入愧疚自责和不能饶恕，"从这一瞬间起，玛丽便成了自己有罪这种意识的奴隶。如果说，以前她在最不幸的环境中还不知道在自己身上培养可爱的人类个性，在外表极端屈辱的条件下还能意识到自己的人的本质是自己的真正本质，那末现在，却是从外面损伤了她的现代社会的污浊在她眼中成了她的内在本质，而因此经常不断地忧郁自责，就成了她的义务，成了上帝亲自为她预定的生活任务，成了她存在的目的本身"④。

---

① 《马克思恩格斯全集》第2卷，人民出版社1957年版，第217页。
② 同上。
③ 同上书，第223页。
④ 同上。

马克思认为,"宗教的定在是一种缺陷的定在"①,人把神看作实现自身的主体性对象,把神的力量当作实现自身的主体力量,然而,"与人的其他产品一样,上帝从个体自身在创造过程中所放弃的东西中获得了他的特殊性质"②。在马克思看来,在"把别人看作是现实的个人的地方""人是一种不真实的现象"③,因为,人成为了只是在想象的关系中的成员,现实的个人生活被非现实性的特征充斥,为非人的关系或自然力所控制,人作为最高的存在物却沦为了丧失了自身生存主体力量的存在物,人成为了外化了的人,即便是人对自然界的直观也不过是把对自然界的直观加以抽象化的确证行动,不过是有意识地重复的抽象概念。④

在马克思看来,"宗教是还没有获得自身或已经再度丧失自身的人的自我意识和自我感觉。但是,人不是抽象的蛰居于世界之外的存在物。人就是人的世界,就是国家,社会。这个国家、这个社会产生了宗教,一种颠倒的世界意识,因为它们就是颠倒的世界。宗教是这个世界的总理论,是它的包罗万象的纲要,它的具有通俗形式的逻辑,它的唯灵论的荣誉问题 [Point-d'honneur],它的狂热,它的道德约束,它的庄严补充,它借以求得慰藉和辩护的总根据。宗教是人的本质在幻想中的实现,因为人的本质不具有真正的现实性"⑤。宗教只是对苦难者的精神慰藉。在宗教的世界里,现实的人总是被告知此生的苦难是为换取来世的欢乐,人们不免安于现状,人们对幸福的期许放置于来世。⑥"宗教是人的本质在幻想中的实现。"⑦ 对来世的幸福的追求抑或对终极幸福的憧憬都只是源于人对现实幸福的绝望,从而,对现实生存痛苦默认或转移,其实质是对不幸力量的认可或屈

① 《马克思恩格斯文集》第 1 卷,人民出版社 2009 年版,第 27 页。
② [美] 奥尔曼:《异化:马克思论资本主义社会中人的概念》,王贵贤译,北京师范大学出版社 2011 年版,第 274 页。
③ 《马克思恩格斯文集》第 1 卷,人民出版社 2009 年版,第 31 页。
④ 参见《马克思恩格斯文集》第 1 卷,人民出版社 2009 年版,第 221 页。
⑤ 《马克思恩格斯文集》第 1 卷,人民出版社 2009 年版,第 3 页。
⑥ 参见《马克思恩格斯全集》第 1 卷,人民出版社 1995 年版,第 224 页。
⑦ 《马克思恩格斯文集》第 1 卷,人民出版社 2009 年版,第 3 页。

服。在马克思看来，宗教世界里的屈服态度无疑无助于人的自我意识的觉醒，无助于人对现实幸福的追求，反而，"所有追求当下幸福的活动都停止了，因为只有存在于天国的幸福才算数。为了到下一个世界而进行准备，人必须在这个世界上完全消失"①。因此，马克思讲"宗教是人民的鸦片"②。宗教是人自我缺失或自我丧失的意识反映③，宗教剥夺了人的主体性存在，扼杀了人追求自由和幸福的权利，人的本质在宗教的世界里不具有真正的现实性，在宗教的束缚下，神的意志代替了人的意志，人用自身创造的幻想的、虚拟的神统治了现实的、真实的人，人在宗教世界里找到的力量不过是放大了的人在现实世界里原本拥有却被实际否定了的力量。

二　现实性的价值旨趣：幸福来自现实的人的实践活动

"宗教是后希腊的西方人的思维限度，它使得西方人不能进行肆无忌惮的彻底思考。如果哲学不能超越所有不被反思的价值去彻底思考，我们就没有彻底思考的机会了。"④ 费尔巴哈曾谈道："哲学之外没有幸福！"⑤ 马克思也早已意识到对于幸福问题的思考必须突破宗教的思维限度，要用彻底的哲学思维方式来思考才能真正找到幸福的价值和实现可能。马克思认识到在宗教世界里的幸福是一个缺失了人的主体性的范畴，人必须绝对服从超越了人作为主体存在的绝对最高存在，从而幸福不再是人的主体感受，而是神的直接赋予结果。然而，在马克思看来，幸福不是对象自身的本性，更不是来自神的恩赐或上帝的启示，幸福是人的主体感受，幸福的生成伴随着人的主体性生成，幸福的体验与人的主体性确证是同步的。

马克思指出，宗教将人的自我意识转换成异己的对象，人在疏离

---

① ［美］奥尔曼：《异化：马克思论资本主义社会中人的概念》，王贵贤译，北京师范大学出版社 2011 年版，第 273 页。

② 《马克思恩格斯文集》第 1 卷，人民出版社 2009 年版，第 4 页。

③ 参见《马克思恩格斯文集》第 1 卷，人民出版社 2009 年版，第 3 页。

④ 赵汀阳：《论可能生活》，中国人民大学出版社 2004 年版，第 3 页。

⑤ ［德］费尔巴哈：《费尔巴哈哲学著作选集》（上卷），荣震华、李金山等译，商务印书馆 1984 年版，第 223 页。

主体的意识中把自己表征为一种"他者"存在，并让自己顺从于只是映射了他自身本质的虚幻形象。一个受宗教束缚的人往往使自己的本质让渡于异己的幻想本质，并使异己的幻想本质对象化，① 人对宗教的依赖其实质是人的异化即人对人自身的离弃，它的直接表现就是人的主体力量让渡给了对象，于是，人的包括幸福在内的一切主体感受都印上了依赖的心理烙印，人被规定性地依赖于主体之外的对象而存在。因此，马克思强调要"废除作为人民的虚幻幸福的宗教"②，强调人的幸福世界应该是人的世界，是人的真实世界，寻求人的幸福首先应该把人从抽象幻景中解放出来。马克思在哲学思辨的至高点消解了神，揭示了由于"神圣形象"异化导致"非神圣形象"异化的逻辑，批判了"神圣形象"异化后出现的"非神圣形象"自我异化的荒谬和悲情。马克思用思辨的力量摧毁了神驾驭人的根基，褪去了神的光环，确认了人的生存基础，进而赋予了人的主体力量。

马克思认为，幸福的创造主体是"人"而非"神"，幸福问题就是人的问题，是一个关乎人的本质的问题，人的幸福应该从人出发，因此，要讨论幸福必然要在人学视野中进行。对幸福主体的论证，马克思不但实现了从"神"到"人"的超越，而且，实现了从"抽象的人"到"现实的人"的超越。马克思克服了费尔巴哈逻辑的局限性即以"抽象的人"为主体逻辑的错误性和以"普遍的爱"为情感逻辑的荒谬性，批判了费尔巴哈把人仅仅当作自然存在物，认为离开人的社会性即离开人的社会经济关系和阶级利益而抽象地、机械地、片面地谈论人的幸福是不实际的。马克思坚持以"现实的人"为根本出场，最终确立了人学价值主旨来认识人，认识人的幸福，探索幸福的现实道路。③

对于"现实的人"的幸福，马克思总是立足于人的实践关系具体地、历史地来讨论这一问题。在马克思看来，现实的个人总是离不开

---

① 参见《马克思恩格斯文集》第 1 卷，人民出版社 2009 年版，第 54 页。

② 《马克思恩格斯文集》第 1 卷，人民出版社 2009 年版，第 4 页。

③ 参见于晓权《马克思幸福思想的理论意蕴及现代启示》，《佳木斯大学学报》2007 年第 4 期。

自身的活动及其创造的物质生活条件。① 马克思批评费尔巴哈不懂人与人之间的关系有什么丰富的、现实的人的关系。"诚然，费尔巴哈与'纯粹的'唯物主义者相比有很大的优点：他承认人也是'感性对象'。但是，他把人只看做是'感性对象'，而不是'感性活动'，因为他在这里也仍然停留在理论领域，没有从人们现有的社会联系，从那些使人们成为现在这种样子的周围生活条件来观察人们——这一点且不说，他还从来没有看到现实存在着的、活动的人，而是停留于抽象的'人'，并且仅仅限于在感情范围内承认'现实的、单个的、肉体的人'，也就是说，除了爱与友情，而且是理想化了的爱与友情以外，他不知道'人与人之间'还有什么其他的'人的关系'。"② 马克思指出，"任何解放都是使人的世界即各种关系回归于人自身"③，追求现实幸福的首要前提是把人的世界和人的关系还给人自己，并在此基础上用自己的理性判断和自我抉择"来建立自己的现实"④。在马克思看来，社会是一个关系共同体，是人与人之间在类的实践活动中形成的关系共同体，"现实的个人"总是现实社会的主体。⑤ "现实的个人"是马克思学说中现实社会的现实前提，也是马克思幸福思想的根本出场，马克思谈及的社会幸福也立足于这一现实主体，幸福社会的所有表象——社会幸福、集体幸福和个体幸福中的唯一真实主体都是现实的个人。因为，在马克思看来，社会关系必然是在关系共同体中的现实的个人的共同活动中生成。⑥

马克思曾谈道："宗教里的苦难既是现实的苦难的表现，又是对这种现实的苦难的抗议。宗教是被压迫生灵的叹息，是无情世界的情感，正像它是无精神活力的制度的精神一样。"⑦ 宗教里的幸福幻想

---

① 参见《马克思恩格斯文集》第1卷，人民出版社2009年版，第516—519页。
② 《马克思恩格斯文集》第1卷，人民出版社2009年版，第530页。
③ 同上书，第46页。
④ 同上书，第4页。
⑤ 参见周树智《论新实学的幸福社会价值观》，载许春玲、周树智主编《幸福社会价值论》，社会科学文献出版社2013年版，第4—5页。
⑥ 参见《马克思恩格斯文集》第1卷，人民出版社2009年版，第532页。
⑦ 《马克思恩格斯文集》第1卷，人民出版社2009年版，第4页。

表现为对幸福的无限期盼，它既是被压迫生灵的叹息也是被压迫生灵的遥望。这种"抗议"是消极的、无力的，无非是以虚幻的"来世幸福"进行自我慰藉。在宗教中寻求幸福的实质是把现实视为幸福的障碍和苦难的源头，认为人在现实生活中根本无法获得满足，无法获得真正的现实幸福，要想获得真正的幸福就必须断绝一切与现实的联系。然而，在马克思看来，正是由于现实生活世界的不圆满，人更应该努力去改造现实世界，重建能实现人类幸福的美好世界。费尔巴哈曾反对脱离人的生命主体来抽象地谈论幸福，主张幸福是生命的自然特性和本质要求，费尔巴哈甚至认为生活和幸福本身是同一对象，因此，一切阻碍人获得幸福的障碍都应该铲除，并得出了每个人都应该从利己主义的立场出发来追求人的幸福的结论。马克思超越了费尔巴哈，不仅把人看作是"感性的对象"，而且立足于这一前提，把人的实践活动看作是对象化的"感性的活动"①。以"感性的人"为主体，以"感性的活动"为现象，马克思从现实生活场域来考察幸福，从人的生活意义维度来理解幸福。

马克思认为，幸福的场域是"现实生活世界"而非"彼岸世界"，并且，"马克思要为人们谋划的是一种在现实世界可以实现的幸福"②。马克思继承了自文艺复兴以来的人道主义精神，主张人权反对神权，主张用人的理性战胜神的权威，强调把被宗教抽象化、神秘化了的虚幻的神的世界复原为具体的、现实的人的世界。显然，马克思克服了中世纪的把人的幸福寄托于彼岸世界的宗教幸福思想的局限性，拒绝了谈论虚幻幸福的可能性，把幸福直接投向了现实生活，立足于现实生活世界，以现实的人为出发点，追求现实世界人的现实解放和现实幸福。在马克思看来，幸福具有直接性、具体性和真实性，它并不来源于对虚幻世界的抽象臆想。不难理解，马克思为何会发出"我只求能真正领悟在街头巷尾遇到的日常

---

① 参见高延春《延安时期中国共产党人对马克思主义幸福观的诠释》，《求实》2012年第1期。

② 徐长福：《先验的自由与经验的自由——以康德和马克思为讨论对象》，《天津社会科学》2006年第4期。

事物"① 的感叹。

马克思将人的世界重置于人，将幸福置于人的现实生活世界，消解了在宗教视野下的关于幸福的抽象的、虚幻的、形式化的一切他者假设，宣示了幸福的主体在场事实，阐明了幸福的主体在场意义，并给幸福赋予了现实的人的真实生活内涵。马克思显然不赞同只是用抽象的幸福生活的意志来取代对幸福生活的现实追求，即用对幸福的渴望来代替对幸福的现实追求。② 马克思认为幸福来自人对现实生活的追求这是一个基本的、毋庸置疑的事实前提，在这一事实前提下，人还需要在现实生活中坚持对自我异化的否定。因此，马克思谈道："人的自我异化的神圣形象被揭穿以后，揭露具有非神圣形象的自我异化，就成了为历史服务的哲学的迫切任务。"③ 马克思将批判的锋芒指向宗教的虚幻世界之后更是直接地指向了全面异化的现实生活世界。马克思直接批判了基督教所预设的人的"赎罪"生存样态，深刻指出人在这样的生存样态规定性中的惨淡现实后果便是退让了人获得幸福的起点，在这样的规定性中，人获得幸福权利的无条件性转变为有条件性，人获得幸福的至上性消解为非至上性。马克思指出，由于现实生活条件的各种局限性和非圆满性，每个人都不能体验绝对圆满的幸福，因此，对于绝对圆满的幸福就成为了一种想象，天堂就成为了这种想象的直观对象，天堂的圆满幸福就成为了这种想象的意义来源，两者的差距成为了我们虔诚地信仰上帝的原因，差距越大我们越虔诚。

在马克思看来，宗教是人为了超越现实生活的局限性和不完满性的制约而产生的对象性期许，以获得生活的圆满性和超越性，从而实现圆满的幸福。宗教蕴含着人的全面解放的意向和追求。然而，马克思谈道，"人创造了宗教，而不是宗教创造人"④，马克思认为，宗教

---

① 《马克思恩格斯全集》第 1 卷，人民出版社 1995 年版，第 736 页。
② 参见吴苑华《家庭伦理：黑格尔与马克思》，载复旦大学当代国外马克思主义研究中心编《当代国外马克思主义评论（5）》，人民出版社 2007 年版，第 30 页。
③ 《马克思恩格斯文集》第 1 卷，人民出版社 2009 年版，第 4 页。
④ 同上书，第 3 页。

虽然内在地蕴含着实现自身完整性和追求幸福的原初价值目的，但宗教的手段、路径和结果都是非现实的，我们对幸福的宗教渴望理应回归到对幸福的现实探求。人不能倚仗"自我意识"来消除现实世界的不幸，不能依赖"绝对精神"来实现幸福。现实生活的本质是实践的，因此，人的生存及其意义都必须从对象化活动中去理解、找寻和实现，人也只能通过实践的手段才能获得幸福，以宗教的手段来获得幸福是一种逃避现实的方法，其基本主旨是放弃自我意志而遵从上帝意志或神的启示，以神灵或上帝拯救人类的方式取代人类自救方式，寻求在现实世界中无法获得幸福的一种象征性补给和替代性体验。马克思认为，人一旦把幸福的体验感受和价值判断奉献给了人之外的主体，幸福的现实生活也就成为了被悬置于彼岸世界的虚幻生活。对此，恩格斯也认为，我们谈到的幸福并不是虚幻的、乌托邦式的脱离于人性之外的幸福，而必须是立足于现实生活的幸福，并强调创造幸福生活就需要创造"能满足一切生活条件和生活需要的真正的人的生活"①，只有这样，每个人的幸福才能有坚实的生活基础，幸福生活才能在目标价值上得到普遍的认可和实现，这样的幸福也才持久，并且"不必担心别人会用暴力来破坏他的幸福"②。

马克思认为，幸福的实现手段是"人的实践活动"而非"神的救赎"，在马克思看来，生活来自人的实践，离开了实践的生活就成了空洞的对象。实践概念不仅是马克思历史唯物主义中的核心概念，也是马克思幸福思想中的核心概念。马克思认为，人的所有问题都应该也必将在"人的实践中以及对这种实践的理解中得到合理的解决"③。马克思正是立足现实的人及其现实的实践，从而敞开了生活的面貌，并在此基础上澄明了幸福的现实根基。马克思曾谈道，"人应当通过全面的实践活动获得全面的发展"④，在此，马克思也道出了人的幸福也应该通过人的全面的实践活动实现之意。

---

① 《马克思恩格斯全集》第 2 卷，人民出版社 1957 年版，第 626 页。
② 同上。
③ 《马克思恩格斯文集》第 1 卷，人民出版社 2009 年版，第 506 页。
④ 《马克思恩格斯文集》第 3 卷，人民出版社 2009 年版，第 310 页。

马克思让人恢复了改造现实生活和超越自我的勇气，把人从非理性主义的奴性囚笼中解救出来，让人放弃了对虚幻幸福的期许及对虚幻幸福承诺的迷恋。马克思幸福思想的现实性生成从根本上否定了人在受奴役状态下人的需要被动满足的消极状态，强调了幸福是来自主体的积极实践和能动创造。马克思幸福思想无疑具有积极的行动哲学意蕴，让我们明确了对幸福的向往和追求是人的社会实践的情感动因和价值旨归，痛苦或受苦并不是宗教语义背景中的人的逆来顺受的应然状态，而是现实生活中的人应该以主体力量跳脱的远离状态，幸福不是彼岸世界中的人的"完美理想"，而是现实生活世界中人的现实目标，从而坚定追求现实幸福的决心，增强创造幸福生活的勇气。

小　结

马克思幸福思想表现出鲜明的阶级性、斗争性和现实性等理论特质。阶级性是马克思幸福思想的首要理论特质，马克思幸福思想就是无产阶级的幸福思想，是无产阶级"怎样获得幸福"及"获得怎样的幸福"的指导思想。马克思幸福思想的阶级性特点也决定了其幸福思想具有斗争性这一理论特质，马克思幸福思想作为无产阶级的幸福思想揭示无产阶级要获得幸福必须依靠自身的革命斗争来实现，因此，马克思幸福思想本身就是无产阶级斗争哲学的生动体现，同时也为无产阶级的革命斗争提供了乐观的价值诉求。另外，马克思在宗教批判中展开了对虚幻幸福的批判，生成了其幸福思想的现实性特质。在宗教的批判逻辑中，马克思实现了幸福主体从神到人的超越，幸福场域从彼岸世界到现实生活世界的超越，幸福实现手段从神的救赎到人的实践活动的超越。马克思幸福思想同时也是无产阶级的积极的行动哲学。马克思幸福思想的现实性生成彰显其作为一种积极的行动哲学的全部价值旨趣。马克思颠覆了虚幻幸福的所有图景，否定了一切对虚幻幸福的渴求及其行动，主张抛弃来自虚幻生活镜像中的满足，以理性的生命力量直面人的现实生活，以主体的积极实践创造幸福生活。

第六章　马克思幸福思想的当代价值

马克思幸福思想具有科学的理论内涵，是一个完整的思想体系，是无产阶级获得幸福的理论武器乃至成为全人类获得幸福的指导思想。我们解读它的叙述方式、主要内容、理论特质显然都不是对这一问题研究的最终落脚点，探讨马克思幸福思想的当代价值才是这一研究的最终诉求。我们有必要在之前研究的基础上继续探讨马克思幸福思想对于个人正确认识幸福及创造幸福生活的价值与意义。毋庸置疑，深入挖掘马克思幸福思想的当代价值既有利于增强马克思主义的理论魅力，进一步提升马克思主义的认同感与感召力；也有利于我们进一步确证马克思主义的当代在场，促进我们深刻感受马克思主义的旺盛生命力与强大亲和力。马克思幸福思想为我们破解并走出幸福悖论提供了答案，是我们克服一系列错误幸福观的理论武器，为我们树立正确的幸福观提供了理论指导，同时也为新时代创造幸福生活带来了现实启示。

第一节　为走出幸福悖论提供理论依据

一　幸福悖论的当代表现

我们早已取得了民族独立，人民早已不再生活在水深火热之中，生产力发展水平已经有了很大提高，人民物质和精神生活水平有了很大提高，我们正朝着实现国家富强、民族昌盛、人民幸福的中国梦而奋斗着。中国特色社会主义进入新时代，我国社会主要矛盾也已经转化为人民日益增长的美好生活需要和不平衡不充分的发展之间的矛盾。"古往今来，过上幸福美好生活始终是人类孜孜以求的梦想。"[1]
对幸福生活的期盼也是人类一直以来的追求，然而，随着社会的发展，物质财富的丰富，人们追求物质利益的欲望也在日益增长，不少人在多样化选择中陷入价值迷茫和行为盲目的困境，生活压力增大导致心理焦虑，幸福指数下降。不得不承认，科技的进步、社会的进步、经济的发展、财富的增加并没有像预期的那样必然提升人们的普遍幸福感，甚至，一些人陷入了比以往更大的紧张、焦虑和不安。一部分人在物质利益的追求下，日益失去了对人应该需要什么样的生活才能让人更加幸福的理性思考，陷入了一种"无止境"的错觉，误以为：自己的生存方式和生活全部就是"无止境的生产"，无限的生产过程及生产产品能给人带来"绝对的自由"，在任意消费和扩大占有的过程中体会绝对自由带给人的快乐，建立在占有、消费和享受上的"绝对的自由"就是"完全的幸福"[2]。显然，人们比以往任何时候更容易拥有更多的财富，享受更便利的服务，占有更多的对象，然而，人们却仿佛更容易丢掉幸福。对于一些人来说，幸福变得那么捉摸不定甚至遥不可及。"文明制度的工业只能创造幸福的因素，而不能创造幸福。工业文明只能提供大规模的生产，大量的物质财富，发达的科技水平和优美的艺术形式，却不能带来人们的普遍幸福感"[3]。现代人的欲望极度膨胀，以各种被奴役的身份存在，如房奴、车奴、卡奴。他们体会着生活的无奈、焦虑和不安，很难获得一种真切的幸福感。对幸福的迷惘让更多人感慨："幸福在哪里？"儿时的简单幸福为何离一些人越来越远？人们陷入了一种"幸福悖论"[4]，许多人

---

① 习近平：《携手建设更加美好的世界——在中国共产党与世界政党高层对话会上的主旨讲话》，人民出版社2017年版，第6页。

② 参见孙道进《马克思主义环境哲学研究》，人民出版社2008年版，第119页。

③ ［法］傅立叶：《傅立叶选集》第3卷，冀甫译，商务印书馆1964年版，第60页。

④ 幸福悖论由美国南加州大学经济学教授理查德·伊斯特林（R. Easterlin）在1974年的著作《经济增长可以在多大程度上提高人们的快乐》中提出，因此，幸福悖论也被称为伊斯特林悖论（Easterlin Paradox）。理查德·伊斯特林指出现代经济学是构建于"财富增加将导致福利或幸福增加"这样一个核心命题之上的。然而一个令人迷惑的重要问题是，为什么更多的财富并没有带来更大的幸福，而这就是"幸福—收入之谜"或"幸福悖论"的表现。

在经济增长、收入增加、物质生活水平改善的同时幸福感却没有相应增加，甚至在下降，仿佛永远都在一场永无休止的追逐运动中前行，然而，"幸福永远存在于未来，而不存在于任何当下的成就中"①。难怪，卢梭甚至认为，生活在社会历史早期的人类是最幸福的，因为，在那个时期人们的需求比较少，也比较单一。而随着社会生产的发展，我们的需求也随着生产力的发展而扩大，并且我们需求的增长速度比我们满足需求的能力的增长速度还要快，因此，需求的增长成为了我们痛苦的根源，随着我们需求的增多，我们变得越来越不独立，我们越来越成为自身欲望的奴隶，人反而越来越不自由、不幸福。在卢梭看来，人的自由和幸福的增长并不来自生产的增长。②

社会现代性的发展无疑为人的发展提供了更高的平台，为人追求幸福提供了更多的可能性，但也为人的发展带来了新的挑战，为人追求幸福带来了新的困惑。例如，随着现代社会生产力的高速发展，生产效率的大幅度提高，理论上讲，人应该获得更多的休闲时间并享受更多的休闲活动，获得更大程度的解放和发展，有更多条件获得更多的幸福感，然而，现实的状况是：为了创造更多的财富，人们的工作压力日益增大，工作节奏日益加快，人们日益忙碌，竞争日益激烈③，人甚至沦为了生产工具，沦为了资本的奴隶。现代性的弊端充斥着现代社会生活的各个领域和方面，其中一个重要的表现就是人们幸福感的下降。"现在，现代社会的弊端已经积累到了几乎完全毁掉了生活的幸福的地步。"④ 弗洛姆也深刻指出："现代社会已教导人们认识生活

---

① ［美］艾里希·弗洛姆：《健全的社会》，孙恺祥译，上海译文出版社 2011 年版，第 181 页。

② 参见［英］肖恩·塞耶斯《马克思主义与人性》，冯颜利译，东方出版社 2008 年版，第 85 页。

③ 澳洲华裔著名经济学家黄有光则在《东亚幸福鸿沟》一文中提出了"东亚幸福缺口假说"及其解释。所谓"东亚幸福缺口假说"是指东亚国家和地区不仅有高收入水平而且具有高增长率，但却比其他地区的幸福水平低。"东亚幸福缺口假说"事实上是"幸福悖论"在东亚的体现。对于这一现象，黄有光提出了五种可能的原因，其中一条便是：正如"寻求幸福生活是直接通向不幸的道路"所启示的那样，无论在个人水平上还是在社会水平上，非常高的竞争程度可能有害于幸福。

④ 赵汀阳：《可能生活》，中国人民大学出版社 2004 年版，第 9 页。

之目的并不是为个人幸福，……除了他的生命和生活艺术，每一件事物对他而言都是重要的。他可以为了其他一切，就是不为他自己。"①社会现代化的不断发展伴随着人的世俗化的日益凸显，人的现代性却滋生了人的空洞性，导致了人的精神世界的浅表化，工具理性化替代了人的主体理性，社会价值的功利化导致了人的贪欲不断膨胀。这一点，在弗洛伊德看来，所谓的"幸福"在现代文明社会中只能是人类的一种乌托邦式的幻想，而抗争和痛苦才是现代人的唯一真实境遇。人的本性和现代社会文明之间的现实冲突将导致人陷入不能逃避的痛苦深渊。②弗洛伊德甚至感叹："我们称之为文明的东西是我们不幸的主要根源；如果我们放弃文明，退回到原始状态，就会更加幸福。"③

不能否认，现代性的一个重要表现就是人们拥有越来越多的财富，并且，一切都趋于廉价化和便捷化，它使整个社会的商品变得越来越廉价和容易获得，甚至获得的快乐也越来越廉价和便捷。现代人的财富越来越多，一切越来越便利得到，然而，现代社会所提供的大量廉价商品甚至廉价快乐并无助于增加人们的幸福，反而越来越提高了人们体验幸福的门槛，让人们觉得幸福越来越难以实现甚至直接破坏了人们的幸福。④这是由于，一方面，物质需求日益被满足，但同时也出现了物质满足的边际效用，人们由于物质满足不断扩大而使幸福感不断提升的同步性越来越不明显了；另一方面，人的自我实现的需要日益凸显又增加了人们的焦虑感和幸福缺失的感受。⑤难怪，叔本华会感叹当代社会具有并日益凸显的人类生活的苦难和痛苦的全面弥漫性特征。⑥

---

① ［美］艾·弗洛姆：《自我的追寻》，孙石译，上海译文出版社2013年版，第16页。

② 参见徐海波等《马克思主义价值的当代诠释》，人民出版社2007年版，第36页。

③ ［奥］西格蒙德·弗洛伊德：《文明与缺憾》（英汉双语），［英］大卫·麦克林托克英译，王冬梅、马传兵汉译，中国出版集团公司2012年版，第23页。

④ 参见赵汀阳《可能生活》，中国人民大学出版社2004年版，第153页。

⑤ 参见雷龙乾《幸福观的现代性趋向与幸福构建的心物两翼》，载许春玲、周树智主编《幸福社会价值论》，社会科学文献出版社2013年版，第120页。

⑥ 参见［美］阿拉斯代尔·麦金泰尔《伦理学简史》，龚群译，商务印书馆2003年版，第291页。

二 幸福悖论的现实破解

当代人面临的幸福悖论虽然带有强烈的现代性特征，具体表现也早已超出了马克思当时所能预见的范围，但是，我们依然能从马克思的幸福思想中找到现代幸福悖论的深刻理论原因及其现实破解可能。幸福悖论的实质是扭曲了财富等一切要素对于幸福的工具属性和消费等一切行为对于幸福的过程意义，夸大了一切手段性要素的工具价值和一切过程性行为的意义属性，颠倒了人的主体性地位与对象的客体性关系及过程和目标的关系，忽视了人的主体价值及人的存在意义。在马克思看来，人沉迷于财富幻象中，拜倒在商品的面前，把幸福的主体体验让渡于客体的对象占有，人越来越习惯于幸福来自对财富的占有及消费的刺激，并把它颠倒为幸福至上性目的，却忘却了财富及消费本身对于幸福只是手段，于是，人们越痴迷于财富越忘记了幸福本身的意义。只有准确把握财富的本质，克服对财富幻象的执着与迷恋，才能摆脱"货币崇拜"和"资本崇拜"的不良影响，真正成为财富的主人。现代人只有走出财富幻象才能摆脱自身的异化，摆脱幸福的异化以至走出幸福悖论，使自己真正成为物的主人，成为自身的主人，成为生活的主人，成为自己幸福的主人，真正能动地支配物，全面地占有自己的本质，自觉地规划自己的生活，积极地感受幸福生活。

马克思幸福思想向我们揭示，从对于人的生存这一基本需求来看，财富显然是必需的，甚至从对人的美好生活这一更高需求来看财富也是必不可少的，财富是人幸福生活的客观要件和物质基础，财富的数量对人的幸福生活的构建无疑具有积极的意义。但是，财富作为幸福的工具或要件却不能涵盖个人幸福的全部内容，人的社会需要是多层次的，个人幸福的要件也必定是多样的。追求幸福是人一切经济活动的最高目的，作为价值关系存在的财富对于人的幸福而言具有的是一种工具价值，这种工具价值从属于或服务于人之幸福的目的，换句话说，财富是外在于人的幸福的，只是人实现幸福的工具，服务于人之幸福的内在目的。作为最高目的的幸福具有至上性，是唯一的，而作为工具的财富具有非至上性，显然不是唯一的。财富作为达到幸福目的的工具或手段不应该成为人的终极目标，如果把积累财富作为人追求的唯一目标，认为积累财富就等于追求和获得幸福，幸福的最大化就是对财富占有的最大化，把对财富的占有和财富支配下的享受理解为幸福的真谛，则无疑夸大了财富的工具手段意义，背离了经济活动的目的也背离了幸福的初衷，必然会导致人的道德沦丧、价值虚无，人也将完全失去自我。人的全面发展和主体幸福是价值论意义上衡量财富发展的尺度，生产财富和享受财富作为手段是要最终服从于人的全面发展和主体幸福的根本目的的。人是财富的主人，是财富主体尺度的规定者和财富意义的赋予者，财富一旦被赋予了终极的意义，人便成为了财富的奴隶。对人来讲，财富的"增长目的性"显然是为"价值目的性"服务的。幸福当然需要包括财富在内的客观物质条件，但幸福实质上是主体的主观感受，是主体的内心满足体验。财富的意义不仅仅是满足经济学上 GDP 的增长和需求，更应该是满足人们主观体验中幸福的渴望和需求。幸福的体验和感知源自主体对对象世界的心理满足体验，是"人的主体性"的意义世界，而不是纯粹的"物的客体性"的对象世界本身。当人把财富理解为人生的唯一坐标时，财富就成为了人生幸福的唯一源泉，人眼中的幸福也就被异化了，人把幸福这一主观感受等同于财富这一客观对象。幸福异化的实质是扭曲了财富的工具价值属性，忽视了人的主体价值属性，这也是马克思眼中的"人的异化"在本体论意义上的表现。"金钱是人的劳动和人的存在的同人相异化的本质；这种异己的本质统治了人，而人则向它顶礼膜拜。"[①]

正确认识财富的工具价值有利于我们正确理解人生的目的和意义，正确认识财富与人生幸福的关系，有利于我们消除"财富崇拜"甚至"金钱崇拜"等错误思想，有利于我们正确把握幸福的真谛，真正实现人生幸福。我们应该明确财富只是让人幸福的一个手段，并且不是唯一手段，财富只是能够带来幸福的诸多要素之一，财富不应该成为生活的目的，更不应该成为人的目的，财富不能成为统治人、

---

① 《马克思恩格斯文集》第 1 卷，人民出版社 2009 年版，第 52 页。

奴役人的力量，它只是作为人的本质力量的确证和人的全面发展的手段，只是人们提高生活质量、增添生活情趣、丰富生活内容、获得幸福的工具。况且，作为人的满足状态的体验的幸福并不总是伴随着对财富的占有和享用，根据心理学的研究，财富的增长对幸福的促进作用是存在其边际效应的。当财富达到一定程度时，财富的增长给人带来的幸福的影响作用并不大。人们是否幸福，很大程度上取决于财富之外的其他要素，我们不能忽视影响幸福的其他变量，精神生活也是促进人幸福的重要手段，人的文化需求和情感需求对人体验幸福都会起到很大影响，并且，财富的增长只有在人的精神需要也同时增长的情况下才能更好地发挥它的积极意义，也就是只有在物质财富和精神财富协同增长的过程中才能成为幸福的积极因素，否则，单方面的财富增长甚至可能对人是有害的，不但不能给人们带来幸福，还可能减少他们的幸福。① 一方面，我们应该在生活中自觉恢复人的主体性地位，自觉树立人是财富意义赋予者的主体角色，学会在财富的创造和使用中不断历练自我、发展自我，学会理性对待财富、驾驭财富和支配财富，让财富真正成为人的发展工具，让财富真正成为实现人的幸福的工具；另一方面，我们不仅要积极创造物质财富，还要积极创造精神财富，培养积极向上的生活情趣，以富裕的物质财富为人获得幸福提供物质基础，以丰富的精神财富为人获得幸福提供情感条件。

第二节 为树立正确的幸福观提供价值引导

人们对幸福的渴望越来越强烈，成为社会普遍关注的话题，人人都渴望过上幸福的生活，可是，如果对幸福及其实现的理解存在偏差，那么，我们对幸福生活的追求也难免成为对幻象的执着。然而，在全球化时代，我们的主流价值观受到各种社会思潮的冲击和挑战，呈现出多元化趋势，人们的幸福观在"利己主义""享乐主义"等各

---

① 参见［苏］B. П. 库兹明《马克思理论和方法论中的系统性原则》，王炳文、贾泽林译，生活·读书·新知三联书店 1980 年版，第 212 页。

种不良社会思潮的影响下也受到了很大冲击，部分人的幸福观出现了扭曲和错位。其实，我们不难发现，现代人的"不幸福"，不是缺少幸福的要素和条件，很大程度上是缺少幸福的能力，是人们对幸福的理解出现了一定程度的偏差。"重物质欲望的满足，轻视人的精神需求；重享受幸福，轻视劳动和创造幸福；重个人幸福，漠视社会整体幸福等等。"① 一部分人甚至认为幸福就是对物质的占有和享受，幸福就是拥有绝对的个人自由，幸福就是炫耀性消费的实现。马克思的幸福思想对于澄清人们关于幸福的错误观念，走出认识误区，帮助人们科学理解幸福的实质，树立正确的幸福观具有重要的意义。

一　克服享乐主义幸福观，树立劳动幸福观

在改革开放前的一段时期，由于传统计划经济的制约，以及生产力水平比较落后，人们生活水平也相对较低，甚至有人奉行"越穷越光荣"的价值观念，人们一度淡化了对物质的追求和享受，甚至把幸福与物质生活相分离对立起来，把幸福理解为纯粹的精神享受。改革开放以来，我国的经济建设取得了飞速发展，人民生活水平得到极大提高，人们为实现幸福创造了更多的物质条件，然而，一部分人却开始沉溺于物质享受，忽视精神生活，甚至出现了消费主义和享乐主义等一系列不良思想，把幸福视为对财富的占有，把幸福等同为享乐，把个人幸福片面地理解为物质欲望的满足和物质生活的享受。② 一部分人习惯于把消费当作自己生活的中心，把消费欲望的满足看作幸福实现的条件，把消费的数量当作衡量自己幸福的尺度。

然而，我们不难发现，幸福在消费主义的弥漫中也发生了异化。当代人崇尚消费，不仅消费一切商品，甚至把人的主体体验——幸福，也希望通过商品的消费手段来实现，人们消费电影、音乐、球赛、电视、报纸、书籍、杂志、旅游、美食、聚会等内容，但人们却

---

① 陈成志：《论马克思主义幸福观的科学性及其认同教育》，《学术交流》2012 年第 3 期。

② 参见孙春晨《改革开放以来中国人幸福观分析》，《思想政治工作研究》2011 年第 1 期。

经常以抽象的、异化的形式购买、消费这些内容就像消费其他商品一样，人们总是想通过这些消费活动来获得幸福和快乐，然而，在市场的链条中，人所消费的内容及消费的价值往往取决于市场的需求和行情，消费对象的价值往往由市场决定，而非由人来衡量，人希望通过消费获得的幸福体验也是被动的"接纳"，而非主动的"参与"。① 弗洛姆曾深刻地揭示现代人在消费主义思潮影响下的物化人生："现代人的幸福就是享受，就是满足消费和同一群人同化的要求。他们消费商品、图片、食品、饮料、香烟、人、杂志、书籍、电影，真是无奇不有。世界只是为了填饱他们的肚子，就像一个巨大的苹果，一个巨大的酒瓶和一个巨大的乳房，而我们是婴儿，永远在期待，在希望，却永远是个失意者。我们的性格努力地适应进行交换、接受和消费的要求。所有的一切——精神的和物质的东西——都成为交换和消费的对象。"② 在现代社会，人们对货币的崇拜和对物的占有已经成为生活的重要表征，在多大程度上创造财富并占有财富成为我们的主要动力，甚至唯一动力，占有和消费不再是手段，而成为了最终的目的，占有和消费成为了人的狂热行为，消费带来的享受、乐趣、幸福甚至成为了次要的事情。③

在消费主义思潮的影响下，一部分人认为人的幸福来自个体的消费、个体的索取及个体的享乐。他们往往贪图享乐，极力追求物质上的享受及肉体上的快乐，不愿意奋斗，不愿意劳动或无法在劳动创造中实现自我，无法在劳动中创造幸福，甚至把劳动和不幸等同起来，把劳动和生活分离开来，在劳动中体会不到乐趣，只是把劳动当作致富的手段，甚至把劳动与幸福对立起来，认为只有远离劳动才能获得幸福，只有在休闲娱乐和享乐中才能幸福，劳动本身甚至成为了幸福的障碍。在马克思看来，我们不能迷恋消费带来的享乐，不能甚至把

① 参见［美］艾里希·弗洛姆《健全的社会》，孙恺祥译，上海译文出版社 2011 年版，第 111 页。

② ［美］艾里希·弗洛姆：《爱的艺术》，李健鸣译，上海译文出版社 2008 年版，第 80 页。

③ 参见车玉玲《总体性与人的存在》，黑龙江人民出版社 2001 年版，第 87 页。

简单的物质享乐当作幸福本身。消费应该只是人们丰富生活内容、提高生活质量，获得幸福的手段，人们应该学会理性消费，在消费中提升自我、完善自我。消费不能规定生活的意义，更不能规定人的意义。人的价值和意义不在于消费，而在于劳动和创造，幸福的源泉不在于消费，不在于索取，幸福在于创造，幸福来自劳动。马克思认为劳动是幸福的源泉，劳动不仅创造幸福的物质和精神条件，劳动本身也是人的充满幸福旨趣的存在形式和生活方式，劳动既是创造财富的手段，也是赋予人生意义的形式，劳动既是创造价值的过程，也是实现幸福的过程。马克思的劳动幸福思想是当代人克服消费主义幸福观，树立劳动幸福观的重要思想来源，对当代人树立正确的幸福观具有较强的现实价值。

（一）自觉树立"崇尚劳动、热爱劳动"的观念，让劳动成为人的渴望行为

马克思认为，劳动是"个人的自我实现"[①]，显然，在马克思看来，劳动对于个人生命再生产的意义远远超越了仅仅维持人的生存需要的意义，人在劳动中确证自己的主体力量，创造物质财富和精神财富，创造人类文明，推动社会进步，实现了人的价值。劳动直接地、本真地彰显了人的自由与个性，劳动创造了人的生活并在此基础上赋予了生活的意义，因此，劳动也成为了人的最基本的存在方式和根本属性。卢卡奇更是鲜明地提到："劳动是人类存在的本体论概念。"[②]劳动不仅是人的生存方式，也应该是人的生活方式，是人的生活的重要组成部分，劳动使生活变得丰富和生动，劳动是生活的需要，生活是劳动的产物。在劳动中主体性的人不断生成，人的素质不断提升，人的需要不断得到满足，从而获得自我享受，感受幸福。劳动不仅满足了人们的主体需要，甚至还满足了人们"被需要"的感觉，"无论他的或她的职业是什么，工人都有被需要的感觉……被剥夺了工作机

---

① 《马克思恩格斯文集》第8卷，人民出版社2009年版，第174页。

② ［匈］卢卡奇：《关于社会存在的本体论》，［德］本泽勒编，白锡堃、张西平、张秋零等译，重庆出版社1993年版，第11页。

会的人常常会感到他们是无用之人并且会失去生活的目标"①。如果劳动仅仅是致富的需要而不能成为生活的需要，那么，人们很快就会面临奥伊肯曾谈到的新的困境："富足，无忧无虑的享乐生活，并不足以使我们幸福；因为当我们制服一个敌人（贫困与不足）时，另一个敌人，也许更坏的一个（空虚和无聊）又出现了。"②

我们只有在充分尊重和维护劳动是人的根本属性的基础上才能真正认识和真实体会幸福的内涵。同时，我们也只有充分认识劳动与幸福的关系才能真正实现并创造幸福生活。劳动是幸福的源泉，劳动过程就是幸福实现的过程，同时，劳动也是创造幸福的前提和基础。劳动幸福既是一种享受，也是一项权利，劳动幸福作为享受是每个人实现自我之后的愉悦感受，劳动幸福作为一项权利也是每个人不可转让的初始权利。每个人都有通过劳动获得幸福的权利，国家也应该保障公民的劳动幸福权得以实现。劳动幸福既是人的初始权利，也是人的价值实现。③ 劳动对于个人乃至国家和社会幸福都具有举足轻重的作用，劳动的人是最幸福的人，一个国家游手好闲的人越少，这个国家越幸福，人们越能享受到他们所期待的幸福。④ 人人应该自觉树立"崇尚劳动、热爱劳动"的观念，不可否认，当代社会的劳动内涵、劳动形式及劳动条件与马克思所处的那个年代相比早已发生了很大变化并有了很大发展，迈克尔·哈特（Michael Hardt）和安东尼奥·奈格里（Antonio Negri）更是指出，在现代社会"非物质性的劳动"即生产、传播知识或信息的认知劳动和建立维持人际关系或情感反应的劳动日益突出和显现，已成为区别于传统工业劳动的新型劳动形式。⑤ 但劳动的价

---

① ［英］肖恩·塞耶斯：《马克思主义与人性》，冯颜利译，东方出版社 2008 年版，第 53 页。

② 转引自车玉玲《总体性与人的存在》，黑龙江人民出版社 2001 年版，第 103 页。

③ 参见何云峰《马克思劳动幸福理论的当代诠释和时代价值——再论劳动人权马克思主义》，《上海师范大学学报》（哲学社会科学版）2018 年第 5 期。

④ 参见王永江《社会主义思想史新论》，人民出版社 1989 年版，第 299 页。

⑤ 参见［美］迈克尔·哈特、［意］安东尼奥·奈格里《帝国与后社会主义政治》，载罗岗主编《帝国、都市与后现代性》，凤凰出版传媒集团、江苏人民出版社 2006 年版，第 31 页。

值和地位依然值得肯定和颂扬，劳动仍然是当代社会创造社会价值、实现个人能力的唯一真实前提和现实基础，劳动仍然是确证生命价值、彰显生活意义、维护个人尊严的最好方式。即便是作为非物质劳动主要形式的建立人类交际和获得互动的情感劳动，它们的劳动产品已不再具备传统工业劳动产品那样的实物对象性，但非物质劳动过程本身就包含着放松、幸福、满意、兴奋或激动的感觉。① 劳动的非物质化意味着劳动本身具有情感互动性特征和情感慰藉功能，具有直接的幸福意蕴。我们要"以辛勤劳动为荣，以好逸恶劳为耻"，以积极的面貌投入到劳动中去，更大程度地焕发劳动热情，释放创造潜能，以饱满的热情投身到中国特色社会主义伟大事业的建设中去，尊重劳动、尊重创造，通过劳动去创造美好生活、创造幸福。习近平总书记在同全国劳动模范代表座谈时的讲话中就曾强调，"人民创造历史，劳动开创未来。劳动是推动人类社会进步的根本力量。幸福不会从天而降，梦想不会自动成真。实现我们的奋斗目标，开创我们的美好未来，必须紧紧依靠人民、始终为了人民，必须依靠辛勤劳动、诚实劳动、创造性劳动"②，"劳动是财富的源泉，也是幸福的源泉。人世间的美好梦想，只有通过诚实劳动才能实现；发展中的各种难题，只有通过诚实劳动才能破解；生命里的一切辉煌，只有通过诚实劳动才能铸就。……必须牢固树立劳动最光荣、劳动最崇高、劳动最伟大、劳动最美丽的观念"③。

（二）摆脱异化劳动的束缚，让劳动具有"体面"与"尊严"的样态

在马克思看来，劳动不应该仅仅是个立足于工具理性的事实判断，更应该是一个立足于人道主义立场的价值判断，劳动也决不仅仅是个经济学意义上的范畴，它更是一个具有人类学意义的范畴。"对于马克思来说，劳动决不仅是一个经济活动，它是人类的'根本活

---

① 参见 Michael Hardt and Antonio Negri, *Empire*, Cambridge, Mass：Harvard University Press，2000，pp. 292 - 293。

② 习近平：《在同全国劳动模范代表座谈时的讲话》，人民出版社2013年版，第4页。

③ 同上书，第6—7页。

动’，是人的‘自由的意识活动’——它既是人类维持生存的手段又是发展其‘普遍性质’的手段，是人的生存方式，劳动构成了人的本质也构成了人类历史的本质。"①

马克思认为，"‘劳动的绝对自由’是劳动居民幸福的最好条件"②，劳动作为生命表现的自由形态必然要在"自由王国"中实践。真正自由的劳动就必然是摆脱了劳动的异化形态，跳脱了劳动的实践束缚，甚至不再以劳动的现象形态存在，"而表现为活动本身的充分发展"③。在劳动中，人的独立性和自主性得到充分的展示和显现，劳动成为自己个性的存在形态。劳动不再是满足在多大程度上实现了资本的增殖目的，而是服务于在多大程度上实现了自己，多大程度上生动地展现了自己的全面发展及自己的生活。只有"人"才是劳动的目的，人的劳动要服从于人的意志和目的，而非屈服于资本的意志和目的，财富的增长和资本的增殖只是为了人的发展和实现人的幸福的手段，而不是人的发展目的和幸福价值本身。在马克思看来，劳动要真正成为人的生活方式，成为人的幸福源泉，就必须要摆脱异化劳动，摆脱片面的、不自由的社会分工，让劳动恢复"自由、自觉的活动"的本性。

劳动如果仅仅是迫于生存的压力不得已而为之的活动，仅仅是人谋生的手段和方式，而不是有机会实现自我的一种生活，那么，劳动者就不能感受到劳动对象化的主体性力量的存在，更无法切实体会主体实践性的快乐和实现自我价值的幸福，因为，"仅仅作为一种存在的生活只是从事生产活动的必要前提条件"④。在生存目的下劳动无法使劳动者真正投入劳动过程，劳动者只会对自己的劳动产品关心，而无暇顾及劳动过程的感受，幸福也会成为劳动的奢侈体验。只有人

---

① ［德］费彻尔：《马克思与马克思主义：从经济学批判到世界观》，赵玉兰译，北京师范大学出版社 2009 年版，第 145 页。

② 《马克思恩格斯全集》第 16 卷，人民出版社 1964 年版，第 491 页。

③ 《马克思恩格斯文集》第 8 卷，人民出版社 2009 年版，第 69 页。

④ ［美］奥尔曼：《异化：马克思论资本主义社会中人的概念》，王贵贤译，北京师范大学出版社 2011 年版，第 187 页。

们不再局限于生存目的而劳动，劳动是为了实现自我、创造价值，劳动才不会成为负担，不会仅成为人的手段行为，而成为快乐的源泉和生命的乐趣。劳动者在实现"物"的价值创造的同时也实现了"人"的主体力量的增强，在促进"物"的价值增长的同时也促进了"人"的价值增长。劳动只要成为自由的条件便会成为人的渴望行为，成为人的目标行为。

因此，我们必须摆脱异化劳动的束缚，让劳动成为人的自主的、自觉的选择，只有具有自主与自觉前提的劳动才会是体面的劳动，只有体面的劳动才可能是有尊严的劳动。马克思讲，"尊严是最能使人高尚、使他的活动和他的一切努力具有更加崇高品质的东西"①。显然，马克思认为，尊严是获得幸福的重要心理前提，只有让劳动具有了"体面"与"尊严"的形态，人的劳动热情和劳动创造性才能得到最大限度的发挥，劳动才能超越劳动本身，具有生活的意义与价值，成为人的真正生命表现和幸福体验，真正成为一种"纯粹的快乐"。我们应当充分发挥社会主义的制度优势，充分保障劳动者的合法权益，健全劳动关系协调机制，完善劳动保护机制，创建和谐的新型劳动关系，让劳动真正成为自由自觉的活动，摆脱异化劳动的束缚，让劳动者在体面劳动中，在愉悦的精神状态下创造物质财富和精神财富并在创造财富的劳动中感受劳动和创造在实现自我价值中带来的自我实现的幸福。

（三）树立崇高的职业理想，让劳动符合自身的特性

马克思认为，我们要有崇高的职业理想，要从事具有尊严的职业，要从事能让自我"臻于完美境界的职业"，只有在这样的职业劳动中我们才能体会到劳动带来的成就感。马克思在其中学作文中就写道，"那些主要不是干预生活本身，而是从事抽象真理的研究的职业，对于还没有坚定的原则和牢固的、不可动摇的信念的青年是最危险的，当然，如果这些职业在我们心里深深地扎下了根，如果我们能够为它们的主导思想而牺牲生命、竭尽全力，这些职业看来还是最高尚

---

① 《马克思恩格斯全集》第1卷，人民出版社1995年版，第458页。

的。这些职业能够使具有合适才干的人幸福"①。我们要树立崇高的职业理想，热爱本职工作，爱岗敬业，忠于职守。只有树立了远大的理想和坚定的职业信念，我们才能把自己的职业当作自己热爱的事业，并愿意为此奋斗一生，并在劳动的过程中享受人生价值的实现所带来的幸福。

在马克思看来，职业应当成为人们实现自我的需要，成为实现幸福的手段，然而，选择职业或事业时要合乎自己的特点，尊重自己的愿望，让职业符合自己的体质，符合自己的特性，符合自己的兴趣爱好，如果我们从事了"体质不适合我们的职业"②，或者"错误地估计了自己的能力"③，那么"我们的一生也就变成一场精神原则和肉体原则之间的不幸的斗争"④，那么，劳动就成为自己受煎熬的理由，如果我们自身的体质不适合我们的职业，我们不能愉快地工作，也不能顺利地完成工作任务，"即使不受到外界的指责，我们也会感到比外界指责更为可怕的痛苦"⑤，甚至成为我们的沉重负担，不能在劳动中实现自我，也不能在劳动中确证幸福，即便"为了克尽职守而牺牲自己幸福的思想激励着我们不顾体弱去努力工作。如果我们选择了力不胜任的职业，那么我们决不能把它做好，我们很快就会自愧无能，就会感到自己是无用的人，是不能完成自己使命的社会成员。由此产生的最自然的结果就是自卑。还有比这更痛苦的感情吗?"⑥ 显然，马克思并不赞同这样悲情地劳动，也并不认为这样的劳动能给人带来幸福。一方面，我们要树立崇高的职业理想，崇高的职业理想为我们快乐劳动和幸福生活提供了持久的内在动力；另一方面，我们必须结合自身的特点和优势去谋求自己的职业，真正适合自己特性的职业劳动为我们快乐劳动和幸福生活提供了积极的情感动力。在崇高的

---

① 《马克思恩格斯全集》第 1 卷，人民出版社 1995 年版，第 458—459 页。
② 同上书，第 457 页。
③ 同上书，第 458 页。
④ 同上书，第 457 页。
⑤ 同上书，第 458 页。
⑥ 同上书，第 457 页。

职业理想的鼓舞下，我们才能焕发出更大的劳动热情和创造动力，也只有在合乎自己体质和特性的劳动中，我们才能更大程度地发挥自己的能力并实现自己的价值。在适合自己特性的职业劳动中，我们才能真正实现有尊严的劳动，在合乎自己天性和优势的职业中，劳动才具有更大给我们带来幸福的可能。

（四）处理好劳动与休闲的关系，让劳动和休闲共同成为生活的形态

随着生产力的发展和产业结构的调整，劳动效率得到很大程度的提高，劳动在生活当中的比重也会越来越少，休闲会成为劳动后的一种主要生活状态，休闲给我们提供了更为广阔的生活空间，也为我们拓展了更加丰富的生活方式。当然，我们所谈到的休闲并不是简单的吃喝玩乐，也并不是极端地走向劳动的对立面，而是强调在劳动发展的前提下进行的有益于身心的一系列文明的、健康的、积极的发展自己的活动。休闲无疑是生活质量提高的重要标志，也是生活愉悦的重要表现，更是幸福生活的重要内容。我们要处理好劳动与休闲的关系，避免人在劳动过程中被工具化。

我们应该努力摆脱劳动仅仅是人谋生的手段，树立人的发展才是劳动的价值诉求和最终目的的观念，既要避免人的劳动沦为与机器的运转相似，让劳动成为人的目的，又要避免休闲的异化，实现劳动与休闲的统一。一方面，应强化法律权威，严格劳动用工制度，切实维护和保障劳动者的合法权益，制定维护劳动者休闲权的相关政策，并加强休闲教育，强调休闲的价值和意义，不允许任何企业通过任何方式和途径剥夺劳动者的休闲权；另一方面，企业应该严格遵守用工制度，企业家应该定期进行职业道德相关知识的培训，树立正确的劳动观和休闲观，做一个既有社会责任感又有社会良知的企业家。再者，劳动者也应充分认识到休闲应有的地位和无可替代的作用，自觉增强维权意识，积极维护自己的权益，敢于争取自己应有的休闲权，促进自身自由而全面的发展，在劳动与休闲的有机统一中实现自身幸福。

二　克服利己主义幸福观，树立集体主义幸福观

现阶段一部分人奉行个人主义价值观，忽视道德约束，强调个人的绝对自由，主张个人利益的绝对满足，无视他人和集体利益。个人主义的实质便是利己主义，他们把个人利益的实现当作人的天性，把个人利益的实现当作自己一切行为的内在动力和基本准则，把个人利益与他人和集体利益完全割裂开来，甚至把个人利益凌驾于他人和集体利益之上，为了实现个人利益甚至可以不惜牺牲他人利益和集体利益。建立在个人主义价值观上的幸福观则奉行利己主义幸福观，他们主张个人幸福至上，认为个人幸福远比他人幸福及集体幸福更重要，无视他人和集体幸福，只是自私地把他人或集体当作实现个人利益和个人幸福的手段和条件，为了个人幸福甚至损害和破坏他人和集体幸福。马克思在"真正的共同体"中为我们描绘了这样一幅个人和整体和谐共生的画面，一幅幸福生成图景：在"真正的共同体"中，个人的发展和幸福是社会整体的目标和追求，每一个人的幸福构成了整个社会的幸福，每一个幸福的人组成了整体幸福社会的主体。马克思否认了追求幸福就是使自己利益最大化的观点，否定了为了获得自己的幸福可以不惜牺牲集体利益的立场，认为人的幸福不只是个体幸福的孤立生成，而必然是社会幸福的集体涌现。马克思既不把个人幸福与社会幸福机械地等同起来，也不把个人幸福和社会幸福片面地对立起来，强调个人幸福和社会幸福相辅相成并协同生成，马克思的这一幸福思想有利于我们抛弃狭隘的利己主义幸福观，树立集体主义幸福观。

（一）个人幸福的实现必须符合道德规范

我们应该明确追求幸福的行为必然要受到道德的约束和规范。追求幸福作为每个人都有的权利和愿望无疑具有至上性，对每一个个体来讲，渴望幸福是人的本性，从这一点看，追求幸福无疑是绝对自私的，但每个个体往往都不能以绝对自私的手段实现自己的幸福即不顾他人感受而只顾个体幸福的实现。马克思、恩格斯认为，每个人都努力追求属于自己的幸福，然而，个人幸福的实现通常是在与他人和社

会的交往中实现，并要符合普遍的道德原则，也只有遵循这样的原则，自己的幸福才是最稳定的幸福，更不必担心别人会来破坏自己的幸福。费希特甚至认为道德的实践与幸福的实现是同等的概念，幸福的实现程度与道德的发展程度是一致的，道德的自我完善能带来幸福的完善，"道德规律的普遍生效（不是单纯有效）和完全符合于一切理性存在物的道德发展程度的幸福是相同的概念"①。马克思曾引用霍尔巴赫的观点，"真正的道德就像真正的政治一样，是那种试图使人们增进彼此了解，以便使他们能够为相互间的幸福而共同努力工作的道德"②。马克思在判断历史时代是否幸福的问题上，就将道德原则作为了最高原则。③"如果一个时代的风尚、自由和优秀品质受到损害或者完全衰落了，而贪婪、奢侈和放纵无度之风却充斥泛滥，那么这个时代就不能称为幸福时代。"④马克思将专制道德对幸福时代的阻碍作用描绘得淋漓尽致，另外，马克思认为幸福时代的道德为"风尚纯朴、积极进取、官吏和人民公正无私"⑤。马克思告诉我们，人人都渴望幸福，人对幸福的追求决不是无价值引导的自发行为，而是人的自觉行为，追求幸福的行为必然要受到道德的约束和价值的规范。我们追求自身幸福的实现离不开必要的道德感，即我们除了考虑自己之外，还要考虑他人，尊重每一个人的幸福。费尔巴哈曾指出，"看见他人的不幸而无动于衷，或不注意这种不幸所带给我们自己的对于幸福追求的损害，也是不道德的。积极关心他人的幸福与不幸，与他们同甘共苦（其目的自然只在于消除万一可能发生的不幸），这是真正的道德"⑥。道德作为调节人与人之间、人与社会之间关系的行为规范，对人追求和实现幸福必定会产生重要影响。一个充满道德

---

① ［德］费希特：《费希特著作选集》第 1 卷，梁志学主编，商务印书馆 1990 年版，第 14 页。

② 《马克思恩格斯文集》第 1 卷，人民出版社 2009 年版，第 337 页。

③ 参见张一兵《马克思哲学的历史原像》，人民出版社 2009 年版，第 61 页。

④ 《马克思恩格斯全集》第 1 卷，人民出版社 1995 年版，第 463 页。

⑤ 同上书，第 461 页。

⑥ ［德］费尔巴哈：《费尔巴哈哲学著作选集》（上卷），荣震华、李金山等译，商务印书馆 1984 年版，第 577 页。

情怀的人必定有益于社会，能给他人和社会带来幸福，同时也能从他人和社会那里获得更多的赞誉和肯定，并获得更多的幸福，相反，一个缺乏道德情怀的人势必会遭人唾骂、受人排挤，很难得到他人和社会的认同和尊重，也难以获得幸福。

我们在追求自身幸福的过程中应坚持一定的道德原则，明确一个人不仅要努力实现自己的幸福，同时也要努力为实现他人的幸福创造条件。如果我们不能在道德原则下把自己的幸福与他人的幸福统一起来，不尊重他人实现幸福的权利，甚至损害他人的幸福，势必会遭到他人的反抗，甚至遭受灾祸，陷入痛苦，从而使自己也失去了实现幸福的良好的、和谐的外部环境。而一个人越是努力促进他人幸福的实现，为他人的幸福付出越多，则必然越能得到他人和社会的高度赞赏，他的个人幸福也越容易实现，并且在他人和社会的认可和赞誉中本身也能体会到自成目的的幸福。霍尔巴赫也谈道，"要深信要想使自己得到稳固的幸福，他就应该从事于自己同类们的福利，并且应该博得他们的尊重，爱戴和援助"①。

（二）个人幸福的实现必须确立"他者立场"

我们在追求个人幸福时应该确立"他者立场"。我们应该看到，真正的幸福其实都有分享性倾向，个体追求幸福的愿望很多时候是在促成别人幸福愿望实现的过程中得到满足和实现，从某种程度上说，我们越是能促进别人幸福，我们自己也越幸福。幸福的分享性倾向并不是说个体的幸福体验能够简单地移植给他人分享和体验，而是个人幸福本身就是在他人的关系性存在中获得的，个人幸福也会成为关系链条中他人幸福的理由和因素。费尔巴哈也讲"人性不只创造了单方的排他的对幸福的追求，而且也创造了双方的相互的对幸福的追求，这种对于幸福的追求就本身来说是不能得到满足的，如果不同时地甚至非本意地满足其他个人对于幸福的追求"②。一个没有"他者立场"

---

① 转引自孙英《幸福论》，人民出版社 2004 年版，第 276 页。

② ［德］费尔巴哈：《费尔巴哈哲学著作选集》（上卷），荣震华、李金山等译，商务印书馆 1984 年版，第 573 页。

的幸福主体便会把幸福理解为一种简单的快乐主义，然而，简单的快乐主义其实质是个人主义的表现，是极端自私的观点和想法，对此，黑格尔也认为，如果每个人都只是自私地追求自己的幸福，那么每个人不同自私目的的各项追求的交汇将会产生一系列冲突与危机，不协调的力量将会出现并制约每个人对幸福的追求。因为，"他发现自己被他人依据他在他人对他们自身幸福的追求中所起作用来评估"，并且，"每个人都成了他人的'命数'"①。

我们在追求个人幸福的过程中要确立"他者立场"，就是要以主体间的视野审视自我与他人的关系，以同样的情感立场对待自我与他人，充分尊重他们追求幸福的权利和可能性。对此，葛德文甚至谈道，"理性告诉我，众人的幸福比某个人的幸福更有价值，并且这某个人不论是我自己、我的朋友或亲戚，还是一个完全陌生的人，情况都是如此。因此我宁可要一般幸福而不是我自己的幸福。……以致我忽视他人的一般幸福较之我忽视自己的幸福更感到不幸"②。现实生活中，每个人都是追求幸福的主体，主体的多样性必然带来各自利益和诉求的多元性，我们要实现个人幸福就要承认和尊重他人的幸福，充分尊重其他主体的正当利益和追求幸福的权利，在尊重他人的幸福中实现自身对幸福的追求。如果一个人总是片面强调个人利益和个人幸福的实现，而不打算给他人乃至社会带来利益和幸福，甚至阻碍他人获得利益和幸福，那么，每个人对别人利益和幸福的实现都不能带来任何的助推力，如果每个人都是在这样相互牵制的条件下企图实现自己的利益和幸福，无疑，个体的幸福也难以真正实现。不难理解，霍尔巴赫也曾谈道，"为了使自己幸福，就必须为自己的幸福所需要的别人的幸福而工作"③。如果我们破坏了别人创造幸福生活的条件，别人也不会给予自己幸福。我们只有为自己创造生活条件的同时也努

---

①　［美］阿拉斯代尔·麦金泰尔：《伦理学简史》，龚群译，商务印书馆 2003 年版，第 273 页。

②　同上书，第 302 页。

③　［法］霍尔巴赫：《社会体系》，载北京大学哲学系外国哲学史教研室编译《十八世纪法国哲学》，商务印书馆 1963 年版，第 649 页。

力为他人和社会的发展和幸福而努力，在追求自我幸福实现的过程中同时也致力于他人幸福的实现，把自己置于社会和集体中，把他人和社会的幸福置于自己的幸福信仰中，我们追求的幸福才能真正有效地实现。一方面，我们追求自身幸福的实现不能破坏或妨碍他人获得幸福；另一方面，我们追求当代人幸福的实现不能影响或妨碍子孙后代获得幸福。① 我们不能只为自己的幸福而存在，不能只为自己的幸福而奋斗，我们同时也应该为了社会的发展和繁荣而奋斗，为了他人乃至后人的幸福而努力，在实现他人幸福和社会发展繁荣的过程中实现个人的幸福。

（三）个人幸福的实现必须树立集体主义观念

马克思始终把个人幸福和社会幸福置于辩证的统一关系中来思考，从来没有机械地、形而上学地把两者等同起来，也没有把两者绝对地对立起来，与个人主义的幸福观和利己主义的幸福观划清了界限。马克思认为，社会幸福不仅决定着个人幸福，是个人幸福实现的关键纽带，并且能把个人幸福提高到新的水平；个人幸福丰富着社会幸福，是社会幸福的必然结果，并且直接赋予社会幸福具体而生动的内容。在马克思看来，一方面，个人利益只能在社会或集体中获得。另一方面，集体的幸福也是由每一个个体的幸福所组成的，马克思曾引用斯密的话："如果社会的绝大部分成员都是贫困的和不幸的，毫无疑问，不能认为这个社会是幸福的和繁荣的。"② 并且谈道，"大多数人遭受痛苦的社会是不幸福的"③，强调个人幸福融入到集体和社会幸福中去，马克思的幸福思想表现出明显的集体主义特点，集体主义的本质是马克思"类意识"的体现，要求我们超越个体的狭隘性，树立集体的类意识。

我们在追求幸福的过程中必须树立集体主义的观念。马克思认为，完全意义上的幸福不是单个个体的幸福，而是立足个体而又超越

① 高建军、史殿武：《人的本质和人的幸福》，载《关于人的学说的哲学探讨》，人民出版社 1982 年版，第 305 页。
② 《马克思恩格斯全集》第 34 卷，人民出版社 2008 年版，第 247—248 页。
③ 《马克思恩格斯文集》第 1 卷，人民出版社 2009 年版，第 122 页。

任何个体后的人类社会幸福，因为，人类社会幸福具有超越了个体的孤立性而具有整体的广延性。"在马克思那里，社会并不是个人的机械的集合体，而是个人之间的联系和关系的总和，是一个有机的整体"①。我们应该明确人不是孤立的存在物，人是社会存在物，个人与集体和社会总是密切关联的，任何个人获得幸福不仅是个体的孤立行为，不仅是个人生活方式的选择及其结果，同时也是社会发展的目标和结果，个人幸福必须在实现社会幸福目标的过程中获得。每个人在追求个体幸福的过程中总会和他人、集体和社会发生各种联系，个人幸福与他人幸福、社会幸福有着密切的关联。因此，个人幸福不仅具有主体选择的权利意义，显然还具有社会责任意义，个人幸福更应该融入到集体、社会中去，把个人幸福融入国家、民族乃至人类的幸福中，个人幸福也只有在集体性境域中才具有更高意义。一方面，个人利益的满足及个人幸福的实现不能只在个体的范围内实现，人不能仅仅依靠自己就满足自身全部利益和需求，必然需要社会其他成员的支持和帮助及社会机制的保障和协调。另一方面，我们要协调个人与他人、集体和社会的关系，尊重他人、集体和社会的利益。"作为自我中心主义的尚不自知的俘虏，他们感到不安、孤独，不能再天真、单纯、质朴地享受生活了。人只有通过把自己奉献给社会才能找到那短暂而充满危险的人生的意义。"②

马克思的个人幸福和社会幸福协同生成的思想告诉我们真正的幸福其实都具有共存性、共生性和共享性，在社会分工越来越细化的现实中，在社会交往越来越密切的背景下，个人幸福的实现也越来越倚仗社会的整体进步和共同体的整体发展。个人幸福与社会幸福是彼此联系并相互统一的，社会的普遍幸福是个人幸福的最终走向，个人幸福丰富了社会幸福，赋予了社会幸福具体的、生动的内容，是社会幸福的生动表现。社会的普遍幸福是个人幸福实现的前提和基础，社会

---

① 俞吾金：《提出"社会主体"新概念》，载俞吾金《被遮蔽的马克思》，人民出版社 2012 年版，第 317 页。

② 转引自［美］艾里希·弗洛姆《健全的社会》，孙恺祥译，上海译文出版社 2011 年版，第 196 页。

应当赋予人争取自己幸福的机会。"要不是每一个人都得到解放，社会也不能得到解放"①，不仅社会的解放是个体解放的结果和最终表现，每一个个体幸福的实现也是整个社会幸福的具体表现和内在要求。个体也只有为社会谋求幸福，才能获得更有意义、更有价值的幸福。

我们要真正地得到幸福，必须对集体和社会的共同利益有清晰的认知。对他人、集体和社会幸福的贡献乃至认同会减少我们的孤立感，同时也会增加我们自己的幸福。② 我们必须放弃自我中心主义的狭隘立场，树立集体主义的观念，把自我的个人幸福投入到集体和社会的巨大场域当中去。个人在追求个体幸福的同时应该时时不忘社会的公共幸福，摆脱把他人作为利己手段的狭隘性，把与他人协同发展，促进他人幸福作为自己的行动立场和价值原则。我们必须深刻认识到，幸福来自为社会进步而奉献，为他人幸福而付出，自觉把个人投入到集体和社会的进步和发展中，把个人目标和集体、国家、民族及整个社会的目标联系起来，这样个人的生命意义和个体价值才能够得到最大限度的实现和满足。只有将个人幸福融入到国家富强、民族繁荣和人民幸福的伟大事业中，我们才能获得更持久的幸福，更高境界的幸福。

三 克服机械的幸福观，树立辩证的幸福观

当代人对待幸福问题，往往容易陷入形而上学的泥潭，容易机械地看待幸福，总想拥有永恒的幸福，拥有绝对的幸福，拥有一成不变的幸福，然而，马克思在历史唯物主义的视野下向我们揭示了幸福是一个历史范畴，幸福是一个具有具体性、相对性和发展性的范畴。马克思的幸福思想有利于帮助我们克服机械的幸福观，树立辩证的幸福观。

---

① 《马克思恩格斯文集》第 9 卷，人民出版社 2009 年版，第 310 页。
② 参见［英］理查·莱亚德《不幸福的经济学》，陈佳伶译，中国青年出版社 2009 年版，第 12 页。

（一）明确幸福具有具体性

不可否认，幸福确实是一个主观范畴，以主体的主观感觉为依据，以主观性样态呈现出来，一个人觉得自己幸福，他确实就是幸福的，一个人觉得自己不幸福，他确实就是不幸福的。伊格内修斯·L.戈茨也讲："断定'我是幸福的'不会错误，正如断定'我正在想'或'我头疼'不会错误一样。"① 然而，我们也应该明确，就其内容和要素来讲，幸福又是一个客观范畴。② 马克思强调幸福是个历史范畴，它既是社会生活在人的意识中的反映，也是社会生活在人的情感中的体现，人的幸福必然是在具体的人类社会历史发展的阶段中实现的，必然也受制于特定的历史进程，受制于人类社会发展的自身规律。③ 马克思认为，首先，人总是具体的、历史的存在，人具有有限性和相对性，人不能把自己当作永恒的、绝对的个体，人的具体性和有限性对人来讲既具有否定性存在的意义也具有建设性存在的价值。④ 一方面，我们只能在人的具体性和有限性生存形态中认识和体验人的幸福，人的幸福体验只能在人的具体的、相对的自由、全面发展的基础上实现；另一方面，正是由于人的具体性和有限性，我们更应该努力追求和珍惜当下的幸福，要学会在相对性中体验幸福，而不是企图追求绝对性幸福即一种永恒的幸福和终极的幸福。其次，幸福与人的需要息息相关，人的需要并不是纯粹主体愿望，它也有其客观性，是人在实践中不断涌现和发展的，"需要也如同产品和各种劳动技能一样，是生产出来的"⑤。马克思强调幸福范畴是人的社会生活在人的思想和情感中的反映。⑥ 在马克思看来，实践是人的根本属性和存在方式，同时也是人的社会生活的根本属性和本质特征，人的实践活动的具体性和历史性决定社会生活也具有具体性和历史性。我们应明确

① 转引自孙英《幸福论》，人民出版社2004年版，第86页。
② 参见孙英《幸福论》，人民出版社2004年版，第84—87页。
③ 参见杨楹《马克思哲学的最高价值诉求："人民的现实幸福"》，《哲学研究》2012年第2期。
④ 参见张文喜《马克思论"大写的人"》，社会科学文献出版社2004年版，第103页。
⑤ 《马克思恩格斯全集》第30卷，人民出版社1995年版，第524页。
⑥ 参见高延春《"以人为本"的幸福维度》，《江汉论坛》2009年第12期。

幸福并非是个固定的、抽象的、永恒不变的范畴，而是个生动的、具体的、不断变化和发展的范畴，它具有多角度和多层次的结构形式。由于人们社会生活条件的系统性和多变性，以及人们社会实践领域的开放性和多样性，幸福的具体内容和表现形式应该是多样的、具体的，幸福的具体性和历史性特征是在人的历史性和具体性的逻辑中生成并蕴含于社会发展的历史性和具体性之中的。① 幸福的实现要素、幸福的评价标准及幸福的实现程度都与社会的发展息息相关。随着社会的进步和发展，人的幸福境域也不断拓展，人类历史发展是一个具体的发展过程，人对幸福的追求也是在具体的历史过程中实现的。在不同的社会历史条件下，人的具体目标和愿望都不尽相同，人们对幸福的理解也不尽相同，人们对幸福的理解必然随着社会历史的变化发展而不断变化发展。洛克也曾谈道："人们所认为的幸福的对象并不一样，而且所选的达到幸福的途径亦不一样。"②

（二）明确幸福具有相对性

马克思认为，幸福作为一个历史范畴必然具有相对性和差异性，而非绝对性和常态性，由于幸福的主体性决定幸福因不同的主体而存在差异，不同的人对幸福本身的理解不同，每个人所追求的幸福也不一样。"幸福生活的标准是相对的。在文明的社会中，幸福生活并不在于单个人所消费和支配的商品的实际数量，而在于相对数量……在于作为社会的一员的单个人的份额在社会总收入中所占的比例。"③ 对于幸福的相对性，亚里士多德有过更为具体的描述："不同的人认为是不同的东西，同一个人也经常把不同的东西

---

① 参见杨楹《马克思哲学的最高价值诉求："人民的现实幸福"》，《哲学研究》2012年第2期。

② ［英］洛克：《人类理解论》（上册），关文运译，商务印书馆1997年版，第238页。

③ 《马克思恩格斯全集》第11卷，人民出版社1995年版，第678页。此段引文为埃卡留斯为厄·琼斯在伦敦出版的《寄语人民》撰写的一篇名为《工人阶级的幸福生活》的经济学方面的文章中的观点，其主要观点基本上与马克思在《哲学的贫困》和《雇佣劳动与资本》中已论述的经济学观点相同。在写作过程中，马克思为埃卡留斯提供了他在经济学研究方面所收集的资料。参见《马克思恩格斯全集》第11卷，人民出版社1995年版，第874页。虽不是马克思所言，主要观点却和马克思很相似。

当作幸福。在生病的时候，他就把健康当作幸福，在贫穷的时候，他就把财富当作幸福；有一些人由于感到自己的无知，会对那种宏大高远的理论感到惊羡，于是其中就有人认为，和这众多的善相并行，在它们之外，有另一个善自身存在着。"① 康德也有过精辟的论述："各人究竟认为什么才是自己的幸福，那都是由各人自己所独有的快乐之感和痛苦之感来定。而且，甚至在同一主体方面，由于他的需要也随着感情的变化而参差不齐，因而他的幸福概念也随他的需要而定……追求幸福的规则永远不能普遍有效。"② 马克思在《雇佣劳动与资本》中曾生动地描写了这样一种情形："一座房子不管怎样小，在周围的房屋都是这样小的时候，它是能满足社会对住房的一切要求的。但是，一旦在这座小房子近旁耸立起一座宫殿，这座小房子就缩成茅舍模样了。这时，狭小的房子证明它的居住者不能讲究或者只能有很低的要求；并且，不管小房子的规模怎样随着文明的进步而扩大起来，只要近旁的宫殿以同样的或更大的程度扩大起来，那座较小房子的居住者就会在那四壁之内越发觉得不舒适，越发不满意，越发感到受压抑。"③ 在马克思看来，即便是同样的条件给不同的人也不一定带来一样的幸福感受。

马克思指出："即便是最幸福的人也有忧伤的时刻；太阳不会对任何凡人永远露出微笑。"④ 在马克思看来，幸福并非由人的纯粹抽象思辨而获得。幸福是在人的实践中创造并获得，在人类不同的历史时期，人们追求幸福的主要任务和实现手段都会受到社会生产方式的影响和制约，因而不尽相同。人的社会实践和人的生活具有丰富性和多元性，这也决定了人对幸福生活的需求和体验具有一定的相对性和差异性。"我们的欲望与幸福来源于社会，因此，我们通过社会而不是通过它们满足的对象来衡量它们，因为它们具有一种社

---

① ［古希腊］亚里士多德：《尼各马科伦理学》，苗力田译，中国人民大学出版社2003年版，第4页。
② ［德］康德：《实践理性批判》，韩水法译，商务印书馆1960年版，第24—25页。
③ 《马克思恩格斯文集》第1卷，人民出版社2009年版，第729页。
④ 《马克思恩格斯全集》第47卷，人民出版社2004年版，第548页。

会属性，具有一种相对性。"① 幸福不仅由满足人的发展的客观条件决定，还与个人和社会对此的理解、评价和认知有关。不同时代、不同地域的人对幸福的理解并不完全一样。霍尔巴赫也曾谈道："在气质、力量、机体、想象、观念、见解和习惯上各不相同，而且被无穷的物质或精神的环境所各式各样改变了的人，必然对于幸福有极不同的看法。……谁也不能判断能助成他的同类们的幸福的东西是什么。"② 马克思认为，即便共产主义是以大家幸福为目的，但是，在未来的共产主义社会中"幸福究竟是什么样的呢？难道所有的人都有同样的幸福吗？难道所有的人在同一环境中都感到同样的幸福吗？"③ 答案显然是否定的，在马克思看来，幸福是相对的、具体的而非绝对的、抽象的。所有的人在同一环境中都感到同样的幸福无异于"直接受宗教的暴虐统治"④。柏格森谈道："成为一个人，就是处在成为一个人的过程中。"⑤ 因此，我们应该懂得，人总是在不断自我生成和自我完善的过程中，人不能一劳永逸地创造历史，创造人，创造幸福。人终究不能达到绝对的圆满和永恒的境界，从而获得绝对的、永恒的幸福，而只能在相对中寻找绝对，在过程中追求永恒，在特定的时期获得相对的幸福，人永远在不断地完善自己、超越自己，在人的自我生成、自我实现的过程中追寻并体验幸福，获得内心的愉悦与满足。

（三）明确幸福具有发展性

马克思认为，我们不能形而上学地审视幸福，不能一劳永逸地享受幸福，要在历史的发展进程中实现幸福。马克思认为，由于人的需要具有发展性和动态性，随着生产力的发展水平和生产关系形式的变化，人的需要及需要满足的可能性和需要满足的方式都会发生变化，

---

① 转引自［英］肖恩·塞耶斯《马克思主义与人性》，冯颜利译，东方出版社 2008年版，第 173 页。
② 转引自孙英《幸福论》，人民出版社 2004 年版，第 129 页。
③《马克思恩格斯全集》第 3 卷，人民出版社 1960 年版，第 238 页。
④ 同上书，第 291 页。
⑤ 转引自车玉玲《总体性与人的存在》，黑龙江人民出版社 2001 年版，第 40 页。

正是在人的需要的驱动下，人不断地满足自己的愿望并不断实现自己的目标，并在这样的过程中不断地超越自己，实现自己的价值，不断地获得满足感，从而获得幸福。并且，人的实践具有永续性和开放性，人类"永远不能通过所谓绝对真理的发现而达到这样一点，在这一点上它再也不能前进一步，除了袖手一旁惊愕地望着这个已经获得的绝对真理，就再也无事可做了。在哲学认识的领域是如此，在任何其他的认识领域以及在实践行动的领域也是如此"①。在马克思看来，人的实践是一个过程集，这也决定了人的生活是一个不断生成和变化的过程，实践不会有终点，人的生活也不会有绝对完美的理想状态，幸福也不能有永恒的绝对圆满。方登纳曾这样定义幸福，"幸福是人们希望永久不变的一种境界"②，在他看来，幸福是我们的肉体和精神处于一种我们愿意永存下去的境界，然而，他也指出，如果境界是指在一定时间内一个人持久不变的意识的全部现象，那么这种境界给予我们的幸福也是不能够长久凝固的，终究要被新的变化打破平衡，而最终归于幻灭。③

人的需要的不断变化和发展，以及人的实践的不断展开和深入也决定了幸福范畴是一个不断变化和发展的范畴，在不同的历史时期、不同的发展阶段幸福有着不同的内容和表现。幸福作为一个历史范畴也就具有了发展性和无限性。在马克思看来，人的需要的满足，本质力量的发挥，主体力量的释放，生命潜能的发展，人的实践活动的展开都是一个没有终点的、永无止境的发展过程，都伴随着人类解放的历史进程。人类解放的历史进程是一个永无止境的发展过程，人的解放是一个发展性的、无限性的概念。人类解放的最终价值目标便是实现全人类的普遍幸福，马克思所追求的谋求全人类的普遍幸福也是一个不断事实发展和历史生成的目标，马克思从不认为某种具体的历史

---

① 《马克思恩格斯文集》第 4 卷，人民出版社 2009 年版，第 269—270 页。
② 转引自〔法〕莫罗阿《人生五大问题》，傅雷译，生活·读书·新知三联书店 1986 年版，第 116 页。
③ 参见〔法〕莫罗阿《人生五大问题》，傅雷译，生活·读书·新知三联书店 1986 年版，第 116 页。

阶段具有终极的意义和价值，某一具体阶段的幸福具有终极的解释意义和尺度价值。在马克思看来，即便是未来的理想社会共产主义社会，共产主义作为人类最崇高的理想和目标也并不是一个抽象的、空洞的、僵化的概念，共产主义具有生动的丰富性和展开的过程性，马克思显然认识到共产主义是一场运动，是一个过程，"共产主义对我们来说不是应当确立的状况，不是现实应当与之相适应的理想。我们所称为共产主义的是那种消灭现存状况的现实的运动。这个运动的条件是由现有的前提产生的"①。马克思甚至认为，共产主义作为一种原则或理念的意义更大于它作为一种固定的社会制度的意义。"共产主义是最近将来的必然的形态和有效的原则。但是，这样的共产主义本身并不是人类发展的目标，并不是人类社会的形态。"② 马克思认为，无论是作为运动的共产主义还是作为社会制度的共产主义都具有必然的过程性，即永远不会有最高级的、最理想的、最完美的具有终极意义的、静止的社会状态，人的幸福的实现也是一个过程，是一个相对实现的过程，人无法获得绝对的、终极的幸福。一切幸福都不具有终极的意义，都只具有相对的特征。

霍布斯也曾谈道，"今生的幸福不在于心满意足而不求上进。旧道德哲学家所说的那种终极的目的和最高的善根本不存在。欲望终止的人，和感觉与映象停顿的人同样无法生活下去。幸福就是欲望从一个目标到另一个目标不断地发展，达到前一个目标不过是为后一个目标铺平道路。所以如此的原因在于，人类欲望的目的不是在一项间享受一次就完了，而是要永远确保达到未来欲望的道路"③。弗洛伊德更是从心理的角度谈道，"我们所称的'幸福'产生于压抑的需求突然得到的满足。幸福的本质决定了幸福只能是暂时的。当快乐原则所渴望的某种情况被延长时，只能带来一种微弱的满足感。我们天生就只能从对比中获得强烈的快感，从某一状态本身只能获

---

① 《马克思恩格斯文集》第 1 卷，人民出版社 2009 年版，第 539 页。
② 同上书，第 197 页。
③ ［英］霍布斯：《利维坦》，黎思复、黎廷弼译，商务印书馆 1985 年版，第 72 页。

得很少的快乐"①，斯宾塞甚至认为"在最完美和最幸福的国家中，进化就达到均衡而停止"②。幸福作为国家的人文价值和现实价值追求是理所当然的，然而，在追求幸福的国家行为中也蕴藏着无止境的必然性和无限发展的可能性。随着社会的进步和发展，人的幸福境域也不断拓展，人类历史发展是一个无止境的过程，人对幸福的追求也是一个永无止境的过程。

我们应该懂得，幸福是目的，更是过程，不是彻底地完成，而是不断地接近并实现；幸福是事实，更是价值，不是简单地呈现，而是价值实现后的快乐。幸福是主体的自我实现的展开及体验，由于自我是一个具有无限扩张可能的主体，自我实现也是一个无限发展的过程，那么，幸福也是一个不断生成和发展的过程。人类对幸福的追求将在永不停息的过程中，在人的全面解放的进程中实现。③幸福不是一种绝对圆满、完全满足的生活状态。需要和欲望，目标和理想的实现能给人带来成功的体验、自我的满足、幸福的感受，然而，新的需要、目标和理想又将会成为人新的前进的动力和发展目标。④幸福的发展性和无限性也就决定了人对于幸福的追求总是内在于幸福的追求过程中实现，幸福总是在一个不断生成又不断超越的过程中实现。人对幸福的渴望来自对自我超越的渴望，人对幸福的永恒追求也来自对自我超越的永恒追求。人对幸福的追求，不是对某一结果的追求，而是对过程的体验和把握。人具有不断超越的本性和愿望，人终究不会满足自己的现存状态，总会在发展中实现对现实生活的超越和自我完善的超越，人的目标和追求总会不断更新，一种终极圆满的生存方式总会成为人前进的动力，伴随着人的

---

① ［奥］西格蒙德·弗洛伊德：《文明与缺憾》（英汉双语），［英］大卫·麦克林托克英译、王冬梅、马传兵汉译，中国出版集团公司2012年版，第14页。

② 转引自罗秋立《历史唯物主义与社会人类学批判》，人民出版社2008年版，第51页。

③ 参见张奎良《唯物主义：社会主义的思想来源与实践指引》，人民出版社2009年版，第146—147页。

④ 参见高建军、史殿武《人的本质和人的幸福》，载《关于人的学说的哲学探讨》，人民出版社1982年版，第315页。

不断超越和永恒追求的愿望，人们对幸福的渴望和追求也是永恒的，每个人拥有的幸福条件都是有限的，没有一种现实的生存状态和境界是人的绝对幸福的对象，人们拥有一种完全的、永恒的幸福或永恒地享受幸福都是不可能的。

四　克服虚幻的幸福观，树立现实的幸福观

（一）立足人的现实生活世界实现人生幸福

马克思认为现实生活是幸福的唯一真实场域，幸福必须始终面向现实生活。人的现实生活不仅是人的对象化活动的产物，也是人的感性活动的结果，不仅是一种感性存在，也是一种价值存在。人的现实生活世界是现实的人确证自身意义的世界，也是人获得幸福的真实世界。离开现实生活，幸福就成了抽象的臆想，离开现实生活世界，幸福就成了虚无的幻象。马克思既克服了把幸福简单地看作是人的肉体感官感受的庸俗性，又克服了把幸福简单地看作是人的主观精神的绝对生成的主观性，更是坚决地拒绝了人的幸福来自神的绝对支配的幻想性，让幸福立足于现实的人，着眼于人的生活，面向人的现实生活世界。

马克思幸福思想的现实性意蕴向我们展示了人的幸福就其完全可能的实现性上始终是有条件的，不是由人的主观绝对生成，而是人对客观环境或客观要素的主观感受。人的本质寓于人的实践之中，人的幸福寓于人的实践之中，实践在人的生活中展开并实现，人的幸福与人的现实生活是同构的。人总是在现实的生活环境中生存和生活，我们应该明确人的幸福来自现实的生活世界，而不是彼岸的虚幻世界，现实生活世界是我们获得幸福的唯一真实场域。我们不能把幸福和现实生活割裂开来，不能幻想在彼岸世界中找寻幸福。我们的人生幸福在现实生活中，在现实世界中，不在彼岸世界，不在天国，在现世，不在来世。

马克思幸福思想的现实性也向我们揭示了幸福既要面向未来同时也要立足现在的道理。我们既要树立远大的社会理想，追求崇高的社会目标，同时，我们也要面对现实，立足当下去追求幸福。脱离当下

的现实去追求遥远的幸福无异于追求天国幸福。人的现实生活的展开就是幸福实现的现实场域，如果把幸福转移到一个远离现实生活的场域，那么，这样的幸福既远离了现实也远离了人。幸福是在人的现实生活中实现，幸福的实现离不开生活的现实场域，幸福是生活的内涵写照，生活的价值目标就是幸福本身。我们应该知道人只有在现实生活世界中才能获得合乎人性的幸福，获得人需要的幸福。生命是幸福的载体，只能在生命的限度内实现并体验幸福，而不能指望在超越于现实生活世界的彼岸世界中寻找幸福，不能指望在超越生命的限度外体验幸福。人幻想在现实世界的空间维度之外和在生命的时间维度之外寻找幸福的实质都是对人自身的否定，对自身生活意义的否定，也是对幸福生活的否定。

马克思幸福思想的现实性向我们揭示了幸福要摆脱虚幻立足现实的道理，我们要获得幸福就要抛弃虚幻的幻想，立足现实，立足生活，对幸福生活的向往和追求离不开对人的现实生活的高度关注，离不开对人的生活境遇、人的生活状态的深切关怀。我们要反对禁欲主义企图以苦行僧式现实生活来换取来世的圆满幸福的生活态度，反对不切实际的虚幻幸福观；我们要反对享乐主义企图以纵欲式的生活方式来获得幸福的生活态度，反对低俗的幸福观；我们要反对利己主义"我死后哪怕它洪水滔天"的生活态度，反对极端自私的幸福观。幸福也只有在人的世界，人的生活世界，人的现实世界中才是属于人的，才具有意义，否则，幸福就是属于人之外的主体，幸福也就成为了虚幻的对象，对幸福的追求也就成为遥不可及的幻想。我们必须正视自我的现实生活，直面自我生活的全貌，坚定创造现实幸福的决心。

（二）以人的积极实践活动实现人生幸福

马克思指出，实践是人的根本属性和本质特征，是人独有的生存方式，是人创造自我价值的活动，也是实现人生幸福的物质形式，人必须在实践中才能创造并获得幸福。人的实践作为一种对象化的活动是人把自己的本质力量投射到对象上并实现其目的的过程，人在实践中创造了人的生活世界及人的意义世界，实现自身价值，彰显生命意义，体验人生幸福。人的实践作为能动地改造世界的客观物质性活动，改造了人面对的客观世界及人自身的主观世界，让人的客观世界更好地满足主体的需要，让人的主观世界更和谐、更丰富、更幸福，为人获得幸福不断地创造良好的主客观条件。实践价值意蕴体现了人对其自身不圆满、不幸福状态的否定与改造。①

马克思幸福思想现实性的最直接行动意义就在于实践。在马克思幸福思想的现实性意蕴中，我们应该明确，幸福显然不是个纯粹的、抽象的理论问题，不是空洞的字眼和解释世界话语中的抽象概念，也不是纯粹主观臆想的结果和游离于生活之外的感受，更不是远离人的幻象和独立于实践之外的冥想，而是个丰富的、具体的现实问题，是生动的实现过程和推动世界进步的情感动力，是主客观统一的结果和根植于生活本身的体验，是来自人的能动创造和积极实践。幸福是人对自身现实生活的良好感受和愉悦体验，来自生活实践中的满足感和愉悦感。人的幸福始终需要人面对、正视自己的现实，遵从自我的意志，以现实的手段获得真实的幸福。人的幸福只能现实生成于人的生活世界，人对幸福的追求只能在人的实践活动中展开并实现，人怎样实践并怎样理解实践会关乎人怎样理解幸福并怎样获得幸福。幸福总是在积极的行动中实现，在有意义的生活中实现。实践作为人的自由自觉的活动是获得幸福的基本手段。人总是以实践的形式获得幸福，在实践中实现物质水平和精神水平的不断提升。在实践活动中，人不仅实现自己和他人的关系存在，也创造自己和他人的生活基础，在实践活动中，人不仅体现自己的个性，实现自己的本质，也创造自己和他人需要的幸福生活。② 幸福不能源于对彼岸世界的主观期待，幸福除了实践没有别的非主体参与的实现手段。人在实践中构筑起人的现实生活世界，人也只能在人的现实生活中获得幸福，因此，幸福对人来讲不仅是一个结果，也是一个过程，不仅是一种感受，更是一种

① 参见王鲁宁、马永庆《马克思幸福观的若干难点问题探析》，《理论界》2011年第12期。

② 参见［美］丹尼尔·布鲁德尼《马克思对幸福生活概念的论证》，刘英编译，《马克思主义与现实》2005年第4期。

创造。

我们要用理智来思考，用行动来创造，直面人的现实生活，抛弃来自虚幻生活镜像中的满足，让人以理性的生命力量，去正视生命中的全部事实，正视自己生活中的一切困难与矛盾，我们要有改变不幸生活的勇气和胆量，敢于以自己的主体力量争取自己的幸福，而不是一味地怨天尤人，逆来顺受，应该以奋斗者的姿态、进取的心态、积极的行动、饱满的热情使自己自觉融入到社会生活的实践中，积极融入到社会生活的物质生产实践和精神生活实践中去，依靠自己的主体力量以实践为手段去创造自己的现实幸福生活。习近平总书记也多次谈道："幸福都是奋斗出来的，奋斗本身就是一种幸福。"①

第三节　为创造幸福生活带来现实启示

一　大力发展生产力，为创造幸福生活提供持续动力

在马克思看来，人是对象性的存在物，人的现实生活世界作为人的对象性世界是由人在实践中生成的，实践在人与对象的统一中起着始源性作用，人所需要的一切让人幸福的条件都要通过人的实践活动实现，人一旦离开了实践也就失去了人自身存在的前提和依据，也就不能实现、确证并感受自己的幸福。因为，一方面，实践过程是一个主体能动性施展的过程，在实践中人创造了丰富的对象世界，人的本质力量得到充分的发展并体现；另一方面，实践过程也是一个客体趋于主体利益的能动生成的过程，在实践中客体按照主体的意志被改造并满足主体的需要。人在实践中既能感受主体力量实现的幸福也能感受主体欲望满足的幸福。马克思的实践观为我们揭示了幸福的生成逻辑，个人幸福的实现必须依靠自身的实践获得，依靠自己的劳动创造，不能依赖某种外在力量的赠予，更不可能寄希望于外在的神秘力量。一个幸福的社会更是需要广大人民群众积极投身物质生产实践和

---

① 习近平：《在北京大学师生座谈会上的讲话》，《人民日报》2018 年 5 月 3 日第2 版。

精神生产实践,大力发展社会生产力和创造优秀的人类文明成果。①马克思在唯物史观的视野向我们揭示了这样一个深刻的道理:幸福固然是人的主体体验和个体感受,但绝对不是脱离外在的纯粹的主体思辨和臆想的结果,幸福离不开让人的幸福成为可能的物质条件,离不开人的实践创造,离不开让物质条件成为可能的生产力的发展,离不开为生产力的发展创造合理条件的社会生产关系和社会制度的基础保障,离不开人让幸福由理想变成现实的实践路径。失去这些客观的物质条件、物质制度和物质力量,人的幸福无论从何种意义上来讲都不具有具体性和真实性,都只是抽象的和虚幻的。因此,"只有推动经济持续健康发展,才能筑牢国家繁荣富强、人民幸福安康、社会和谐稳定的物质基础"②。习近平总书记曾谈道:"人世间的一切幸福都需要靠辛勤的劳动来创造。我们的责任,就是要团结带领全党全国各族人民,继续解放思想,坚持改革开放,不断解放和发展社会生产力,努力解决群众的生产生活困难,坚定不移走共同富裕的道路。"③只有坚持改革开放,不断解放和发展生产力,才能从根本上解决人民群众的生产生活困难,为创造幸福生活提供持续动力。

我们应该懂得,幸福生活必须要通过我们不断地发展生产和继续深化改革,在不断提高人民生活水平的基础上才能获得。只有生产力水平有了较大程度的发展,人民生活水平才能达到更高水平。因此,新时代要提升人民幸福生活水平需要不断解放和发展生产力,努力提高人民生活水平,着力解决人民日益增长的美好生活需要和不平衡不充分的发展之间的矛盾,在生产力发展的基础上、物质财富丰富的条件下,尽可能为实现人民幸福创造丰富的物质条件。我们必须大力发展生产力,为创造幸福生活提供持续动力,夯实幸福生活的物质基础。

---

① 参见侯彦峰《实践视角下个人幸福与社会幸福的关系探讨》,载许春玲、周树智主编《幸福社会价值论》,社会科学文献出版社 2013 年版,第 132 页。

② 胡锦涛:《坚定不移沿着中国特色社会主义道路前进 为全面建成小康社会而奋斗——在中国共产党第十八次全国代表大会上的报告》,人民出版社 2012 年版,第 19 页。

③ 习近平:《习近平谈治国理政》,外文出版社 2014 年版,第 4 页。

　　当然，马克思并不是唯生产力论者，在马克思看来，幸福不仅和物质基础、物质需要有关，还与精神文化建设和精神需求有关，因为，人的需要本身具有丰富性，马克思曾经讲，"在现实世界中，个人有许多需要"①。从需要的内容看，人的需要至少包括物质需要和精神需要，因此，人的幸福的实现要立足人的物质需要和精神需要的共同满足。马克思并不反对物质需要的满足能给我们带来享受和幸福，但马克思认为精神需要的满足带来的享受和幸福则是更深刻的。"在马克思那里，他曾经多次谈到过精神需要的内容：如对科学的向往、对知识的渴望、他们的道德力量和他们对自己发展的不倦的要求；对学说、交往、联合、叙谈、真情的需要；为自身利益进行宣传鼓动，订阅报纸，听课，教育子女，发展爱好等等的需要。"② 在马克思看来，这些精神需要的满足无疑能促进幸福的实现。"如果音乐很好，听者也懂音乐，那么消费音乐就比消费香槟酒高尚。""高级需要的满足能引起更合意的主观效果，即更深刻的幸福感、宁静感，以及内心生活的丰富感。"③ 我们应当明确，当人们的物质需求得到一定程度的满足后，人们对精神需求的渴望会变得日益强烈，幸福的条件不仅需要丰富的物质基础来满足，不仅需要为人们提供享受幸福生活的物质条件，还需要为人们提供积极向上的精神文化条件，需要培育积极健康的社会心态。我们应该用先进的文化感染人、鼓舞人，提升人们的精神素养和道德素质，引导人们树立和培养正确的幸福观念，引导人们用科学的、合理的方法来追求幸福，引导人们实现更高境界的幸福目标。新时代要引导人民创造幸福生活，提升人民幸福感，除了提高生产力，增加社会整体物质财富，提高人民消费水平和物质生活水平之外，还应当注意社会的整体进步和整体满意度的提升，注意缩小贫富差距。因此，我们必须大力发展生产力，提高人民物质生活水平，为人民幸福生活提供持续动力，创造更丰富的物质财

---

①　《马克思恩格斯全集》第 3 卷，人民出版社 1960 年版，第 326 页。
②　罗军伟：《论马克思的幸福观及其当代启示》，《社科纵横》2011 年第 11 期。
③　转引自孙亦平《论道教幸福观的特点及现代意义》，《浙江大学学报》（人文社会科学版）2011 年第 1 期。

富及更优越的物质条件，同时也应加大指导思想、共同理想、民族精神和时代精神、荣辱观等方面的内容的教育，加大对社会主义核心价值观的培育，创造公平正义的社会风尚，保持积极向上的精神状态。

二 坚持和完善社会主义，为创造幸福生活提供良好制度

马克思深知要解决人的自由发展、生活幸福的个体问题必须倚仗在把握社会发展规律基础上对社会制度进行变革。马克思站在历史唯物主义的高度，站在资产阶级时代的尽头，超越了资产阶级世界的"狭隘视域"①，从分析现实的经济关系和社会制度入手考察人的幸福问题，探索幸福的实现途径，为人类真正实现普遍幸福指明了正确的方向。马克思不仅强调生产力发展水平和经济发展程度对人们实现幸福的基础作用，而且非常重视社会生产关系对人们实现幸福的制度作用。在马克思看来，社会生产关系及社会制度为人们实现幸福发挥了基础保障作用，制度不断发展与完善是保障个人的幸福实现的重要前提，为促进个人幸福的实现提供了物质化的社会环境，良好的社会形式和社会制度不仅为个人幸福实现能力的提升提供了更大的可能性平台，也为个人幸福实现广度的开拓提供了更广阔的可能性空间。② 马克思明确指出，无产阶级要获得自身的解放必须要以解放全人类为宏大历史背景，以实现全人类幸福为意义境域。马克思明确指出无产阶级要获得自身的解放和全人类的幸福必须要把追求幸福同社会改造结合起来，通过变革生产方式，改造社会制度的根本途径来实现。马克思认为，认识无产阶级的痛苦及找到无产阶级痛苦的根源必须从认识资本主义制度的经济规律入手，"最勤劳的工人阶层的饥饿痛苦和富人建立在资本主义积累基础上的粗野的或高雅的奢侈浪费之间的内在联系，只有当人们认识了经济规律时才能揭露出来"③。马克思明确指出无产阶级乃至全人类幸福

---

① 参见 [德] 费彻尔《马克思与马克思主义：从经济学批判到世界观》，赵玉兰译，北京师范大学出版社 2009 年版，第 170—171 页。

② 参见罗建文《民生幸福与制度选择的哲学探索》，《哲学动态》2010 年第 1 期。

③ 《马克思恩格斯文集》第 5 卷，人民出版社 2009 年版，第 757 页。

的实现要以推翻一切不合理的剥削制度和不合理的异化关系为前提。① 在马克思看来，剥削制度下的劳动创造和享受表现在人身上经常是分离的，而正是异化劳动、私有制和片面分工造成了这种分离。因此，只有消灭不合理的社会制度，消灭剥削阶级，才能摆脱人的异化命运，才能全面占有人的本质，真正实现人的幸福追求。英国思想家罗素也认为人不幸的根源主要是社会制度。"人类种种不幸的根源，部分在于社会制度，部分在于个人的心理——当然，后者在很大程度上就是社会制度的产物。"②

社会制度对于人的规范和影响是巨大的，"制度就是这样具有规范意义的——实体的或非实体的——历史性存在物，它作为人与人、人与社会之间的中介，调整着相互之间的关系，以一种强制性的方式影响着人与社会的发展"③。恩格斯在《反杜林论》中也曾谈道："对'理性化为无稽，幸福变成苦痛'的日益觉醒的认识，只是一种征兆，表示在生产方法和交换形式中已经不知不觉地发生了变化，适合于早先的经济条件的社会制度已经不再同这些变化相适应了。"④ 因此，恩格斯指出："法国革命所面临的真正的大问题是消灭不平等，建立能够保障法国人民过幸福生活的制度，人民大众是从来没有过这种幸福生活的。"⑤ 马克思显然认识到人的幸福问题不能只拘泥于个体因素来讨论幸福的微观条件，而要上升到社会制度的高度来探讨幸福的宏观因素。马克思认为，幸福的实现离不开主体自身发展，也与社会因素息息相关，幸福的真正实现需要理想的社会形式和社会制度为其保障，马克思认为，人类要实现普遍的真正幸福必须首先摧毁一切旧的压迫人、剥削人、奴役人的社会制度，建立一种全新的以自由人联合为基础的真正的理想共同体，在这样的共同体中一切阶级和整个社会都得到彻底的解放。马克思所指的真实的共同体是指"代替那

---

① 参见景韧《略谈马克思主义幸福观》，《辽宁大学学报》1983 年第 2 期。
② ［德］斯特凡·克莱因：《幸福之源》，方霞译，中信出版社 2007 年版，第 205 页。
③ 辛鸣：《制度论》，人民出版社 2005 年版，第 51 页。
④ 《马克思恩格斯文集》第 3 卷，人民出版社 2009 年版，第 547 页。
⑤ 《马克思恩格斯全集》第 2 卷，人民出版社 1957 年版，第 669 页。

存在着阶级和阶级对立的资产阶级旧社会"① 的理想社会形式。在马克思看来，只有那样的社会形式才能为一切人幸福提供条件，那样的社会形式中，每个人的幸福发展也成为了一切人幸福发展的条件。

我们必须牢记"道路关乎党的命脉，关乎国家前途、民族命运、人民幸福"②，社会主义的本质是"解放和发展生产力，消灭剥削，消除两极分化，最终实现共同富裕"，社会主义是指导世界上处于被压迫被剥削的无产阶级和劳动人民实现社会解放，获得幸福生活的正确道路。最幸福的社会一定是最好的社会，从这个意义上讲，社会主义社会必然是最幸福的社会，"所谓社会主义，实质上就是普遍幸福主义"③。公民的普遍幸福应该是社会主义最本质、最深刻的价值取向。哈奇逊也断言："最好的国家就是给最大多数带来最大幸福的国家，而最坏的国家就是给最大多数人带来最大痛苦的国家。"④ 既然社会主义就是普遍的幸福主义，社会主义就是要为人民服务，要致力于人民群众的自由全面发展和普遍幸福，这是任何一个社会主义国家都应该坚持的基本原则，也是任何一个社会主义国家都应该秉承的价值理念。

中国共产党作为一个马克思主义的政党，作为一个以共产主义为最高奋斗目标的政党，应牢记全心全意为人民服务的宗旨，始终以人民的幸福为自己的事业，始终积极回应广大人民群众对幸福生活的殷切期盼。始终带领全国各族人民在实现幸福的康庄大道上前进既是中国共产党人的要求也是社会主义的建设目标和发展要义。谋求人民幸福是马克思毕生的追求，也是马克思主义的人文价值，这也是中国共产党人的价值目标和中国特色社会主义事业的原动力。⑤ 邓小平曾明

---

① 《马克思恩格斯文集》第 10 卷，人民出版社 2009 年版，第 666 页。

② 胡锦涛：《坚定不移沿着中国特色社会主义道路前进 为全面建成小康社会而奋斗——在中国共产党第十八次全国代表大会上的报告》，人民出版社 2012 年版，第 10 页。

③ 王占阳：《新民主主义与新社会主义》，中国社会科学出版社 2004 年版，第 2 页。

④ 转引自 ［美］阿拉斯代尔·麦金泰尔《伦理学简史》，龚群译，商务印书馆 2003 年版，第 221 页。

⑤ 参见张奎良《唯物主义：社会主义的思想来源与实践指引》，人民出版社 2009 年版，第 95 页。

确指出："各项工作都要有助于建设有中国特色的社会主义，都要以是否有助于人民的富裕幸福，是否有助于国家的兴旺发达，作为衡量做得对或不对的标准。"① 在邓小平看来，国家的兴旺发达，中国特色社会主义的发展归根到底都是为了满足人民的利益，为了实现人民的幸福。江泽民也提出，"实现人民的富裕幸福，是我们建设社会主义的根本目的"。习近平总书记曾在十八届中央政治局常委与中外记者见面时说道："我们的人民热爱生活，期盼有更好的教育、更稳定的工作、更满意的收入、更可靠的社会保障、更高水平的医疗卫生服务、更舒适的居住条件、更优美的环境，期盼着孩子们能成长得更好、工作得更好、生活得更好。"② 那么，我们社会主义的建设成败的价值标准就应该以人民的普遍幸福来作为衡量社会主义建设和发展进步的尺度，人民普遍感觉到幸福或比较幸福是我们社会主义建设的价值目标，如果人民普遍感到不幸福或不够幸福，那么，我们的社会主义建设必然还存在许多问题。因此，我们应该坚持社会主义的发展方向，坚定不移地走中国特色社会主义道路，坚持以人为本，以人民群众的幸福为发展目标和根本归宿。我们社会发展的目的就是"实现广大群众安居乐业，富裕幸福"③，为了实现这一社会发展目标，我们必须坚定不移地坚持社会主义道路，坚定不移地发展中国特色社会主义事业，因为，中国特色社会主义事业就是"亿万人民创造自己幸福生活的事业"④，我们要建设的社会主义和谐社会就是"为中国最广大人民谋幸福的和谐社会"⑤，社会主义的最终诉求就是要实现人的幸福和全面发展。习近平总书记一再强调中国特色社会主义道路是实现社会主义现代化、创造人民幸福的必由之路。"党和国家的长期

---

① 《邓小平文选》第 3 卷，人民出版社 1993 年版，第 23 页。
② 习近平：《习近平谈治国理政》，外文出版社 2014 年版，第 4 页。
③ 中共中央文献研究室：《十七大以来重要文献选编》（中），中央文献出版社 2011 年版，第 747 页。
④ 中共中央文献研究室：《十六大以来重要文献选编》（中），中央文献出版社 2006 年版，第 224 页。
⑤ 中共中央文献研究室：《十六大以来重要文献选编》（下），中央文献出版社 2008 年版，第 547 页。

实践充分证明，只有社会主义才能救中国，只有中国特色社会主义才能发展中国。只有高举中国特色社会主义伟大旗帜，我们才能团结带领全党全国各族人民，在中国共产党成立 100 年时全面建成小康社会，在新中国成立 100 年时建成富强民主文明和谐的社会主义现代化国家，赢得中国人民和中华民族更加幸福美好的未来。"① 我们必须始终坚持和完善社会主义，为实现人民幸福提供良好的制度保障。习近平总书记在庆祝改革开放 40 周年大会上的讲话中再次讲道："全党全国各族人民要更加紧密地团结在党中央周围，高举中国特色社会主义伟大旗帜，不忘初心，牢记使命，将改革开放进行到底，不断实现人民对美好生活的向往。"②

三　全面推进民生工程，为创造幸福生活奠定坚实基础

传统经济学认为，社会财富的增长会带来国民幸福水平的提升，随着社会财富的不断增加会给人带来更多的幸福，因此，传统经济学致力于如何更大程度地增加社会财富。传统经济学理念中的幸福思想实质是一种"物本主义"的幸福观，把经济的发展和财富的增加当作整个国家和社会的目标乃至以此作为衡量人们幸福的尺度，在社会财富的直接目的下，人的幸福反而成了间接目的，我们的生存方式和生活方式不再服务于人的幸福这一最高目的，而是服务于经济增长。传统经济学理念显然是为传统发展观服务的，其实质是颠倒了发展的目的和手段，传统的发展观是一种片面的发展观，其实质是唯生产力发展观，整体表现为发展为了经济，为了 GDP，为了财富，却忽视了人的价值，忽视了人的主体性，忽视了人的目的性，把物的价值当作人的价值，把经济的发展和财富的增长当作了发展的目的，看作幸福本身，我们在不断地创造幸福的条件，创造越来越多的财富的同时却又与幸福渐行渐远。胡锦涛曾指出："我们坚持以人为本，就是要坚

---

① 习近平：《习近平谈治国理政》，外文出版社 2014 年版，第 7 页。
② 习近平：《在庆祝改革开放 40 周年大会上的讲话》，《人民日报》2018 年 12 月 19 日第 2 版。

持发展为了人民、发展依靠人民、发展成果由人民共享，……使 13 亿中国人民过上幸福生活。"① 我们要摒弃传统经济学和传统发展观的局限性，遵循"以人为本"的理念，强调经济、社会和人的全面协调发展，既强调发展要依靠人，更强调发展要关心人的生存状况和现实命运，以及促进人的全面发展和增进人的幸福。

马克思曾经坚定地谈道："世界上的一切报纸文章，都不能使那些大体上已经感到安乐和幸福的居民相信他们是在走霉运。"② 我们必须相信人们生活上的安乐是一个国家、民族稳定发展的物质前提，在此基础上获得的幸福感和满足感是一个国家、民族稳定发展不可或缺的良好心理状态。民生问题的解决和幸福的获得是加强民族凝聚力和向心力的基础，是国民树立对国家和民族未来发展信心的前提，是制度自信、文化自信和道路自信的保障，是综合实力稳步提高的基础，是实现经济可持续发展的根本动力。有效改善民生问题和增进民众幸福感能增强民族自豪感和自信心，攻破一切谣言和战胜一切颠覆，因此，以改善民生为路径提高人民的幸福感具有举足轻重的意义。

邓小平也曾经强调指出："不讲多劳多得，不重视物质利益，对少数先进分子可以，对广大群众不行，一段时间可以，长期不行。革命精神是非常宝贵的，没有革命精神就没有革命行动。但是，革命是在物质利益的基础上产生的，如果只讲牺牲精神，不讲物质利益，那就是唯心论。"③ 努力提高人民生活水平，不断改善人民生活条件，不断满足人民群众日益增长的物质文化生活需要，让人民群众共享改革发展的成果是建设民生工程的根本主旨，也是提高广大人民群众幸福感的根本要求。因此，我们要努力建设服务型政府、人民满意的政府，不断转换政府观念，提高政府的服务质量和服务水平，坚持权为民所用，情为民所系，利为民所谋，切实为广大人民群众谋幸福，切

① 中共中央文献研究室：《十六大以来重要文献选编》（下），中央文献出版社 2008 年版，第 429 页。

② 《马克思恩格斯全集》第 1 卷，人民出版社 1995 年版，第 218 页。

③ 《邓小平文选》第 2 卷，人民出版社 1994 年版，第 146 页。

实解决人民群众的现实困难，关注人民群众的根本利益，切实为广大人民群众创造各种实现幸福的主客观条件。各级政府要充分尊重和保护人民群众的利益，全心全意为人民服务，全心全意为人民的幸福生活创造条件。各级政府应该把关注和改善民生作为促进人民幸福的重要路径，切实解决人民群众的民生问题，改善人民生活条件，不断提升人民幸福生活水平。把解决民生问题放在各项工作的首位，大力发展生产力，努力提高人民群众的物质文化生活水平，努力解决人民日益增长的美好生活需要和不平衡不充分的发展之间的矛盾，把广大人民群众的切身利益作为工作的出发点，多做顺应民意、化解民忧、为民谋利的实事，为人民的幸福生活创造现实的条件。加大民生领域的投入与建设，健全社会保障体系，致力于改善人民生活条件和提高人民生活质量，着眼于教育、医疗、住房、社会保障等一系列制度的完善和落实。发展教育，提高人民的道德素质和文化素质，为促进人民幸福提供精神动力和智力支持；扩大就业，增加人民收入，改善人民生活条件，为促进人民幸福提供经济保障和物质基础；建立健全社会保障体系，基本医疗卫生制度等各项制度，为促进人民幸福提供制度保障。不难理解，胡锦涛在党的十七大报告中指出："社会建设与人民幸福安康息息相关，必须在经济发展的基础上，更加注重社会建设，着力保障和改善民生，推进社会体制改革，扩大公共服务，完善社会管理，促进社会公平正义，努力使全体人民学有所教，劳有所得，病有所医，老有所养，住有所居，推动建设和谐社会。"① 习近平总书记在党的十九大报告中也明确指出："保障和改善民生要抓住人民最关心最直接最现实的利益问题，既尽力而为，又量力而行，一件事情接着一件事情办，一年接着一年干。坚持人人尽责、人人享有，坚守底线、突出重点、完善制度、引导预期，完善公共服务体系，保障群众基本生活，不断满足人民日益增长的美好生活需要，不断促进社会公平正义，形成有效的社会治理、良好的社会秩序，使人

---

① 胡锦涛：《高举中国特色社会主义伟大旗帜　为夺取全面建设小康社会新胜利而奋斗——在中国共产党第十七次全国代表大会上的报告》，人民出版社 2007 年版，第 37 页。

民获得感、幸福感、安全感更加充实、更有保障、更可持续。"① 新时代，中国共产党人正以更大的政治勇气和超凡的领导智慧，不断地深化改革，改善民生，为广大人民群众的幸福生活提供更好的制度基础和机制保障，为广大人民群众的幸福生活创造更好的政治、经济、文化和社会条件，不断把人民群众的幸福生活提高到新的水平和更高的境界。

四　推动社会综合发展，为创造幸福生活提供全面保障

在马克思看来，人是具有自然属性和社会属性的双重特征主体，社会属性是人的专属本质特征，正如马克思所说："人的本质不是单个人所固有的抽象物，在其现实性上，它是一切社会关系的总和。"② 人的社会属性决定了幸福具有个体属性的同时无疑具有社会属性。人的需要的满足，人的价值的实现，人的自由自觉活动的展开及人的社会关系的生成都在社会关系中得以实现。个人的发展离不开社会的支持，个人幸福的实现也离不开社会的支持，整个社会的丰富的物质财富和精神财富为个人幸福的实现奠定了坚实的基础，良好的社会秩序作为一种公共福利是个人幸福实现的必要保障，政治发展的现代文明与社会发展的和谐有序为个人幸福的实现创造了必要的条件。如果公共福利普遍低下，社会秩序紊乱不安，社会生产力落后，个人幸福的实现必然要受到制约和限制，要想在一个动荡的、无序的、不幸的社会中寻找个人的幸福无疑是荒诞的、滑稽的和可笑的，即便是在这样的社会条件中实现了个人的幸福，这也只能是短暂的。"幸福虽然是落实在个人身上的，但它却以他人为必要条件，因此，除非得到他人的帮助，否则幸福终究是不可能的——幸福属于自己，但却是来自他人的礼物，所以没有比给别人幸福更具道德光辉的了。幸福是个落实在个人身上的社会事实。"③ 个人的幸福与他人的存在及社会的关系

---

① 习近平：《决胜全面建成小康社会　夺取新时代中国特色社会主义伟大胜利——在中国共产党第十九次全国代表大会上的报告》，人民出版社 2017 年版，第 45 页。
② 《马克思恩格斯文集》第 1 卷，人民出版社 2009 年版，第 505 页。
③ 赵汀阳：《论可能生活》，中国人民大学出版社 2004 年版，第 156 页。

密不可分，离开了社会，脱离了一定的社会关系，单纯地谈个人幸福是不现实的。个人的幸福不能孤立生成，离不开社会的发展和支持，社会为个人幸福的实现提供制度保障和发展基础。在马克思看来，幸福是一个具有社会外延的范畴，只有把幸福当作社会发展终极目标的社会才会鼓励个体追求幸福并为个体追求幸福创造各种条件和可能性。傅立叶也认为，出自人的普遍善心和无限博爱的"统一欲"也必然要求个体把自己的幸福和自己周围一切人的幸福乃至全人类的幸福协调起来，并指出要使人类得到完满的幸福必须依赖"协调制度"①，协调制度能引导人们向真正的幸福的方向前进。② 黑格尔更是明确强调个人权利和幸福的实现依赖于国家职权，个人的利益及幸福的满足往往需要通过国家这一普遍形式来实现。③ 个人幸福的获得不仅需要个人主观努力，还需要社会制度、社会情感等因素的保障，完善的社会制度和良好的社会情感对个人幸福的促进都有积极的作用，公共幸福对于个人来讲意义深远。因此，个人只有通过社会组织各个方面的力量才能为个人的发展开辟更为广阔的前景，为个人幸福的实现创造更为坚实的基础。

既然人是社会中的人，个人幸福的真正实现就离不开社会的综合发展和全面进步，社会生产力发展水平的高低，社会经济、政治和文化制度的完善，经济建设、政治建设、文化建设、社会建设及生态文明建设的发展程度都会影响个人幸福的实现。因此，社会应关心社会成员，尊重每个个体及其追求幸福的权利，集合整体的力量为每个人的自由全面发展创造条件，为个人幸福的实现创造各种条件和可能性，让每个社会成员都能在社会的整体环境中充分发挥自己的潜能，实现自己的价值，体会生活的乐趣并感受幸福。马克思在中学考试拉丁语作文——《奥古斯都的元首政治应不应当算是罗马国家较幸福的时代》中谈道以往幸福时代都是由于"风尚纯朴、积极进取、官吏

---

① 傅立叶有时也称为"协作制度"。
② 参见《傅立叶选集》第1卷，冀甫译，商务印书馆1960年版，第112页。
③ 参见［法］汤姆·洛克曼《马克思主义之后的马克思——卡尔·马克思的哲学》，杨学功、徐素华译，东方出版社2006年版，第165页。

和人民公正无私"①。马克思向我们揭示社会的全面进步、综合发展对幸福生活的价值，即公平正义的社会制度、和谐文明的社会环境、健康有序的社会秩序，以及积极向上的社会风尚对于幸福的实现都具有重要意义，甚至本身就是幸福时代的社会特征。

我们应该明确幸福生活的创造离不开社会的全面进步与综合发展。"公平正义是中国特色社会主义的内在要求"②，坚持和完善社会主义制度是坚持公平正义的制度前提，也是幸福实现的社会制度保障；大力发展物质文明、精神文明、政治文明、生态文明和社会文明是构建和谐文明的社会环境的基础条件，也是幸福实现的社会环境保障；建立健全社会竞争体系，保障各阶层有序流动是维持健康有序的社会秩序的必要条件，也是幸福实现的社会机制保障；积极向上的社会风尚为社会发展提供情感动力，也是幸福实现的主观情感。我们要构建一个以人为本，全面发展，人与人高度和谐的社会，创造一个整体公平公正的社会环境。不断完善社会主义制度，积极营造和谐公正的社会环境，努力维护健康有序的社会秩序，营造积极向上的社会风尚，应加快推进社会建设，办好人民满意的教育，提高人民的素质，促进人的全面发展；创造良好就业环境，建立健全社会保障体系，完善各项制度，为社会各阶层的生活和发展提供制度保障；完善社会管理，维护社会安定团结，为实现人的幸福提供一个良好的社会环境。到 21 世纪中叶，要实现将我国建成富强民主文明和谐美丽的社会主义现代化强国的目标，"到那时，我国物质文明、政治文明、精神文明、社会文明、生态文明将全面提升，实现国家治理体系和治理能力现代化，成为综合国力和国际影响力领先的国家，全体人民共同富裕基本实现，我国人民将享有更加幸福安康的生活，中华民族将以更加昂扬的姿态屹立于世界民族之林"③。

---

① 《马克思恩格斯全集》第 1 卷，人民出版社 1995 年版，第 461 页。

② 胡锦涛：《坚定不移沿着中国特色社会主义道路前进　为全面建成小康社会而奋斗——在中国共产党第十八次全国代表大会上的报告》，人民出版社 2012 年版，第 11 页。

③ 习近平：《决胜全面建成小康社会　夺取新时代中国特色社会主义伟大胜利——在中国共产党第十九次全国代表大会上的报告》，人民出版社 2017 年版，第 28 页。

习近平总书记在十九大报告中也进一步揭示了人民幸福的实现将以物质文明、政治文明、精神文明、社会文明、生态文明的全面提升为基础。

我们要自觉投身到全面建设小康社会及中华民族伟大复兴的"中国梦"的实现中去,在新时代,尤其要自觉把个人幸福融入到"中国梦"的理想奋斗目标中,因为,中华民族伟大复兴的"中国梦"就是要实现"国家的富强、民族的振兴、人民的幸福"等目标,"中国梦"既是国家的富强梦也是人民的幸福梦,"中国梦"的根本主旨就是实现人民幸福。"中国梦"的伟大理想为我们营造了良好舆论氛围,净化了社会环境,为我们营造了一个良好的整体社会氛围和积极向上的社会价值观,这也为我们实现幸福提供了社会情感动力。"中国梦"的提出及实践为我们提供了坚定的精神支柱,统一了思想观念,树立了社会信心,为我们实现幸福提供了个体主观条件。"中国梦"的提出及赋予时代意义的进程也是国家和民族对我们进行的新形势的认同教育,"中国梦"为国家和民族的未来描绘了一幅激荡人心、震撼血脉的宏伟蓝图,这也强化了我们对国家和民族的认同,并让我们在强烈的国家和民族认同感中更容易感受到国家的强大和民族的繁荣,更能深刻体会新时代的发展和进步,更能深切体会幸福生活的来之不易,从而为我们实现幸福提供了集体认同基础,增强了我们的幸福感。我们应该牢固树立国富则民富,国强则民强的观念,明确实现自身幸福的首要条件是国家的富强和中华民族的伟大复兴。个人幸福必然与集体幸福、社会幸福和国家幸福协同生成,个人要实现自身的幸福必然在国家富强和民族振兴的整体社会环境下实现,离不开国家为个体发展和个人幸福实现提供的机会和整体发展环境,只有实现了中华民族伟大复兴的目标,我们才能过上更加和谐、幸福的生活。我们应该自觉把人生理想、个人幸福融入到国家富强、民族复兴的伟大事业之中,在实现"中国梦"的伟大历程中创造人生价值、实现幸福人生。

小　结

　　幸福作为每个人的人生追求，它不仅是人的主观感受状态，而且是人的价值目标，它与世界观、人生观、价值观有密切联系。坚持正确的价值导向，对于人们科学地认识和理解幸福有重要意义，坚持正确的价值导向，对于人们提升幸福感也具有积极作用。"人"始终是马克思理论中的重要主题，"人的幸福"始终是马克思理论中的价值主旨，系统解读马克思的幸福思想并阐释其当代价值具有重要的理论和实践意义。马克思幸福思想的完整性和科学性也决定了它具有深刻的价值性，马克思幸福思想不仅科学地诠释了幸福的内涵，而且为我们指出了一条实现幸福的现实道路。马克思幸福思想能促进人们对幸福的深刻理解和正确把握，帮助我们确立一种更合理、更科学、更符合人性的幸福观。马克思幸福思想对于引领当代人的幸福观，改革我们的生产方式和生活方式，增强人们对幸福生活的信心从而获得更大程度的幸福感具有较强的指导意义，对于实现人民幸福具有重要的实践价值。

　　"有发展无幸福"是当代人努力想走出的一个现实困境，"幸福悖论"是当代人极力想摆脱的一种现实迷茫，"幸福乱象"是当代人需要克服的种种现实表象。马克思幸福思想为我们清晰地揭示了财富对于幸福的工具价值，以及幸福对于人的至上意义。马克思幸福思想为我们破解"有发展无幸福"难题，走出"幸福悖论"困境提供了明确的价值牵引与理论指向。如何克服种种"幸福乱象"，更合理地获得幸福是当代人不得不正视的问题，马克思幸福思想为我们阐述了劳动幸福观、集体主义幸福观、辩证幸福观、现实幸福观，为我们科学地理解和实现幸福，树立正确的幸福观提供了坚实的理论基础与价值规范。更好地实现人民幸福和实现人民对美好生活的向往是党和政府的主要奋斗目标，马克思幸福思想为我们揭示了"生产力是实现人民幸福的物质力量""人民是幸福的现实主体""共产主义是幸福的必由之路""个人与社会的协同是幸福的生成逻辑"等一系列内容。

应该说，马克思幸福思想对我们创造幸福及实现美好生活具有较强的现实启示。在马克思幸福思想的指导下，我们进一步明确新时代实现人民幸福必须大力发展生产力，坚持和完善社会主义，全面推进民生工程建设，推动社会全面发展。

参考文献

一 主要著作

《马克思恩格斯文集》第 1 卷，人民出版社 2009 年版。

《马克思恩格斯文集》第 2 卷，人民出版社 2009 年版。

《马克思恩格斯文集》第 3 卷，人民出版社 2009 年版。

《马克思恩格斯文集》第 4 卷，人民出版社 2009 年版。

《马克思恩格斯文集》第 5 卷，人民出版社 2009 年版。

《马克思恩格斯文集》第 8 卷，人民出版社 2009 年版。

《马克思恩格斯文集》第 9 卷，人民出版社 2009 年版。

《马克思恩格斯文集》第 10 卷，人民出版社 2009 年版。

《马克思恩格斯全集》第 1 卷，人民出版社 1995 年版。

《马克思恩格斯全集》第 2 卷，人民出版社 2005 年版。

《马克思恩格斯全集》第 3 卷，人民出版社 2002 年版。

《马克思恩格斯全集》第 10 卷，人民出版社 1998 年版。

《马克思恩格斯全集》第 11 卷，人民出版社 1995 年版。

《马克思恩格斯全集》第 19 卷，人民出版社 2006 年版。

《马克思恩格斯全集》第 25 卷，人民出版社 2001 年版。

《马克思恩格斯全集》第 30 卷，人民出版社 1995 年版。

《马克思恩格斯全集》第 31 卷，人民出版社 1998 年版。

《马克思恩格斯全集》第 32 卷，人民出版社 1998 年版。

《马克思恩格斯全集》第 33 卷，人民出版社 2004 年版。

《马克思恩格斯全集》第 34 卷，人民出版社 2008 年版。

《马克思恩格斯全集》第 44 卷，人民出版社 2001 年版。

《马克思恩格斯全集》第 47 卷，人民出版社 2004 年版。

《马克思恩格斯全集》第 2 卷，人民出版社 1957 年版。

《马克思恩格斯全集》第 3 卷，人民出版社 1960 年版。

《马克思恩格斯全集》第 5 卷，人民出版社 1958 年版。

《马克思恩格斯全集》第 16 卷，人民出版社 1964 年版。

《马克思恩格斯全集》第 21 卷，人民出版社 1965 年版。

《马克思恩格斯全集》第 23 卷，人民出版社 1972 年版。

《马克思恩格斯全集》第 26 卷，人民出版社 1974 年版。

《马克思恩格斯选集》第 29 卷，人民出版社 1972 年版。

《马克思恩格斯全集》第 41 卷，人民出版社 1982 年版。

《马克思恩格斯全集》第 42 卷，人民出版社 1979 年版。

《马克思恩格斯全集》第 43 卷，人民出版社 1982 年版。

《马克思恩格斯全集》第 46 卷（上），人民出版社 1979 年版。

《马克思恩格斯全集》第 46 卷（下），人民出版社 1980 年版。

《列宁选集》第 3 卷，人民出版社 1995 年版。

《列宁全集》第 9 卷，人民出版社 1987 年版。

《邓小平文选》第 2 卷，人民出版社 1994 年版。

《邓小平文选》第 3 卷，人民出版社 1993 年版。

中共中央文献研究室：《十六大以来重要文献选编》（中），中央文献
　　出版社 2006 年版。

中共中央文献研究室：《十六大以来重要文献选编》（下），中央文献
　　出版社 2008 年版。

中共中央文献研究室：《十七大以来重要文献选编》（中），中央文献
　　出版社 2011 年版。

胡锦涛：《坚定不移沿着中国特色社会主义道路前进　为全面建成小
　　康社会而奋斗——在中国共产党第十八次全国代表大会上的报告》，
　　人民出版社 2012 年版。

胡锦涛：《高举中国特色社会主义伟大旗帜　为夺取全面建设小康社
　　会新胜利而奋斗——在中国共产党第十七次全国代表大会上的报
　　告》，人民出版社 2007 年版。

习近平：《紧紧围绕坚持和发展中国特色社会主义　学习宣传贯彻党的十八大精神——在十八届中共中央政治局第一次集体学习时的讲话》，人民出版社 2012 年版。

习近平：《决胜全面建成小康社会　夺取新时代中国特色社会主义伟大胜利——在中国共产党第十九次全国代表大会上的报告》，人民出版社 2017 年版。

〔匈〕阿格妮丝·赫勒：《现代性能够幸存吗?》，王秀敏译，衣俊卿校，黑龙江大学出版社 2012 年版。

〔美〕阿拉斯代尔·麦金泰尔：《伦理学简史》，龚群译，商务印书馆 2003 年版。

〔美〕艾里希·弗洛姆：《健全的社会》，孙恺祥译，上海译文出版社 2011 年版。

〔美〕艾·弗洛姆：《爱的艺术》，李健鸣译，上海译文出版社 2008 年版。

〔美〕艾·弗洛姆：《自我的追寻》，孙石译，上海译文出版社 2013 年版。

〔美〕奥尔曼：《异化：马克思论资本主义社会中人的概念》，王贵贤译，北京师范大学出版社 2011 年版。

北京大学哲学系外国哲学史教研室编译：《十八世纪法国哲学》，商务印书馆 1963 年版。

北京大学哲学系外国哲学史教研室编译：《西方哲学原著选读》（下卷），商务印书馆 1986 年版。

北京大学《欧洲哲学史》编写组编：《欧洲哲学史》，商务印书馆 1977 年版。

北京大学哲学系外国哲学史教研室编译：《古希腊罗马哲学》，生活·读书·新知三联书店 1957 年版。

〔苏〕B. H. 别索诺夫：《在新马克思主义旗帜下的反马克思主义》，德礼译，中国人民大学出版社 1983 年版。

〔苏〕B. П. 库兹明：《马克思理论和方法论中的系统性原则》，王炳文、贾泽林译，生活·读书·新知三联书店 1980 年版。

［英］伯特兰·罗素：《悠闲颂》，李金波等译，中国工人出版社 1993 年版。

陈学明主编：《二十世纪哲学经典文本》（西方马克思主义卷），复旦大学出版社 1999 年版。

陈东英：《赫斯与马克思早期思想关系研究》，人民出版社 2011 年版。

陈学明：《"西方马克思主义"命题辞典》，东方出版社 2004 年版。

车玉玲：《总体性与人的存在》，黑龙江人民出版社 2001 年版。

戴清亮、李良瑜、荣民泰：《社会主义学说史》，人民出版社 1987 年版。

［英］戴维·麦克莱伦：《马克思思想导论》，郑一明、陈喜贵译，中国人民大学出版社 2008 年版。

［美］丹尼尔·吉尔伯特：《哈佛幸福课》，张岩、时宏译，中信出版社 2011 年版。

［德］狄慈根：《狄慈根哲学著作选集》，杨东莼译，生活·读书·新知三联书店 1978 年版。

冯俊科：《西方幸福论——从梭伦到费尔巴哈》，中华书局 2011 年版。

［德］费希特：《费希特著作选集》第 1 卷，梁志学主编，商务印书馆 1990 年版。

［德］费彻尔：《马克思与马克思主义：从经济学批判到世界观》，赵玉兰译，北京师范大学出版社 2009 年版。

［德］费尔巴哈：《费尔巴哈哲学著作选集》（上卷），荣震华、李金山等译，商务印书馆 1984 年版。

［法］傅立叶：《傅立叶选集》第 4 卷，冀甫译，商务印书馆 1964 年版。

［法］傅立叶：《傅立叶选集》第 3 卷，冀甫译，商务印书馆 1964 年版。

［法］傅立叶：《傅立叶选集》第 1 卷，冀甫译，商务印书馆 1960 年版。

［英］弗格森：《幸福的终结》，徐志跃译，中国人民大学出版社 2009

年版。

［美］汉娜·阿伦特：《人的境况》，王寅丽译，上海人民出版社 2009
年版。

黄克剑：《人韵——一种对马克思的读解》，东方出版社 1996 年版。

［英］霍布斯：《利维坦》，黎思复、黎廷弼译，商务印书馆 1985
年版。

关锋：《实践的理性和理性的实践——马克思实践理性思想探析》，人
民出版社 2009 年版。

［德］康德：《道德形而上学原理》，苗力田译，上海世纪出版集团
2005 年版。

［德］康德：《实践理性批判》，邓晓芒译，人民出版社 2003 年版。

李兵：《生存与解放——马克思关于人类解放的哲学主题》，人民出版
社 2008 年版。

李士菊：《马克思主义科学无神论的当代阐释》，人民出版社 2006
年版。

［英］理查·莱亚德：《不幸福的经济学》，陈佳伶译，中国青年出版
社 2009 年版。

吕世荣、周宏：《唯物史观的返本开新》，人民出版社 2006 年版。

吕世荣、周宏、朱荣英：《马克思主义哲学的当代视野》，人民出版
社 2006 年版。

罗国杰：《马克思主义伦理学》，人民出版社 1982 年版。

罗秋立：《历史唯物主义与社会人类学批判》，人民出版社 2008
年版。

［美］罗斯福：《罗斯福选集》，关在汉编译，商务印书馆 1982 年版。

［英］洛克：《人类理解论》（上册），关文运译，商务印书馆 1997
年版。

［匈］卢卡奇：《关于社会存在的本体论》，［德］本泽勒编，白锡堃、
张西平、张秋零等译，重庆出版社 1993 年版。

［德］马尔库塞：《现代文明与人的困境——马尔库塞文集》，张小兵
等译，上海三联书店 1989 年版。

［美］麦卡锡：《马克思与古人》，王文扬译，华东师范大学出版社
　　2011 年版。

［德］麦克司·比尔：《社会主义通史》，嘉桃、启芳译，生活·读
　　书·新知三联书店 1958 年版。

［德］梅林：《马克思传》，樊集译，生活·读书·新知三联书店 1965
　　年版。

［法］摩莱里：《自然法典》，黄建华、姜亚洲译，商务印书馆 1982
　　年版。

［法］莫罗阿：《人生五大问题》，傅雷译，生活·读书·新知三联书
　　店 1986 年版。

［美］内尔·诺丁斯：《幸福与教育》，龙宝新译，教育科学出版社
　　2009 年版。

［苏］尼·格·波波娃：《法国的后弗洛伊德主义》，李亚卿译，东方
　　出版社 1988 年版。

倪志安等：《马克思主义哲学教育方法论研究》，人民出版社 2006
　　年版。

［英］欧文：《欧文选集》第 3 卷，马清槐、吴忆萱、黄惟新译，商
　　务印书馆 1984 年版。

［南斯拉夫］普雷德腊格·弗兰尼茨基：《马克思主义史》（Ⅰ），李
　　嘉恩、韩宗等译，人民出版社 1986 年版。

［南斯拉夫］普雷德腊格·弗兰尼茨基：《马克思主义史》（Ⅲ），胡
　　文建等译，人民出版社 1992 年版。

［英］齐格蒙特·鲍曼：《被围困的社会》，郇建立译，江苏人民出版
　　社 2005 年版。

孙承叔：《真正的马克思》，人民出版社 2009 年版。

孙英：《幸福论》，人民出版社 2004 年版。

孙道进：《马克思主义环境哲学研究》，人民出版社 2008 年版。

［德］斯特凡·克莱因：《幸福之源》，方霞译，中信出版社 2007
　　年版。

［法］泰·德萨米：《共有法典》，黄建华、姜亚洲译，商务印书馆

1982 年版。

［法］汤姆·洛克曼：《马克思主义之后的马克思——卡尔·马克思的哲学》，杨学功、徐素华译，东方出版社 2006 年版。

［英］特里·伊格尔顿：《马克思为什么是对的》，李杨、任文科、郑义译，新星出版社 2011 年版。

［意］托马斯·阿奎那：《阿奎那政治著作选》，马清槐译，商务印书馆 1963 年版。

［英］托马斯·莫尔：《乌托邦》，戴镏龄译，商务印书馆 1982 年版。

［苏］瓦·奇金：《马克思的自白》，蔡兴文、孙维韬、柏森、寒薇译，中央编译出版社 2011 年版。

王占阳：《新民主主义与新社会主义》，中国社会科学出版社 2004 年版。

王永江：《社会主义思想史新论》，人民出版社 1989 年版。

汪信砚、陶德麟：《马克思主义哲学的当代论域》，人民出版社 2005 年版。

韦定广：《"世界历史"语境中的人类解放主题》，人民出版社 2004 年版。

［德］威廉·威特林：《和谐与自由的保证》，孙则明译，商务印书馆 1960 年版。

吴宁：《日常生活批判——列斐伏尔哲学思想研究》，人民出版社 2007 年版。

乌杰：《系统辩证论》，人民出版社 1991 年版。

许春玲、周树智：《幸福社会价值论》，社会科学文献出版社 2013 年版。

许庆朴：《马克思恩格斯学说与中国现实》，人民出版社 2007 年版。

徐海波等：《马克思主义价值的当代诠释》，人民出版社 2007 年版。

辛鸣：《制度论》，人民出版社 2005 年版。

［奥］西格蒙德·弗洛伊德：《文明与缺憾》（英汉双语），［英］大卫·麦克林托克英译，王冬梅、马传兵汉译，中国出版集团公司 2012 年版。

［英］肖恩·塞耶斯：《马克思主义与人性》，冯颜利译，东方出版社
　　2008 年版。

衣俊卿：《人道主义批判理论——东欧新马克思主义评述》，中国人民
　　大学出版社 2005 年版。

杨楹、王福民、蒋海怒：《马克思生活哲学引论——生活世界的哲学
　　审视》，人民出版社 2008 年版。

俞吾金：《被遮蔽的马克思》，人民出版社 2012 年版。

［法］雅克·德里达：《马克思的幽灵》，何一译，中国人民大学出版
　　社 1999 年版。

［古希腊］亚里士多德：《尼各马科伦理学》，苗力田译，中国人民大
　　学出版社 2003 年版。

［英］约翰·格雷：《人类幸福论》，张草纫译，商务印书馆 2013
　　年版。

周辅成编：《西方伦理学名著选辑》（上卷），商务印书馆 1964 年版。

周辅成编：《西方伦理学名著选辑》（下卷），商务印书馆 1987 年版。

张之沧、龚廷泰：《从马克思到德里达：当代西方马克思主义研究》，
　　人民出版社 2002 年版。

张敏：《超越人本主义：马克思与费尔巴哈关系新论》，人民出版社
　　2011 年版。

赵汀阳：《论可能生活》，中国人民大学出版社 2004 年版。

张一兵：《马克思哲学的历史原像》，人民出版社 2009 年版。

张文喜：《马克思论“大写的人”》，社会科学文献出版社 2004 年版。

张奎良：《唯物主义：社会主义的思想来源与实践指引》，人民出版
　　社 2009 年版。

张江明：《社会主义社会辩证法问题研究》，人民出版社 1984 年版。

赵常林：《理性与现实——〈德意志意识形态〉评述》，人民出版社
　　1996 年版。

Michael Hardt and Antonio Negri, *Empire*, Cambridge, Mass：Harvard U-
　　niversity Press, 2000.

二　主要论文

陈成志：《论马克思主义幸福观的科学性及其认同教育》，《学术交流》2012 年第 3 期。

陈飞：《马克思的财富思想及其现实意义》，《延边大学学报》（社会科学版）2012 年第 2 期。

祖明：《论幸福是痛苦后》，载许春玲、周树智主编《幸福社会价值论》，社会科学文献出版社 2013 年版。

陈学明：《当今人类为什么还需要马克思主义》，载任平、陈忠主编《当代视野中的马克思主义哲学》，人民出版社 2010 年版。

窦孟朔、张瑞：《论习近平的民生幸福观》，《科学社会主义》2015 年第 5 期。

范宝舟：《财富幻象：马克思的历史哲学解读》，《哲学研究》2010 年第 10 期。

高延春：《延安时期中国共产党人对马克思主义幸福观的诠释》，《求实》2012 年第 1 期。

高建军、史殿武：《人的本质和人的幸福》，载《关于人的学说的哲学探讨》，人民出版社 1982 年版。

高延春：《"以人为本"的幸福维度》，《江汉论坛》2009 年第 12 期。

韩庆祥：《回到马克思哲学本性的基地上探寻哲学发展之路》，《哲学动态》2008 年第 5 期。

何云峰：《马克思劳动幸福理论的当代诠释和时代价值——再论劳动人权马克思主义》，《上海师范大学学报》（哲学社会科学版）2018 年第 5 期。

侯彦峰：《实践视角下个人幸福与社会幸福的关系探讨》，载许春玲、周树智主编《幸福社会价值论》，社会科学文献出版社 2013 年版。

胡贤鑫：《社会历史变革与所有权关系的演变——马克思唯物史观视野中的所有权理论》，《长江论坛》2008 年第 2 期。

江德兴、庄立峰：《马克思的"人是目的"思想与民生幸福》，《东南大学学报》（哲学社会科学版）2012 年第 4 期。

金鹰：《亚·沙夫〈人的哲学〉评述》，载《关于人的学说的哲学探讨》，人民出版社 1982 年版。

景韧：《略谈马克思主义幸福观》，《辽宁大学学报》1983 年第 2 期。

孔润年：《简论幸福》，载许春玲、周树智主编《幸福社会价值论》，社会科学文献出版社 2013 年版。

鲁鹏：《论不确定性》，《哲学研究》2006 年第 3 期。

李芳、陈慧：《马克思劳动幸福思想的哲学意涵、内在特质与现实启示》，《思想教育研究》2019 年第 2 期。

李荣梅、陈湘舸：《论马克思主义的幸福本质与幸福构建》，《马克思主义研究》2012 年第 1 期。

刘荣军：《财富、人与历史——马克思财富理论的哲学意蕴与现实意义》，《学术研究》2006 年第 9 期。

李海清：《公民幸福：中国特色社会主义价值理念的人学解读》，《天津社会科学》2013 年第 1 期。

李红梅：《近五年来马克思幸福观研究成果及问题窥探》，《广州大学学报》（社会科学版）2016 年第 4 期。

李红梅：《马克思研究幸福的人学维度》，《理论月刊》2016 年第 3 期。

李杰：《马克思开辟的人学道路及其当代价值》，人民出版社 2012 年版。

李兰芬、倪黎：《财富、幸福与德性——读亚里士多德〈尼各马可伦理学〉》，《哲学动态》2006 年第 10 期。

刘进田：《幸福价值论》，载许春玲、周树智主编《幸福社会价值论》，社会科学文献出版社 2013 年版。

李进书、吴金娥：《西方马克思主义的幸福观》，《河北大学学报》（哲学社会科学版）2015 年第 7 期。

雷龙乾：《幸福观的现代性趋向与幸福构建的心物两翼》，载许春玲、周树智主编《幸福社会价值论》，社会科学文献出版社 2013 年版。

罗军伟：《论马克思的幸福观及其当代启示》，《社科纵横》2011 年第 11 期。

罗建文：《民生幸福与制度选择的哲学探索》，《哲学动态》2010 年第

1 期。

罗建文：《从理论自觉到实践自觉：对人民幸福要信而仰之》，《湖南社会科学》2017 年第 7 期。

刘晨晔：《〈1844 年经济学哲学手稿〉异化思想新读》，《社会科学辑刊》2004 年第 4 期。

［美］丹尼尔·布鲁德尼：《马克思对幸福生活概念的论证》，刘英编译，《马克思主义与现实》2005 年第 4 期。

［美］迈克尔·哈特、安东尼奥·奈格里：《帝国与后社会主义政治》，载罗岗主编《帝国、都市与后现代性》，凤凰出版传媒集团、江苏人民出版社 2006 年版。

冒大卫：《马克思财富观念的多维透视与当代价值》，《四川师范大学学报》（社会科学版）2010 年第 5 期。

聂锦芳：《何为幸福："从哲学上进行思考"——马克思早期文献〈伊壁鸠鲁哲学〉解读》，《马克思主义与现实》2016 年第 1 期。

秦龙：《马克思"货币共同体"思想的文本解读》，《南京政治学院学报》2007 年第 5 期。

［日］柳田谦十郎：《马克思早期思想和人道主义》，载中国社会科学院哲学研究所《哲学译丛》编辑部编译《关于马克思主义人道主义问题的论争（译文集)》，生活·读书·新知三联书店 1981 年版。

［苏］彼·尼·费多谢耶夫：《现代世界的人道主义》，载中国社会科学院哲学研究所《哲学译丛》编辑部编译《关于马克思主义人道主义问题的论争（译文集)》，生活·读书·新知三联书店 1981 年版。

孙民：《论马克思幸福观的历史唯物主义向度》，《贵州社会科学》2017 年第 6 期。

孙伟平：《作为价值哲学的马克思哲学》，载任平、陈忠主编《当代视野中的马克思主义哲学》，人民出版社 2010 年版。

孙春晨：《改革开放以来中国人幸福观分析》，《思想政治工作研究》2011 年第 1 期。

孙亦平：《论道教幸福观的特点及现代意义》，《浙江大学学报》（人文社会科学版）2011 年第 1 期。

沈江平：《关于财富问题的几点思考》，《哲学研究》2011 年第 7 期。

沈斐：《否定性辩证法与财富的哲学澄明》，《马克思主义研究》2010 年第 7 期。

吴苑华：《家庭伦理：黑格尔与马克思》，载复旦大学当代国外马克思主义研究中心编《当代国外马克思主义评论（5）》，人民出版社 2007 年版。

王鲁宁：《马克思主义幸福观的当代建构与现实性阐释——关于推进马克思主义幸福理论体系建设的若干思考》，《东岳论丛》2015 年第 7 期。

王鲁宁、马永庆：《马克思幸福观的若干难点问题探析》，《理论界》2011 年第 12 期。

魏中军：《论马克思的异化理论同黑格尔、费尔巴哈异化理论的差别》，载《关于人的学说的哲学探讨》，人民出版社 1982 年版。

王学俭、高璐：《试论对马克思休闲思想的研究范式》，《甘肃社会科学》2010 年第 4 期。

王艺、程恩富：《马克思主义视野中的"幸福指数"探究》，《学术月刊》2013 年第 4 期。

肖贵清：《中国共产党人的初心和使命》，《思想理论教育导刊》2017 年第 11 期。

徐长福：《先验的自由与经验的自由》，《天津社会科学》2005 年第 2 期。

徐长福：《"旧人"的否弃和"新人"的形塑——论马克思对人的价值形象的设计》，《现代哲学》2002 年第 4 期。

徐长福：《唯有马克思与没有马克思》，《现代哲学》2003 年第 2 期。

徐小芳：《马克思的幸福观及其劳动价值论解读》，《重庆社会科学》2018 年第 6 期。

于晓权：《马克思幸福思想的理论意蕴及现代启示》，《佳木斯大学学报》2007 年第 4 期。

杨楹：《马克思哲学的最高价值诉求："人民的现实幸福"》，《哲学研究》2012 年第 2 期。

杨燕华：《马克思的劳动幸福观及其对当代青年的启示》，《上海师范大学学报》（哲学社会科学版）2017 年第 1 期。

俞吾金：《论财富问题在马克思哲学中的地位和作用》，《哲学研究》2011 年第 2 期。

余达淮：《马克思货币拜物教的基本观点及对和谐社会建设的启示》，《马克思主义研究》2007 年第 4 期。

姚开建：《马克思的财富理论》，《当代经济研究》2008 年第 9 期。

杨端茹、刘荣军：《〈资本论〉及其手稿中财富思想的哲学读解》，《西南大学学报》（社会科学版）2007 年第 6 期。

于昆：《马克思幸福观要旨及其时代意蕴》，《广西师范大学学报》（哲学社会科学版）2013 年第 6 期。

朱高正：《自由主义与社会主义的对立与互动》，《中国社会科学》1999 年第 6 期。

张国顺：《论马克思主义幸福叙事的核心范畴及其整体结构》，《湖北社会科学》2017 年第 9 期。

张永缜：《马克思共生思想的概览考察——面向现代性反思对马克思主义哲学的一种新解读》，《社会科学家》2009 年第 5 期。

张雄：《货币幻象：马克思的历史哲学解读》，《中国社会科学》2004 年第 7 期。

张晓明：《马克思幸福观的内在逻辑与现实意义》，《中共天津市委党校学报》2017 年第 1 期。

赵峰：《论马克思财富观与人的自由全面发展》，《理论学刊》2011 年第 2 期。

张盾：《重新辨析马克思创立历史唯物主义的理论本意——评后现代理论对马克思"生产"概念的批判》，《哲学研究》2005 年第 6 期。

朱荣英：《生存命义的现代叙事方案及后现代哲学对它的颠覆》，《河南大学学报》（社会科学版）2004 年第 1 期。

曾长秋、邱荷：《马克思主义幸福观与幸福中国建设》，《理论学刊》2013 年第 9 期。

后　记

　　长久以来，我经常会思考"什么是幸福？""怎样获得幸福？"这样的问题，进而思考"人的意义与价值"。与其说我长期以来对"幸福"报有强烈的好奇心，不如说我一直以来对"人"持有强烈的"惊讶态度"，总是对人充满了困惑与好奇。我阅读了许多关于幸福的书籍，随着阅读的不断深入，我对这一问题深入思考的愿望也更加强烈，我决定从马克思那里找找答案，希望能从马克思的人生经历及马克思的学说中找寻答案。当时，我只是怀着一颗好奇的心尝试对马克思的幸福思想展开研究。然而，在真正确定这一研究主题的时候，既兴奋又忧虑。兴奋的是，我坚信马克思的经典文本中一定蕴含有他对于幸福的思考与探索，似乎看到了光明的研究前景，确定能从这位伟大的思想家那里发现思路、获取灵感并找到答案；忧虑的是，我深知想要在马克思浩如烟海的著作中梳理出其幸福思想难度必定不小，担心无法完成预期的研究设想。应该说，当时坚定的决心战胜了内心的忧虑与困惑。虽然，研究过程中遇到了许多瓶颈，但是，每次经历"山穷水尽疑无路"的"绝境"后迎来的"柳暗花明又一村"的"喜悦"让我始终觉得艰辛与枯燥的创作过程也是一段难忘的"幸福之旅"。

　　专著即将出版，内心充满了感激。首先感谢我的博士生导师曾获教授，曾老师的博学、儒雅、正直与细致感染了我，曾老师严谨的治学态度为我树立了良好的榜样，曾老师对我的谆谆教诲与悉心指导更是让我受益匪浅。在研究过程中，还得到了华中师范大学张耀灿教授的肯定与鼓励。西南财经大学韩源教授、喻国斌教授、刘芳教授、陈宗权教授，电子科技大学邓淑华教授、吴满意教授、王让新教授，四川大学黄金辉教授等都曾给我提出过宝贵意见，在此表示感谢。同时，感谢匿名评审的专家对结项成果提出的中肯意见，各位专家的宝贵意见让我在结项以后又作了修改和完善。

感谢我的父母，感谢父母的养育之恩及对我和家庭的默默付出，感谢岳父岳母的关爱与支持，四位老人的大力支持与辛勤付出为我解决了后顾之忧，为我潜心研究创造了良好的条件。感谢我的妻子，妻子的优秀也是我不断前行的动力，妻子的支持与鼓励也促使我不断进步。感谢宝贝女儿给我带来的喜悦与快乐。

感谢西南交通大学马克思主义学院的鼎力支持，尤其感谢林伯海教授对我的关心与帮助，感谢胡子祥教授对出版的联络与帮助。感谢中国社会科学出版社的各位老师和相关工作人员，出版前细致的校对是一项极其繁重而辛苦的工作，这也是专著得以顺利出版的重要保障，特别感谢责任编辑刘艳老师对此的辛勤付出。本书参考或引用了许多专家、学者的科研成果及文献资料，在此，对学术前辈们一并致谢。

虽然，本项研究投入了大量的时间与精力，也取得了一定的研究进展，但是，由于本人才疏学浅，成果还有许多不足之处，缺点和错误也在所难免，敬请各位专家、学者批评指正。

颜　军

2019 年 11 月 12 日